로마서가 새롭게 보인다

- 미리 보기와 서사적 읽기 -

소기천 지음

로마서가 새롭게 보인다
- 미리 보기와 서사적 읽기 -

로마서가 새롭게 보인다

발행처 | 도서출판 땅에쓰신글씨

발행인 | 조병호

지은이 | 소기천

인   쇄 | 초판 1쇄 2003년 6월 7일

　　　　초판 2쇄 2004년 2월 19일

발   행 | 2003년 6월 11일

등   록 | 제21-503호(1993.10.28)

서울 서초구 서초동 1588-1 신성비지니스텔 A-906

전화 | 525-7794 팩스 | 587-7794

홈페이지 | http://www.gulshi.co.kr

E-mail | gulshi@unitel.co.kr

값 12,000원

ISBN 89 - 85738 - 21 - 6 03230

땅에쓰신글씨

로마서가 새롭게 보인다

- 미리 보기와 서사적 읽기 -

소기천 지음

땅에쓰신글씨

머리말

　　로마서를 새롭게 읽기란 쉬운 일이 아닙니다. 처음부터 본 도서는 학문적 소개만을 목적으로 하여 기록된 글이 아닙니다. 그러나 책을 완성해 놓고 보니, 학문적 성격도 강하다는 인상을 저버릴 수가 없습니다. 사실 이 책을 기록한 목적은 평신도와 신학생과 목회자 모두에게 필요한 영적인 힘을 로마서에서 찾아보고자 하는 데 있습니다. 이 책에 기록된 내용은 필자가 장로회신학대학교의 신약학 교수로 부임하기 이전에, 실제로 10년 반 동안 담임목사로서 목회현장에서 사역을 감당하면서 성도들과 함께 일일이 나눈 내용을 토대로 정리한 것입니다.

　　교회에서 평신도의 역할이 얼마나 중요합니까? 필자의 개인적인 목회경험으로 이야기를 시작해 봅시다. 미국에서 어느 교회에 담임목사로 부임하자마자, 남녀선교회가 합동으로 한 교인 댁에 모인 적이 있습니다. 그 때 교인들이 모여서 열띤 모습으로 의논하던 일이 생각납니다. 마치 긴 가뭄 끝에 소낙비가 내리고 급기야는 홍수가 나서 모든 봇물이 일시에 다 터진 것처럼, 온갖 이야기들이 다 쏟아져 나온 회의였다고 기억됩니다. 그 때 얼마나 많은 의견들이 봇물처럼 터져 나왔던지…. 그런데 지금 기억에 남아있는 것들이 무엇일까요?

　　지금 필자는 곰곰이 생각해 봅니다. 말을 많이 했지만, 정작 우리의 결심과 행동은 얼마나 실천에 옮겨졌는가? 당시 부임한 교회에 교인수가 적다보니, 그때에 모인 교인들이 교회배가운동을 하자고 결정했던 것 같습니다. 한 가정이 한 가정씩 주님 앞으로 인도하자는 내용의 전도계획이었습니다. 그것도 금년이 다 가기 전에 당장 실천에 옮기자는 갑작스런 결정이었습니다.

고린도전서 3장 6절에, "바울은 심었고 아볼로는 물을 주었다"는 말씀이 있습니다. 한 가정, 한 심령을 주님 앞으로 전도해 오는 일이 곧 생명의 씨앗을 심고 물을 주는 행동이라고 말할 수 있습니다. 이 말씀은 교회를 성장시키는 데 시사하는 바가 아주 큽니다. 자기 자신의 참여와 수고가 있을 때, 교회성장은 시작됩니다. 하나님께서 교회를 통해 당신의 거룩한 사업을 성취하시기 위하여, 먼저 우리의 수고와 희생을 기다리고 계십니다.

간단하게 말해서, 전도하면 교회는 성장합니다. 지금 자체 건물도 없이 교회를 개척한 경우가 많습니다. 그것이 전도하기 가장 알맞은 조건을 갖추고 있다고 여깁시다. 이 세상에 교회가 처음 태어나던 초기교회 시절이 이와 똑같다고 말할 수 있습니다. 초기교회는 건물로 시작된 것이 아니라, 교회를 이루는 구성원들로 시작된 것입니다. 그러므로 초기교회는 주님께서 마지막으로 분부하신 대로 오직 전도하는 일에만 혼신의 힘을 다 기울였습니다.

교회를 개척하는 당시부터 대형건물을 세우는 교회들이 신도시 일대에 일제히 들어서고 있습니다. 한국교회의 이상한 현상은 모두들 큼직한 교회건물들을 앞다투며 세운다는 사실에 있습니다. 그런데 문제가 생깁니다. 인근지역에 교통난의 주범이 되는 것은 물론이고 힘에 넘치도록 무리해서 큰 건물을 짓다보니, 교회는 힘에 겨운 월상환금과 여러 가지 부채를 짊어지게 됩니다. 그래서 교회의 모든 재정이 월상환금을 지불하는 것으로 바닥이 날 정도입니다. 어떤 교회는 교회 재정의 긴축지출을 강조하는데, 그 이유는 심지어 예산의 70-80%에 해당하는 건물 상환금을 감당하기 위해서입니다.

한국의 서울 강남에 세워진 어느 교회가 있습니다. 그 교회 건물은 세계 최대의 규모를 자랑하고 있습니다. 당시에 한국 돈으로 300억을 들여서 지은 건물입니다. 그런데 안타까운 일이 벌어졌습니다. 교회건물이 세계 최대의 규모이기 때문에, 서울 장안의 모든 교인들이 그 교회로 모여 들 것이라고 착각해서는 안 됩니다. 우선 그 최대규모를 자랑하는 예배당 좌석을 채울 성도들의 많은 자가용을 용납할만한 주차장은 거의 전무한 형편입니다. 또 교회 재정의 90%를 은행 빚을 갚기 위해 고스란히 갖다 바칩니다. 그러면 10%만 하나님을 위해서 쓰는 것입니다. 겉으로 웅장한 교회 건물을 보고 교인들이 교회를 찾아다니던 시대는 이미 90년대 초에 지났습니다. 교회는 자체 건물을 마련하고 그 빚에 허덕이며, 온통 교회 재정을 은행 빚에 충당하는 비정상적인 성장을 초래하지 않아야 합니다.

이제 한국교회는 바울처럼 복음을 들고 일어서야 합니다. 바울처럼 나무를 심고, 아볼로처럼 물을 주어야 합니다. 그 다음에 잊어서는 안 되는 일이 있습니다. 바을과 아볼로처럼 하면, 하나님께서 일하기 시작하신다는 사실입니다. 참으로 이상한 일입니다. 교회가 성장하려면 하나님과 인간의 아름다운 연합이 있어야 합니다.

교회 위에 하나님의 열심이 강하게 임재할 수 있도록 기도합시다. 만일 교회가 세상에 깊이 빠진 영혼들, 즉 불신자들에 대한 하나님의 관심을 희미하게 느낀다면, 머지않아 우리 교회도 소멸해 버리고 말 것입니다.

성경적 원리를 존중해 볼 때, 교회밖에 있는 사람들은 사실상 잃어버린 자들입니다. 악한 영, 곧 마귀에 속한 사람들입니다. 그들을 지배하는 것은 오직 이 세상 풍속이요 공중의 권세를 잡은 자들입니다. 그러므로 그들은 그리스도 예수 밖에 있는 사람들입니다. 전도란 무엇입니까? 그리스도 밖에 있는 자들을 그리스도 안으로 초대한다는 것을 의미합니다. 성경이 확실하게 증거 하는 말씀이 있습니다. 오직 예수 그리스도를 통해서만 구원을 받을 수 있다는 사실입니다.

> "이 예수는 너희 건축자들의 버린 돌로서 집 모퉁이의 머릿돌이 되었느니라. 다른 이로서는 구원을 얻을 수 없나니 천하 인간에 구원을 얻을 만한 다른 이름을 우리에게 주신 일이 없음이니라"(행 4:11-12)

그런데 내가 전도하려고 아무리 열심을 낸다 해도 전도가 잘 됩니까? 성경은 분명히 말씀하고 있습니다. 내가 전도하는 것이 아닙니다.

> "마땅히 할 말을 성령이 곧 그 때에 너희에게 가르치시리라"(눅 12:12)

성경이 내리는 결론은 "성령께서 명령하신다"는 사실입니다. 성령께서 명령하실 때, 거기에 순종하느냐는 우리에게 달려있습니다. 순종하면, 어느 교회를 막론하고 성장합니다. 초기교회가 성장할 수 있었던 것은 성령께서 주신 명령에 순종하였기 때문입니다.

> "오직 성령이 너희에게 임하시면 너희가 권능을 받고 예루살렘과 온 유대와 사마리아와 땅 끝까지 이르러 내 증인이 되리라"(행 1:8)

초기교회가 이 말씀을 듣자마자 순종한 것이 아닙니다. 두려움과 망설임의 기간이 있었습니다. 그러므로 오늘 우리의 형편과 비슷합니다. 그런데 초기교회는 기도로 그 두려움과 망설임을 넘어섭니다. 하지만 우리는 기도하고 있습니까?

10년 넘게 예수 믿는 분을 만난 적이 있습니다. 그의 기도에는 조목조목 기도한다는 특징이 있었습니다. 그런데 그분은 매일 똑같은 기도를 기계적으로 드립니다. 마치 군대에서 일과점호를 취하는 것과 같습니다. 그분의 기도생활에 대하여 한 가지 충고를 드린다면, 타성에 젖은 기도생활을 청산하라는 것입니다. 그런 기도는 자기 혼자 신앙생활을 잘 하는 정도의 수준에서 그치기 쉽습니다. 다른 사람들에게 영적 영향력을 미친다거나, 지도력(leadership)을 발휘할 수 없습니다.

육체의 질병을 놓고 하나님께 기도할 때에도, 흔히 잊고 있는 문제가 있습니다. 가장 본질적으로는, 육체의 질병보다 영혼의 질병이 더 우위에 있다는 사실입니다. 예수가 중풍병자를 고친 사건을 주목해 보기 바랍니다. 그를 향해서 예수가 던진 첫 마디가 무엇입니까?

"소자야 안심하라 네 죄 사함을 받았느니라"(마 9:2)

육신의 중병에 걸린 자를 볼 때, 예수는 육체의 질병보다는 그 마음과 영혼의 질병을 더 중시하였습니다. 요즈음도 의사들이 환자를 진찰하면서 결론을 내립니다. 현대 질병의 3분의 2가 마음의 문제로부터 파생된다는 사실입니다. 그러므로 예수는 먼저 그 마음의 문제를 깊이 통찰한 것입니다.

이제 다시 돌아가서, 초기교회가 왜 기도하는 일부터 시작하였는지 생각해 봅시다. 그 이유는 아주 간단합니다. 그들의 생각 속에 여러 가지 걱정되고 근심되는 일들이 뒤숭숭하게 뒤섞여 있었기 때문입니다. 무슨 말씀입니까? 예수가 승천한 다음에, 초기교회는 두려움 속에 휩싸이기 시작했습니다. 사방을 둘러보아도, 온통 사면초가일 뿐이었습니다. 그래서 그들은 다락방에 숨어 지낼 수밖에 없었습니다.

그런데 초기교회가 처한 상황은 잠시 굴속에 있는 것 같았습니다. 굴속에 있을 때, 그들은 통로를 찾기 시작했습니다. 그 통로가 곧 기도였다는 사실입니다. 그들은 열심으로 기도했습니다. 기도하기 전에는 희망이 보이질 않았습니다. 앞으로 살아갈 일이 막막하였습니다. 기도하기 전에는 걱정과 근심이 너무나도 컸습니다. 그러나 초기교회가 모여서 합심하여 열심히 기도하게 되었을 때, 살아갈 용기와 희망이 생겨나게 되었습니다. 마음속에 불안과 어두운 그늘도 사라지게 되었습니다. 초기교회가 기도하기 시작하였을 때, 하나님의 능력이 나타나기 시작했습니다. 하나님의 일이 시작되었습니다.

기도할 때, 초기교회는 예수가 가르쳐 준 방법대로 구했습니다. 즉,

"너희는 먼저 그의 나라와 그의 의를 구하라 그리하면 이 모든 것을 너희에게 더하시리라"(마 6:33)

교회마다 창립된 날이 있습니다. 어느 교회든지, 그 동안 교회를 창립하고 수고한 분들이 있습니다. 바울처럼 나무도 심고 아볼로처럼 물도 준 이들이 있습니다. 그러나 오직 자라게 하시는 이는 하나님이신 것을 분명히 기억해야합니다. 고린도전서 3장 7절 말씀을 꼭 명심하시기를 바랍니다.

"그런즉 심는 이나 물 주는 이는 아무것도 아니로되 오직 자라나게 하시는 하나님 뿐이니라"(고전 3:7)

하나님께서 교회를 위해 일하시도록 하는 방법이 무엇일까요? 바로 기도하는 일입니다. 모든 교회마다 하나님께서 일을 시작하실 수 있도록 기도합시다.

지금까지 줄곧 우리를 괴롭혔던 모든 인간적인 문제들과 고통에 더

이상 얽매이지 맙시다. 모든 문제들과 어려움을 주님께 맡기고 믿음으로 기도합시다. 기도하는 그 순간, 하나님께서 일하시기 시작합니다.

기도할 때, 막연하게 기도하는 것보다 하나님의 말씀으로 기도하는 것이 아주 효과적입니다. 필자가 기독교 방송의 "새롭게 하소서"라는 프로그램을 들은 적이 있습니다. 아주 평범한 간증입니다. 예수를 믿고 교회에 출석하며, 신앙생활을 시작한 지 얼마 되지 않은 분의 간증입니다. 그러므로 아주 소박한 이야기입니다.

그분이 예수를 영접하게 된 계기는, 직장에서 동료 직원과의 관계에서 겪는 어려움 때문이었습니다. 그룹의 총수가 그분의 남편을 계열회사 사장으로 거의 결정하는 단계까지 갔는데, 그만 마지막에 탈락되었습니다. 한마디로 자기 동료가 그 자리를 중간에 가로채서 들어가 버렸습니다. 그러니 얼마나 화가 났겠습니까? 이럴 때 샐러리맨의 솔직한 심정은 직장을 때려 치고 싶은 것 아닙니까? 밖의 일들이 잘 안 풀려 나갈 때, 가정 일도 뒤죽박죽 엉망진창이 되는 것이 사실입니다.

이 때에 처제가 예수를 소개하게 되었고, 신앙심이 돈독한 또 한 분을 소개하게 되었습니다. 그분이 그 어려운 가정에 전화를 걸면서 하는 말이,

"당신 큰일났습니다."

라고 대뜸 말했다고 합니다. 그러니 설상가상으로 그 가정이 얼마나 놀랐겠습니까? 그래서

"아니 무슨 일입니까?"

라고 물었다고 합니다. 그랬더니,

"한가지 피할 수 있는 길이 있소!"

라고 했습니다. 그래서

"그것이 뭡니까?"

라고 물었습니다. 그랬더니

"한가지 먼저 조건이 있는데, 그 조건이 충족되면 말할 수 있습니다."

라고 했습니다. 그래서 한참 망설이다가

"알겠소. 뭐든 시키는 대로 하겠습니다."

라고 답변했다고 합니다. 그랬더니 그쪽에서

"예수 믿겠습니까?"

라고 물었습니다. 그러니 약속까지 다 한 마당에 오리발을 내밀 수 있겠습니까? 그래서

"예수 믿겠습니다."

라고 대답했다고 합니다. 그랬더니, 그 쪽에서

"만사 형통입니다."

라고 했다고 합니다. 그 후 뜻밖에 놀라운 일이 벌어졌습니다. 처제가 신앙지도를 하며 일러 준대로, 시편 23편을 가지고 기도를 시작했다고 합니다. 하나님의 말씀을 지목하며 기도할 때 하나님이 틀림없이 응답하시는 것을 그때 체험하게 된 것입니다.

하루는 계열회사 사장으로 지목된 그 동료가 자기를 만나자고 했다고 합니다. 그래서 만났더니 사실 자기도 젊고 의욕이 많기 때문에, 그 회사를 꼭 운영 해보고 싶었다는 것입니다. 그런데 다 괜찮은데 당신 한 사람이 늘 자신의 마음에 걸려서 이대로 맡고 싶지 않다고…. 그래서 하루아침에 모든 결정이 다 번복되고, 그분이 그 회사를 맡게 되었다는 사실입니다. 그분의 간증이 이렇습니다.

"주께서 내 원수의 목전에서 내게 상을 베푸시고 기름으로 내 머리에 바르셨으니 내 잔이 넘치나이다"(시 23:5)

시편 23편대로 기도한 모든 간구가 다 응답되는 순간이었습니다.

오늘 이런 기도의 응답을, 교회를 부흥시키기 위한 전도 운동에 적용해 보기를 바랍니다. 말씀으로 기도할 때, 하나님께서 반드시 응답해 주십니다.

"나는 심었고 아볼로는 물을 주었으되 오직 하나님은 자라나게 하셨나니"
(고전 3:6)

이렇게 기도하며, 열심히 씨를 뿌리고 물을 주는 전도의 수고를 다하여서, 하나님께서 열매맺게 하시는 풍성한 축복이 함께 하기를 바랍니다.

이제 교회가 감당해야 할 가장 큰 사명이 무엇인지 확실해졌습니다. 예수는 하나님 나라의 복음 전파를 위해 이 땅에 왔으며, 제자들을 불러서 훈련시킴으로써 복음 전도의 사명을 일깨워 주었습니다. 초기 그리스도교는 유대인 전도와 이방인 전도 사이에서 갈등한 것이 사실이지만, 점차 유대인 지역에서 이방인 지역으로 그 전도의 영역을 넓혀 나갔습니다. 그리고 바울은 이방인 전도자로 새롭게 자신을 인식하면서 적극적으로 복음 전도의 영역을 이방인의 지역으로 확대해 나갔습니다.

전도의 원리는 하나님의 사랑을 실천하는 데 있습니다. 우리는 하나님의 사랑에 의해 구원을 받게 된 천국시민입니다. 이러한 구원의 기쁨과 감격을 우리만 누린다면, 우리는 하나님의 은혜를 헛되이 받고 있을 따름입니다. 그러므로 우리 하나 하나는 아직 복음을 전해 받지 못한 이웃에게 하나님의 사랑을 전파하는 복음 전도자가 되어야 합니다. 바울은 땅 끝까지 이르러 복음 전도의 사명을 다하기 위하여 헌신하였습니다. 복음을 전해 받지 않은 땅 끝은 어디입니까? 결코 지리적으로 먼 곳만을 의미하는 것이 아닙니다. 내 가정 혹은 내 직장 안에 아직 복음을 모르는 심령이 바로 영적으로 땅 끝입니다.

그래서 필자는 이 책이 복음전도 사역에 힘쓰는 평신도들과 신학생들과 목사님들과 선교사님들에게 작으나마 도움이 될 수 있기를 바랍니다.

이 책이 출판되도록 뒤에서 많은 수고를 해주신 분들이 있습니다. 무엇보다도, 근로학생으로 원고를 정리하는 데 많은 도움을 준 이재겸, 서창원, 정효진 학우들에게 감사드립니다. 그리고 항상 복음 전도의 정열을 불태우고 있는 한시미션의 조병호 목사님에게 감사드립니다. 또한 이 부족한 책을 출판하는 데 있어서 까다로운 모든 편집과정부터 기꺼이 노움을 주신 '땅에쓰신글씨' 출판사의 윤지인, 한현주, 전민영, 문지희 간사님과 한시미션의 김한성 목사님, 박정철 전도사님 등 여러 출판 관계자들에게 감사를 드립니다.

마지막으로 이 책을 필자의 장인어른이 되시는 홍재구 목사님께 헌정합니다. 홍 목사님은 평생 하나님의 교회를 위해서만 힘쓰신 분이십니다. 필자는 20년 넘게 사위로서 가깝게 지내면서 항상 마음속에 '아, 이분은 진짜 목사님이시구나!' 라고 고백하고 있습니다. 지금도 30년 넘게 가난한 삼양제일교회를 위해서 헌신적으로 봉사하고 계십니다. 이 순간도 700여 모든 성도들의 가정을 일일이 심방하시는 모습이 필자의 눈에 선하게 들어옵니다. 아버님, 늘 영육 간에 강건하십시오!!

이 책을
항상 기도해 주시는
홍재구 목사님께 드립니다.

추천의 글

김지철 목사 (소망교회)

2000년의 기독교 역사는 "위기와 극복"의 연속이라고 말할 수 있습니다. 그러나 중요한 시점마다 교회는 복음의 참된 의미를 새롭게 발견하는 가운데, 위기를 기회로 만들었던 것을 봅니다. 한국교회가 위기에 처했다고들 이야기합니다. 그래서 많은 문제들을 제기하고, 또 많은 대안을 제시하기도 합니다. 그러나 교회의 갱신과 부흥은 언제나 '복음의 재발견' 으로부터 시작되었던 것을 기억합니다.

본문(text) 자체는 변한 것이 없습니다. 또한 그 안에 담긴 예수 그리스도를 통한 하나님의 사랑에도 변함이 없습니다. 단지 시대에 따라서 우리 개인과 공동체가 성숙하게 변화됨에 따라 본래적 하나님의 마음을 새롭게 느낄 수 있습니다. 바로 '복음의 재발견' 을 통해서입니다.

복음의 정수인 로마서, 이에 대한 소기천 교수의 "로마서가 새롭게 보인다"는 바울이 로마서를 통해 전하려했던 복음의 참 의미를 다시금 새롭게 일깨워 줍니다. 서사적 언어로 마치 이야기하듯 풀어내는 그의 로마서에 관한 미리 보기와 서사적 읽기는 누구나 쉽게 하나님의 마음과 그 질척한 사랑을 깨달아 로마서 안에 담긴 참 의미를 재발견하도록 도와줍니다.

로마서를 깊이 이해하고 싶은 목회자, 신학생은 물론, 성경이 말하는 복음을 쉽게 이해하고 싶은 교회의 성도들에게 이 책은 큰 유익이 될 것입니다.

목 차

서론

사도행전 19장 11-12절을 보면, "하나님이 바울의 손으로 놀라운 능력을 행하게 하시니 심지어 사람들이 바울의 몸에서 손수건이나 앞치마를 가져다가 병든 사람에게 얹으면 그 병이 떠나고 악귀도 나가더라."고 기록되어 있습니다. 이 얼마나 놀라운 일입니까? 바울이 직접 기록한 로마서는 교회 갱신에 힘을 공급해준 책입니다. 아우구스티누스의 회심도 로마서 13장 11-14절(참회록 8:12)을 근거로 이루어졌습니다. 루터(M. Luther)의 종교개혁도 로마서 1장 17절을 근거로 전개되었고 웨슬리(J. Wesley)의 회심 역시 루터의 로마서 주석 서문을 낭독하는 것을 듣다가 이루어졌습니다.

이런 역사들을 들추어보면, 그야말로 감격입니다. 성경을 처음으로 라틴어로 번역한 성 제롬이라는 수도승이 있습니다. 예수께서 탄생하신 베들레헴에서 성경번역을 하고 있던 제롬이 어느 날 기도하고 있는데 예수께서 아기의 모습으로 나타나셨습니다. 성자는 이 광경에 너무 감격하여,

"사랑하는 예수님, 제 마음을 다해 당신께 선물을 드리고 싶습니다. 무엇이 당신을 가장 기쁘게 해 드릴 수 있는지 말씀해 주세요."

아기는 미소를 지으며 대답을 했습니다.

"하늘과 땅과 거기 있는 모든 것이 다 나의 것이다. 그대가 나에게 무엇을 줄 수 있겠는가?"

성자가 다시 말했습니다.

"그러나 저는 당신을 사랑합니다. 그래서 당신께 선물을 드리고 싶습

니다. 수도승이기 때문에 많지는 않지만 제게 있는 돈을 다 드릴테니 받아주시겠습니까?"

아기는 여전히 미소를 머금은 채 대답을 했습니다.

"너의 돈을 가난한 사람들에게 주어라. 나에겐 돈이 아무 쓸모가 없다."

성자는 계속 고집을 부렸습니다.

"그러나 저는 당신을 빈손으로 돌려보낼 수는 없습니다.

무얼 드리면 받아 주시겠습니까?"

그러자 아기는 매우 엄숙해지면서 이렇게 말씀하셨습니다.

"만약 그대가 내 가슴을 기쁨으로 가득 채울 수 있는 선물을 가져오고 싶다면, 나에게 그대의 모든 죄와 욕망을 다오. 나는 그것들을 위해 다시 십자가 위에서 죽겠다. 이것처럼 내 마음을 기쁨으로 채울 다른 선물은 없다."

주님의 이름으로 오는 이에게 복이 있을지어다! 이 얼마나 놀라운 고백입니까? 여기, 우리들 가운데에 아기 예수님께서 계십니다. 그분에게 이런 선물을 드립시다. 우리들의 불성실, 이기심, 분노, 원망을…. 그러면 그분은 기쁘게 우리들 가운데에서 우리들과 함께 계실 것입니다.

바울도 다메섹 도상에서 부활하신 주님을 만남으로 극적으로 변화되었습니다. 그는 변화된 후에 복음 전도자로 살았으며, 후에 로마서를 기록하였습니다. 로마서가 얼마나 중요한 책인지 아십니까? 루터(M. Luther)는 로마서에 관해서 신약성경책 중에서 "가장 중요한 책이며, 가장 분명한 복음이라"고 극찬하였습니다. 깔뱅(J. Calvin)은 로마서는 "성서의 모든 진리가 보관되어 있는 창고의 입구"라고 평가하였습니다. 스펜서(Spencer)는 "가락지의 보석"과 같은 것이 로마서라고 그 중요성을 인식하였습니다.

도대체 바울은 누구입니까? 어떻게 그가 이런 엄청난 영향을 끼칠 수 있습니까? 사도행전 19장 11-22절을 보면, 바울이 지닌 대단한 영향력을 알 수 있습니다.

1. '손수건'이나 '앞치마'와 관련하여(12절)
2. '마술 하는 어떤 유대인들'에 대해서(13절)
3. '제사장 스게와의 일곱 아들'에 대해서(14절)

이러한 바울의 능력 앞에서 에베소에 거하는 유대인들과 헬라인들이 두려워하며 주 예수의 이름을 높이고 자복하며 회개하였습니다(17-18절). 마술사들이 그 책을 모아 불사릅니다(19절). 이러한 내용을 보면, 바울은 가는 곳마다 '복음의 작용',' 복음의 영향력'을 불러일으킨 사람입니다.

이러한 영향력을 발휘한 바울의 마음 속에는 항상 "로마도 보아야 하리라"는 희망이 있었습니다. 이제 우리는 바울과 함께 「로마서」로 여행을 떠나고자 합니다. 여행하는 동안에 바울을 본받읍시다. 바울처럼 주 예수의 복음 위에 투철히 서서, 가는 곳마다 복음의 작용을 일으키는 신자들이 됩시다. 로마서를 연구하는 중에, 지금까지 우리가 간직하고 있는 신앙을 확인하는 기쁨을 갖게 될 것입니다.

본 도서를 읽기 전에, 먼저 로마서 1장부터 16장까지 통독을 합시다.

선교열을 불태우고 있던 사도 바울의 마음 속에는 항상 한 가지 간절한 열망이 불타오르고 있었습니다. 그것은 자기 생시에 로마를 한번 방

문하는 일이었습니다. 다음의 기록들을 보면, 그가 얼마나 로마에 가고
싶었는지 우리는 그 정열을 추측할 수 있습니다.

사도행전 19장 21절: '로마도 보아야 하리라'
사도행전 23장 11절: '그 날 밤에 주께서 바울 곁에 서서 이르시되 담
대하라 네가 예루살렘에서 나의 일을 증거한
것 같이 로마에서도 증거 하여야 하리라'
로마서 1장 10절: '너희에게로 나아갈 좋은 길 얻기를 구하노라'
로마서 15장 22절: '내가 너희에게로 가려 하던 것이 여러 번 막혔더
니'

이상과 같이 바울은 오매불망 로마를 방문하고자 무던히도 고대하며
때를 기다려 왔습니다.
그런데, 하나님의 섭리는 참으로 묘하게 바울에게 이루어졌습니다.
바울은 죄수의 몸으로 로마를 방문하게 된 것입니다. 당시의 로마 신문
에 헤드라인 뉴스로 다음과 같이 크게 보도되었을 것입니다.

'죄수의 몸으로 로마를 방문하다'

그러나 사도행전 28장 11-31절은 바울이 보통의 죄수와는 여러 가
지 점에서 분명히 달랐다고 증언하고 있습니다. 그러면 당시 소위 「로
마 신문」에 발행된 기사를 들추어보겠습니다.

1. 바울은 언행부터가 달랐습니다.
승선한 총 276명중에 한 명이 바울이었습니다(행 27:37). 죄수의

몸으로 배에 오른 바울의 행동을 가만히 살펴봅시다.

사도행전 27장 10절: '이번 행선이 화물과 배만 아니라 우리의 생명
에도 타격과 많은 손해가 있으리라' 고 척 말합니다.
사도행전 27장 14-20절:유라굴로 광풍이 불었는데, 여러 날 동안
'구원의 여망이 없어졌더라'

그때 바울이 다시 나서서 "이제는 안심하라 너희 중에 생명에는 아무
손상이 없겠고 오직 배뿐이니라"(행 27:22)고 말했습니다.

그 후 멜리데 섬에 가까스로 당도하여 생명을 부지하게 됩니다. 또
무슨 일이 벌어집니까? 난민들을 동정하여 토인들이 불을 지피고 잘 대
접하지 않습니까? 그 때

"바울이 한 뭇 나무를 거두어 불에 넣으니 그 뜨거움을 인하여 독사가 나
와 그 손을 물고 있는지라"(행 28:3)
"진실로 이 사람은 살인한 자로다. 바다에서는 구원을 얻었으나 공의가 살
지 못하게 하심이로라"(행 29:3)

라는 말씀을 통하여, 바울이 난데없이 살인자로 몰리게 될 판이었습니
다. 그러나 죽기는커녕 아무 이상도 없자 모두 그를 '신' 으로 추앙합니
다. 그 후에 보블리오의 부친이 열병과 이질에 걸려 누워있는 것을, 바
울이 기도하고 안수하여 낫게 합니다(행 28:8). 또 많은 병자들이 바울
로 인해서 고침을 받게 됩니다(행 28:8). 모든 기록을 통해서 볼 때에,
바울은 보통 죄수와 분명히 달랐음을 알 수 있습니다. 그후에 모든 바울

의 원수가 일시에 친구가 되는 놀라운 역사가 일어났습니다(cf. 잠 16:7).

2. 죄수인 바울을 대하는 사람들의 태도도 달랐습니다.
사도행전 28장을 보면, 드디어 바울은 '로마' 로 갑니다(14절). 로마에 입성하는 바울 일행을 반갑게 맞이한 사람들이 누구입니까? '형제들' 이라고 밝히고 있습니다(15절). 이들은 로마교회의 기원에 중요한 영향을 미친 구성원들이었습니다. 그 형제들을 추정할 수 있는 단서가 되는 구절들이 있습니다.

사도행전 2장 10절: '로마로부터 온 나그네'
사도행전 18장 2절: '글라우디오 황제의 추방령' (A.D 49년)

또한 바울의 거처에 대한 언급도 있습니다(16, 23, 30절). 바울은 셋방에서 군사 한 명과 함께 생활하도록 허락되었습니다. 말하자면 지금의 가택연금 상태와 비슷합니다. 날마다 많은 사람들이 찾아들어, 바울의 강론을 들었습니다(17, 23, 30절. '아침부터 저녁까지', '온 이태를 자기 셋집에 유하며 오는 사람을 영접').

3. 로마에 간 바울의 목적의식은 다른 죄수와 달리, 분명히 한 가지가 있었습니다.
비록 죄수의 몸으로 로마에 갔지만, 바울의 목적은 단 한 가지였던 것입니다. 그것은 '오직 하나님 나라를 전파하며 주 예수 그리스도에 관한 진리' 를 가르치는 일이었습니다(행 28:23, 31). 그는 분명히 말합니다.

"나는 이스라엘의 소망을 인하여 이 쇠사슬에 매인 바 되었느니라"(행 28:20)

천국 복음 전파! 이것이 바울이 매이게 된 이유이며 로마로 여행하게 된 동기요, 목적입니다. 우리도 세상 한 복판에 살고 있지만, 세상과 구별되어 세상 사람들과 다르게 살아야 할 이유가 여기에 있습니다. 우리 생의 목적은 하나님의 나라에 분명히 맞추어져 있어야 합니다.

「로마서」를 '하나님의 선교'(Missio Dei)라는 관점에서 새롭게 읽을 수 있어야 합니다. 그 동안 「로마서」를 교리서의 차원에서 이론적으로 딱딱한 책으로만 알고서 읽어 온 것이 사실입니다. 그러나 바울은 본문을 성령의 능력 안에 있는 '하나님의 선교'라는 맥락에서 기록하고 있습니다. 대다수의 기독교인들이 "내가 어떻게 구원을 얻을 수 있을까요?"라는 근본적인 물음에 대한 답을 찾기 위해 곧바로 「로마서」를 보려고 하는 반면, 바울은 「로마서」 전체를 통해 유대인과 이방인 모두를 믿음에 근거해서만 구원하시는 하나님과 하나님의 의에 중점적으로 관심을 나타내고 있습니다. 바울은 유대인으로서 믿을 수 없는 주장을 하고 있습니다. 즉 하나님은 비록 이방인이 하나님의 선민인 유대인에 속하지 않더라도(창 17:9-16) 이방인을 자신의 백성으로 받아들인다는 것입니다. 이로써 바울은 유대인을 향한 하나님의 언약이 파기되었는지(9:6), 또는 하나님은 자신의 백성을 버리셨는지(11:1)의 문제를 다루고 있습니다.

바울은 믿음으로 의롭게 된다는 가르침을 통해 복음은 만민을 위한 기쁜 소식임을 확언하였습니다. 바울이 자신의 가르침을 전개시켜 나갔던 사회적 상황은, 교회의 중심이 이방 세계로 옮겨짐에 따라, 교회의 역사에서 망각되었습니다. 따라서 믿음으로 의롭게 된다는 교리는 개인적인 신앙 체험과 구원에 국한되었습니다. "복음에는 하나님의 의가 나타나서 믿음으로 믿음에 이르게 하나니 기록된 바 오직 의인은 믿음으로 말미암아 살리라"(1:17).

바울은 이 주제를 발전시켜갑니다. 유대인이나 이방인을 아우르는 전 인류는 하나님과의 올바른 관계를 회복시킬 필요가 있습니다. 왜냐하면, 인류 전체가 죄의 힘 아래에 놓여 있기 때문입니다. 사람들은 예수 그리스도를 믿음으로 하나님과 화해할 수 있습니다. 다음으로 바울은 하나님과의 새로운 관계에서 비롯되어 그리스도와 하나가 되는 새로운 삶을 서술합니다. 신앙인은 하나님과 화평하게 되며 하나님의 영에 의해 죄와 사망의 권세로부터 자유롭게 됩니다. 5-8장에서도 바울은 또한 하나님의 율법이 지닌 목적과 신자들의 삶에 역사하는 하나님의 영의 능력을 논합니다.

그러면 다음과 같이 세분하여 로마서의 서론적인 내용에 관해서 생각해 보겠습니다. 다소 신학적인 개론이지만, 짧게 소개하여 대략적으로 로마서에 관한 밑그림을 그려보도록 하겠습니다.

1. 기록 장소와 연대

사도 바울이 로마서를 쓸 당시 머물러 있었던 곳은 고린도의 항구인 겐그레아입니다(16:1). 보다 자세히 말하자면, 이미 바울이 세례 준 일이 있었던 가이오의 집으로, 당시 가이오의 집은 신자들의 만남의 장소였습니다(16:23, cf. 고전 1:14).

사도행전 20장 1-6절의 기록에 의하면 바울은 마게도냐를 지나서 헬라에 이르러 거기서 석 달을 체류합니다. 따라서 바로 이 시기가 로마서의 집필시기가 됩니다(대략 A.D.58년경).

2. 기록 동기

선교열을 불태우고 있던 바울은 항상 그 마음속에 로마를 방문하고 싶은 소원을 간직하고 있었습니다(행 19:21). 왜냐하면 바울은 로마에 있는 교우들과 주 안에서 교제를 나누길 원하였고, 또 그들이 바울을 도울 수 있다는 것을 알고 있었기 때문입니다(1:11이하; 15:24).

그러나 무엇보다도 중요한 것은 바울이 로마를 거점으로 하여 당시의 땅끝으로 알려진 서바나(스페인)까지 가서 복음을 전할 결심을 하고 있었다는 사실입니다(15:22-23). 바로 이러한 웅대한 선교적 이상(Vision)이 로마서를 집필하게 된 동기입니다.

3. 로마교회의 기원

이 문제는 불분명한 점이 많지만, 사도들이나 혹은 바울에 의해서 설립되지 않은 것은 분명합니다. 그러나 어느 정도 추론하자면, 초기의 로마 교회는 오순절 사건 때 예루살렘에 모여들어 복음을 전해 듣고 다시 돌아간 사람들에 의해서 설립된 것이 아닐까 합니다. 즉, 사도행전 2장 10절에 '로마로부터 온 나그네'가 로마 교회의 설립을 가능케 한 장본인이라고 말할 수 있습니다. 그러므로 사도 바울이 로마서를 보낼 때, 로마 교회에는 유대 그리스도인과 이방 그리스도인이 뒤섞여 있었던 것입니다.

4. 로마서의 중요성

마틴 루터(M. Luther)는 "신약성서 중에서 로마서는 가장 중요한 책이고, 모든 것들 중에 가장 분명한 복음"이라고 했고, 쟝 깔뱅(J. Calvin)은 "로마서를 이해한다는 것은 성서의 모든 진리가 보관되어 있는 창고의 입구에 들어서는 것"이라고 했습니다. 또한 스페너(Spener, 경건주의 신학자)는 "로마서는 성서라는 가락지의 보석이요, 8장은 보석의 끝"이라고 했습니다.

＊ 교회갱신의 힘을 공급해 준 책인 로마서와 관련해서…
Augustinus는 로마서 13장 11-14절을 통해 회심했는데 그것은 참회록8:12에 나와 있습니다.

M. Luther는 로마서 1장 17절을 통해 회심했고, 웨슬리는 Luther의 로마서 주석 서문을 낭독하는 것을 듣다가 회심하게 되었습니다.

K. Barth의 "로마서 강해"(1918)는 자유주의 신학(바울, 예수 – 종교적 천재)에 대해 강한 반기를 들게 되었습니다.

5. 로마서의 두 구분

로마서 1장-11장	로마서 12장-15장
Doctrine(교리)	Ethics(윤리)
Indicative(서술형)	Imperative(명령형)
Kerygma(선포)	Didache(교훈)
Proclamation(선포)	Parenesis(권면)
Pronouncement(선언)	Command(명령)
Theory(이론)	Practice(실제)
Faith(신앙)	Life(삶)

cf. 성서와 생활: 믿음과 삶(통일공과)

6. 로마서 연구방법

로마서 연구방법에는 다음과 같이 크게 두 가지가 있습니다.

· 영감론(the doctrine of Inspiration) – 주로 서신을 읽을 때 사용하는 방법입니다.

· 역사비평방법(the historical critical method) – 주로 복음서를 읽을 때 사용하는 방법입니다.

이에 대하여 K. Barth는 그의 저서「로마서 강해 1st edition 서문(1918)」, p.1에서 다음과 같이 말했습니다.

"성서 연구에 대한 역사비평적 방법은 그 타당성을 가지고 있다. 그것은 결코 피상적인 것이 될 수 없는 지식을 제공해 주는데 관심을 갖는

다. 그러나 내가 역사비평방법과 신성한 영감론 중에서 택해야 할 궁지에 몰린다(driven)면, 나는 망설이지 않고 후자를 채택할 것이다. 영감론은 보다 넓고, 보다 길고, 보다 중요한 의인(justification) 사상을 가지고 있다."

로마서는 영감에 넘쳐있는 서신입니다. 복음서 연구와는 달리, 우리가 로마서에 대해 역사비평방법을 사용하기보다는 영감론을 사용하여, '말씀'을 놓치지 않겠다는 의도를 갖는 것이 중요합니다.

복음(1:1-17)

내용요약

1:1-7

로마서의 서언인 이 구절은 희랍의 서신 양식을 따라서 발신인(바울), 수신인(7a절), 그리고 인사말(7b절)로 이루어져 있지만, 그리스도 교적 정의들(Christian definitions)에 의해 확대되어 있습니다. 이 구절에서 복음은 다름 아닌 하나님의 아들, 즉 예수 그리스도에 관한 것입니다. 하나님께서 행하신 가장 크신 일은 인간을 위해 그리스도 안에서 행하신 일입니다. 구체적으로 말해서 복음의 핵심은 예수의 선재(先在), 성육신, 공생애, 십자가, 부활, 승천, 재림, 심판, 영생에 관한 모든 기록입니다. 이것은 이미 하나님께서 구약성서에서 선지자들을 통해 미리 알게 하신 것입니다(2절). 이제 예수에 대해서 두 가지 사실을 지적하고 있습니다. 하나는, 예수가 다윗의 후손으로서 한 인간이며 유대인이라는 점입니다(3절). 또 하나는, '거룩의 영($\pi\nu\varepsilon\hat{\upsilon}\mu\alpha$ $\dot{\alpha}\gamma\iota\omega\sigma\acute{\upsilon}\nu\eta\varsigma$)'에 의해 부활하심으로써 하나님의 아들이라는 점입니다(4절). 그러므로 예수는 모든 것이 우리와 같으시지만, 또한 모든 점이 우리와 같지 않으신 분이십니다.

1:8-17

바울은 실천적인 선교사였으며, 스페인까지 여행할 계획을 가지고 있었습니다. 이 구절에서 우리는 로마에 있는 그리스도교 공동체를 간절히 사모하고 있는 바울의 애틋한 정(feeling)을 느낄 수 있습니다. 먼저 바울은 하나님께 감사하며, 기도를 드리고 있습니다. 로마 방문의 목적이 11-13절에 세 가지로 소개됩니다. 첫째는 신령한 은사를 나누어 주어 믿음을 견고케 하려고, 둘째는 피차 안위를 받으려고, 셋째는 다른 이방인 중에서와 같이 열매를 맺도록 하기 위하여 입니다. 이 얼마나 간절한 소원입니까.

로마서 1장 10절을 보면 바울은 '좋은 길' 얻기를 구하는 심정으로 너희에게로 나아간다고 기록하고 있습니다. 그리고 15절에는 '나는 할 수 있는 대로' 너희에게 복음 전하기를 원한다고 기록하면서 로마로 향하는 바울의 간절한 복음에 대한 열망을 나타내고 있습니다. 그리고 이러한 열망은 바울 자신이 죄수의 몸이 되어 이루어지게 됩니다. 사도행전 20장 24절에서 바울이 에베소 장로들에게 한 고별 설교에서 그의 복음에 대한 열망을 또 찾아 볼 수 있습니다. 사도행전 21장 27절에서 바울이 유대에 의해 붙잡히게 되고, 30절에서 온 백성이 달려들어 바울을 붙잡으며, 33절에서는 천부장이 와서 그를 두 쇠사슬로 결박함을 통해 사도행전 28장 16절과 같이 죄수의 몸으로 로마에 들어가는 것으로 그의 이러한 열망은 이루어집니다.

1:16-17

바울은 복음을 요약적으로 진술하고 있습니다. 곧 복음 안에 하나님의 의(Righteousness)가 계시된다는 것입니다. 성서에서 '의' 란 말은

'구원'과 밀접히 연결되어 있습니다(16-17절; 사 51:5-6). 하나님은 의로우시기 때문에 인간을 의롭게 하실 수 있습니다. 그러므로 오직 믿음(sola fide)만이 인간의 할 일입니다. 바울은 믿음에 의해서만 살리라는 것을 알고 있습니다(합 2:4).

1. 복음중의 복음(1:1-7)

인간에게 있어서 자신이 누구인지, 자기를 발견하고 인식하는 일은 그 무엇보다도 선행되어야 할 근본적이고 중요한 물음입니다. 소크라테스(Socrates)는 "너 자신을 알라"고 말한 적이 있습니다. 시편 기자는 "사람이 무엇이관대 주께서 저를 생각하시며 인자가 무엇이관대 주께서 저를 권고하시나이까?"(시 8:4)라고 노래하였습니다.

1) 바울은 자신을 누구라고 인식하고 있습니까?

(1) 예수 그리스도의 종

인간이 한 평생 살아가면서 물질만 소중히 여기고 돈만 추구하면 수전노가 됩니다. 히틀러나 챠우세스쿠처럼 자리에서 눈뜨고 일어나 줄곧 권력만 휘두르다보면 독재자가 됩니다. 인간이 무엇을 좇느냐에 따라 인간의 운명이 좌우됩니다. 한때 바울은 세상 학문을 부지런히 좇아 다닌 적이 있습니다. 율법교사 가말리엘에게서 배웠고 헬라 철학과 사상에 심취하였을 때 그는 분명히 학문의 노예가 되었습니다. 예수 믿는 사람들을 핍박하고 잡아 가두기 위해서 혈안이 되어 돌아다닐 때, 그는 분명히 율법의 노예였습니다(빌 3:3-6). 그러나 다메섹 도상에서 부활하신 예수를 만나게 되었을 때 - "사울아, 사울아. 네가 어찌하여 나를 핍박하느냐 나는 네가 핍박하는 예수라"(행 9:14) - 그는 변화되었습니다.

바울은 예수 그리스도를 만난 이후에 그 모든 것을 버렸습니다. 빌립보서 3장 7-9a절에 나타난 표현 가운데 '배설물'을, 6·25이전에는 '똥'이라고 번역하였습니다. 이제 모든 것을 그리스도를 위해서 버린 바울은 자신을 예수 그리스도의 '종'이라고 소개하고 있습니다. 그는 철저하게 예수 그리스도의 소유, 노예였습니다.

참고로 바울이란 이름의 뜻은 '작다'라는 뜻이며, 'Messiah'란 뜻은 '기름 부음을 받은 자'란 뜻입니다. 여기서 바울이 말한 그리스도의 '종'이란 표현은 작은 자인 바울이 기름부음을 받은 그리스도에게 속한 종이라는 표현입니다. 그리스도의 종에는 예언자와 제사장 그리고 왕이 있습니다. 여기서는 'servant'보다 더 철저한 종의 상태를 나타내고 있습니다. 이는 '종'이 주인에게 소유물과 생명까지 소유되어 있는 노예 (slave)의 상태임을 나타내고 있는 것입니다.

(2) 사도

로마서 1장 1절에는 "사도로 부르심을 받아 하나님의 복음을 위하여 택정함을 입었다", 또 5절에는 "은혜와 사도의 직분을 받아"라는 표현이 있습니다. 고린도 서신, 특히 고린도후서만큼 바울 자신의 사도직을 변호한 서신은 없습니다. 고린도후서 12장 11절에서 12절 말씀에 보면 "…내가 아무 것도 아니나 지극히 큰 사도들보다 조금도 부족하지 아니하니라 사도의 표 된 것은 내가 너희 가운데서 모든 참음과 표적과 기사와 능력을 행한 것이라"(고후 12:11b-12). 이것 또한 바울다운 모습입니다. 이것이 우리가 바울에게 배우는 바입니다.

2) 바울은 로마교인들을 누구라고 인식하고 있습니까?

(1) 로마서 1장 6절과 고린도전서 3장 23절에서 예수 그리스도의 것으로 인식하고 있습니다.

> **"너희 몸은 하나님께로부터 받은바 너희 가운데 계신 성령의 전인 줄을 알지 못하느냐? 너희는 너희의 것이 아니니라 값으로 산 것이 되었으니 그런즉 너희 몸으로 하나님께 영광을 돌리라"**(고전 6:19-20)

사도 바울이 예수 그리스도의 종인 것처럼 우리는 예수 그리스도의 소유입니다. 그러므로 우리의 주인은 예수 그리스도이십니다. 우리의 주인이신 그리스도께 자신을 온전히 드려서 주님 마음대로 우리를 들어서 사용하시도록 헌신하십시다. 갈라디아서 3장 29절에서 "너희가 그리스도께 속한 자면 곧 아브라함의 자손이요 약속대로 유업을 이을 자니라"라고 말씀하고 계십니다.

(2) 하나님의 사랑을 입은 자(7a절)

요한1서 3장 1절, "보라 아버지께서 어떠한 사랑을 우리에게 주사 하나님의 자녀라 일컬음을 얻게 하셨는고 우리가 그러하도다"와 요한1서 4장 10절, "사랑은 여기 있으니 우리가 하나님을 사랑한 것이 아니요 오직 하나님이 우리를 사랑하사 우리 죄를 위하여 화목제로 그 아들을 보내셨음이니라"고 말씀하십니다.

우리가 얼마나 하나님의 사랑을 입었는지 아십니까? 지금 우리가 가지고 있고 누리고 있는 것들 중에서 하나님께로부터 받지 않은 것이 무엇입니까? 세상에 올 때 우리는 벌거숭이로 아무 것도 가지고 오지 않았습니다. 적신으로 온 것입니다. 그런데 보세요! 우리가 가진 것들을…. 요한삼서 1장 2절에서 나오듯이 "사랑하는 자여, 네 영혼이 잘 됨 같이 네가 범사에 잘되고 강건하기를 내가 간구하노라." 그것은 모두 하나님의 은혜를 우리에게 일깨워 주고 있습니다.

(3) 성도(7b절)

성도는 '거룩한 무리' 란 뜻입니다. '거룩' 이란 말은 '구별되다, 성별되다' 란 뜻이올시다. 우리가 바리새인을 경멸하지만 본래 '바리새' 란 이름의 뜻은 '구별된 자' (Separated One)로서 좋은 뜻을 가지고 있습니다. 성도는 세상과 구별되어야 합니다. 성도가 세상 사람들과 성별된 삶을 살지 못할 때 더 이상 성도라고 말할 수 없을 것입니다.

"너희가 그리스도와 함께 다시 살리심을 받았다면 위엣 것을 찾으라 … 위엣 것을 생각하고 땅의 것을 생각하지 말라"(골 3:1a, 2)

3) 바울은 예수 그리스도를 어떤 분으로 인식하고 있습니까?

(1) 성경에 미리 약속 된 분(2절)

하나님께서는 그의 아들을 세상에 보내시기에 앞서서 선지자들과 여러 신앙의 선조들을 통하여 예언과 약속을 보여 주셨습니다. 히브리서 1장 1절을 보면 이러한 구절이 있습니다. "옛적에 선지자들로 여러 부분과 여러 모양으로 우리 조상들에게 말씀하신 하나님께서"

그래서 이사야와 미가는 예수 그리스도께서 탄생하시기 500년 전에 이미 그 복된 소식을 예언한 것입니다. 예수 그리스도의 탄생은 선지자들의 예언과 또 인간 역사의 때가 찼으므로 이루어진 놀라운 구원사적 사건입니다. 예수께서 친히 이렇게 말씀하시기도 하였습니다;

> **"너희가 성경에서 영생을 얻은 줄 생각하고 성경을 상고하거니와 이 성경이 곧 내게 대하여 증거 하는 것이로다"(요 5:39)**
>
> **"모세를 믿었더면 또 나를 믿었으리니 이는 그가 내게 대하여 기록하였음이라"(요 5:46)**

(2) 다윗의 혈통으로 나신 분(3절)

이것은 육신적으로 예수 그리스도의 왕권(Royalty)을 말합니다. 마태복음은 예수의 족보를 시작하면서 "아브라함과 다윗의 자손 예수 그리스도의 세계라"(마 1:1)고 분명히 천명합니다. 아기 예수가 탄생했을 때 동방의 박사들이 와서 경배하며 황금과 유황과 몰약을 드립니다. 요한복음 19장 19절을 보면 예수께서 십자가에 달리셨을 때 다음과 같은 기록을 발견할 수 있습니다. "빌라도가 패를 써서 십자가 위에 붙이니 '나사렛 예수 유대인의 왕' 이라 기록되었더라."

이 모든 것은 왕 중 왕이신 예수 그리스도의 왕권을 가리키는 일들입니다.

(3) 죽은 자 가운데서 부활하신 분(4절)

예수께서 죽은 자 가운데서 부활하신 사실은 그 자체가 사건이며 우리 신앙의 근거입니다. 부활장인 고린도전서 15장에 이러한 말씀이 나옵니다. "그리스도께서 만일 다시 살지 못하셨으면 우리의 전파하는 것도 헛것이요 또 너희 믿음도 헛것이며"(고전 15:14), "그리스도께서 죽은 자 가운데서 다시 살아 잠자는 자들의 첫 열매가 되셨도다"(고전 15:20).

예수에 관한 바울의 인식은 복음 중의 복음입니다. 바울은 이러한 복음 위에 철두철미하게 서서 로마교인들에게 문안(원어 성경을 보면 1-7절은 한 문장이다)을 합니다.

2. 오직 믿음(1:8-17)

한 평생 살다보면 참으로 여러 종류의 사람들을 만나게 됩니다. 본문에 유대인, 헬라인, 야만인, 지혜 있는 자, 어리석은 자 등이 언급되고 있지만 피부색이나 인종 혹은 언어나 문화의 차이가 문제가 아닙니다. 때때로 "살아가는 방식도 가지가지, 인간 됨됨이도 여러 가지구나" 하는 생각이 들 때가 많습니다. 종종 주위에서 "어째 그 사람 인간 됨됨이가 그 모양이야!" 하는 탄식소리를 듣는 경우가 있습니다. 겉모습은 멀쩡한 사람인데 금수나 버러지만도 못하게 행동하는 사람들, 도무지 인간상식으로는 잘 납득이 가지 않는 사람들이 종종 우리를 당혹케 만들 때가 있습니다.

본문은 인간 바울의 됨됨이와 그의 깊은 내면적 신앙생활을 예리하게 보여주고 있습니다. 바울은 어떠한 사람입니까?

1) 바울은 감사의 사람입니다(8절)

바울은 로마에 있는 그리스도교 공동체를 생각하며 하나님께 감사를 드리고 있습니다. 바울은 그의 서신 초반에서 자기의 수신자를 위해 항상 하나님께 감사하고 있다고 여러 번 밝힙니다(고전 1:4; 엡 1:15,16; 빌 1:3; 골 1:3,4; 살전 1:2). 자기 마음속에 떠오르는 사람을 생각할 때마다 "참 감사한 분이다, 참 고마운 분이다"라고 말할 수 있는 사람은 행복한 사람입니다.

2) 바울은 기도의 사람입니다(9-10절)

바울은 로마 교인들을 생각할 때 하나님께 감사할 뿐만 아니라 항상 쉬지 않고 기도한다고 말합니다. 여기서 우리는 사도 바울이 얼마나 자기의 양떼를 사랑했으며 또 사모할 만큼 애틋한 정(feeling)을 가지고 있었는지 능히 짐작할 수 있습니다. 타인을 위한 기도는 진실함과 사랑 없이는 드려질 수 없는 것입니다. 또한 중보기도는 영ㆍ육간의 친밀한 사랑 없이는 드려질 수 없습니다. 바울이 로마 교인들을 위해 항상 기도하기를 쉬지 않은 것은 성도를 위한 참된 평안과 진정한 도움이 하나님께로부터 임한다는 사실을 철두철미하게 확신하고 있었기 때문입니다 (빌 1:8-9; 딤후 1:3; 몬 1:4).

3) 바울은 풍부한 영적 체험을 가진 사람입니다(11절)

바울은 로마 교회에 가서 '어떤 신령한 은사'로 성도들을 견고케 하고자 간절히 열망하고 있습니다. 기독교는 체험의 종교입니다. 기독교 역사상 바울만큼 신비한 체험을 가진 사람은 없습니다. 고린도후서 12장을 보면 그는 주의 환상과 계시를 말하면서 삼층천과 낙원에 이끌렸던 신비한 체험에 관해 언급합니다. 그러나 바울은 "듣는 자가 지나치게 생각할까봐"(고후 12:6b) 두려워하여 더 이상 자세한 말은 피합니다. 바울의 깊은 영적 체험과 비교해 볼 때 그가 얼마나 겸손하고 진중한 인물이었는지 우리는 탄복하지 않을 수 없습니다. 바울은 분명히 하늘의 사람이었습니다.

4) 바울은 열정적인 복음의 사람입니다(14-16절)

'복음'이란 영어단어 'gospel'은 앵글로색슨語 'god-spell', 즉 '신으로부터 온', 혹은 '신에 관한 이야기'의 현대어입니다. 원어 성서에는 '유앙겔리온'으로 쓰이는데, 일반적으로 '좋은 소식'(사 40:9; 52:7; 눅 2:10) 또는 '기쁜 소식(good news)'은 무엇이겠습니까? 그것은 하나님 소식(God News)밖에 없습니다. 달리 무엇이 더 있겠습니까?

이사야 말씀을 보면, "아름다운 소식을 시온에 전하는 자여 너는 높은 산에 오르라 아름다운 소식을 예루살렘에 전하는 자여 너는 힘써 소리를 높이라 두려워 말고 소리를 높여 유다의 성읍들에 이르기를 '너희 하나님을 보라' 하라"(사 40:9), "좋은 소식을 가져오며 평화를 공포하며 복된 소식을 가져오며 구원을 공포하며 시온을 향하여 이르기를 '네 하나님이 통치하신다' 하는 자의 산을 넘는 발이 어찌 그리 아름다운고"(사 52:7)라는 말씀을 통해 더욱더 자세하게 알 수 있습니다.

바울은 이 하나님의 복음을 전파하는 일에 신명을 다 바쳐 복음의 열매를 위해 수고와 헌신을 아끼지 않았습니다. 로마서 1장 16절을 보면 그는 복음을 부끄러워하지 않고 담대히 복음의 일선에서 전심전력하였습니다.

5) 바울은 오직 믿음의 사람입니다(16-17절)

16-17절에서 바울은 복음을 요약적으로 진술하고 있습니다. 곧 복음 안에 '하나님의 의(Righteousness)'가 계시된다는 것입니다. 성서에서 '의'란 말은 '구원'과 밀접히 연결되어 있습니다(사 51:5, 6; 46:13; 시 85:9-10).

이사야 말씀에 "내 의가 가깝고 내 구원이 나갔은즉 내 팔이 만민을 심판하리라"(사 51:5a), "나의 구원은 영원히 있고 나의 의는 폐하여지지 아니하리라"(사 51:6b)라는 말씀이 나옵니다.

하나님은 의로우시기 때문에 인간을 의롭게 하실 수 있습니다. 뿐만 아니라 인간을 구원하여 새 삶을 살게 하실 수 있습니다. 하나님의 의와 구원이 인간에게 그대로 이루어지기 위해서 우리 인간에게 요청되는 것이 있습니다. 그것은 믿음입니다. 사도 바울은 '오직 인간이 믿음에 의해서만 살리라'는 사실을 분명히 알고 있었습니다. 이러한 내용은 로마서 1장 17절 말씀을 통해 더욱더 분명히 알 수 있습니다.

"복음에는 하나님의 의가 나타나서 믿음으로 믿음에 이르게 하나니 기록된 바 오직 의인은 믿음으로 말미암아 살리라 함과 같으니라"(롬 1:17, cf. 합 2:4)

"믿음으로 믿음에 이른다"는 말은 'by faith from first to last, from faith to faith, only faith'라는 뜻입니다. 아마도 마틴 루터(Martin Luther)가 이 뜻을 가장 명확하게 해석(only faith/sola fide)하였는 줄 압니다. 그의 해석은 곧 종교개혁으로 이어지지 않았습니까?

성 베드로 성당 돌계단을 무릎으로 고행하면서 오르던 신부 마틴 루터는 "세상을 이기는 믿음은 이것이니 곧 우리의 믿음이니라"는 말씀에 확신을 가지고서 종교개혁을 일으켰습니다.

하나님께서 우리 하나 하나에게 요구하시는 것이 무엇입니까? 마지막 심판 날에 우리 주님 재림하시게 되면 우리에게 무엇을 찾으시겠습니까?

"만일 누구든지 금이나 은이나 보석이나 나무나 풀이나 짚으로 이 터 위에 세우면 각각 공력이 나타날 터인데 그 날이 공력을 밝히리니 이는 불로 나타내고 그 불이 각 사람의 공력이 어떠한 것을 시험할 것임이니라. 만일 누구든지 그 위에 세운 공력이 그대로 있으면 상을 받고 누구든지 공력이 불타면 해를 받으리라"(고전 3:12-15a)

세상적 인간적 공력은 다 사라집니다. 그러나 믿음만은! 오직 믿음입니다. 모든 공력이 다 불타 버린다 해도 믿음만은 정금 같이 남아 있어야 합니다. 우리가 잘 부르는 찬송가 397장을 봐도 이러한 믿음을 알 수 있습니다. "믿음이 이기네 주 예수를 믿음이 온 세상을 이기네"

하나님의 진노(1:18-2:16)

1. 내용요약

1:18-23

인간이 불의한 중에 있을지라도, 하나님께서는 자연을 통하여 하나님 자신이 어떠한 분이신지 알려 주십니다. 하나님께서 지으신 피조물들이 곧 그 지으신 분을 증거하고 있습니다. 그런데 자연인은 하나님을 직면하게 될 때에, 하나님을 하나님으로서 대접해 드리기를 거절합니다. 즉 그들은 하나님을 영화롭게도 아니하고, 그에게 감사하지도 않습니다. 도리어 그 자신이 좋을 대로 하나님 대신에 우상을 만들어 섬기고 있습니다. 이것이 원 인류의 타락 이래로, 자기도 모르는 사이에 범하는 자연인의 불신앙의 행위(신앙에 반대되는 행위)입니다.

1:24-32

인류는 죄에 대하여 변명의 여지가 없으며 마땅히 정죄받아야 합니다. 세 번이나 거듭해서 하나님께서는 인간을 '내어버려 두사'(24, 26, 28절)라고 함으로써 심판하셨습니다. 즉 하나님께서는 우리로 하여금 악한 욕정의 노예가 되도록 그대로 내버려두신다는 말입니다. 그러므로 만일 우리가 범죄한 후에 하나님의 채찍이 없으면 '내어 버려진 자'가 아닌지 두려워해야 할 것입니다.

본문 1장 24절 말씀에 '내어 버려두사' 라는 구절이 있습니다. 오죽하면 하나님께서 내어버려 두시겠습니까? 우리 안에 하나님이 계셔야 할 자리를 비워 드리지 않는다면, 하나님께서는 자신이 들어가겠다고 강요하지 않습니다. 그냥 그들로 주인 노릇을 하게 합니다. 이것은 하나님의 심판인데, 우리는 그것을 심판으로 모르고 있는 것입니다.

2:1-2:8

"남을 판단하는 네가 같은 일을 행한다"(2:16)는 구절은 중요한 실마리를 제공해 줍니다. 그들이 스스로 남을 판단하는 일은, 하나님의 자리에 그들 스스로를 놓는 것입니다. 왜냐하면, 하나님의 사역 중에 세상을 심판하시는 일이 중요한 것으로 자리하고 있기 때문입니다(롬 3:6에 '판단' 이란 단어와 '심판' 이란 단어는 원어상 똑같은 표현으로 되어 있습니다). 그러므로 남을 판단하는 자는 결코 하나님의 판단을 피하지 못하게 될 것입니다.

판단(Judgement)은 주관적인 요소로, 자기 기준과 표준으로 상대방에 대해서 시시비비를 가리려고 하는 것이며 상대방을 정죄하려 하는 것입니다. 이와는 달리 비평(Criticism)은 객관적인 요소로 다양한 입장을 견지하여 정죄하기 보다는 이해하려 하는 것입니다.

2:9-15

따라서 하나님께서는 율법이 있는 자는 율법에 의해, 율법이 없는 자는 마음의 법에 의해 좌우간 판단하십니다. 도대체 어느 누가 하나님 앞에서 이러한 명백한 판단으로부터 벗어날 수 있겠습니까.

2. 생의 절망을 극복하는 법

　성경에서도 믿음의 선배들이 절망적이고 세상이 살 맛 안 난다고 느끼고 있을 때가 있었음을 찾아 볼 수 있습니다. 시편 77편 3절, 시편 42편 5절, 시편 42편 11절, 시편 43편 5절 등의 구절을 찾아보면 시편기자에게 낙망하고 불안해하는 모습이 있었음을 찾아 볼 수 있습니다. 시지프 신화를 보게 되면 절망적인 상황에서 인간의 힘으로 극복하려고 무던히도 힘쓰며 꿋꿋이 버텨 나가는 모습들을 찾아 볼 수 있습니다. 그러나 우리 신자들은 이럴 때일수록 더욱더 하나님을 붙잡고 나아가야 하는 사실을 잊지 말아야 합니다. 시편 기자들도 낙망하고 두려울 때 더욱 더 하나님을 바라보며 그를 찬송하라고 고백하고 있습니다. 또한 여호수아 1장 9절 말씀을 보게 되면 여호와 하나님께서 우리와 함께 하시는(God with us!) 사실을 확인할 수 있습니다. 또한 출애굽 당시 여호와 하나님께서 이스라엘 백성들을 애굽의 손에서 붙드시는 것도 말씀을 통해 확인할 수 있습니다(신 26:8).

1. 하나님의 진노(1:18-23)

사도 바울은 로마서에서 하나님의 '진노(wrath)'란 말을 여러 번에 걸쳐 제시하고 있습니다(1:18; 2:5, 8; 3:5; 5:9). 분명히 진노는 인간을 구원하시려는 하나님의 행위와는 반대되는 모습입니다. 어떻게 하나님께서는 긍휼을 베푸시고 구원하셔야 할 인간에게 진노를 내릴 수 있습니까? 하나님께서는 인간에게 은혜를 베푸시는 사랑의 하나님이십니다. 그러나 동시에 거룩하시고 공의로우신 하나님께서는 결코 인류의 죄를 묵과하실 수 없는 분이십니다. 의인에게는 하나님의 사랑과 은혜가 따르지만 죄인에게는 하나님의 진노가 불가피 합니다. 어떠한 자들에게 하나님의 진노가 나타납니까?

1) 불의한 자들 위에 하나님의 진노가 내려질 것입니다

"하나님의 진노가 불의로 진리를 막는 사람들의 모든 경건치 않음과 불의에 대하여 하늘로 좇아 나타나나니"(18절)

하나님의 진노는 인간의 불의에 대하여 일격을 가하는 것입니다. 인간이 얼마나 불의한지 아십니까? 가인 이래로 우리 인간은 하나님께서 주신 고귀한 생명을 수없이 살인하는 죄를 저질러 왔습니다.

2) 하나님을 거부하는 자들 위에 하나님의 진노가 내려질 것입니다

하나님께서는 자신을 보여주시기 위한 방편으로 특별계시와 자연계시를 사용하십니다. 특별계시는 '성서'로서 그 핵심은 예수 그리스도이십니다. 우리는 예수 그리스도를 통하여 하나님을 분명하고도 자세하게 알 수 있습니다. 레바논에서 온 학생과 대화를 나눈 적이 있습니다. 그는 "예수를 하나님의 아들로서가 아니라 예언자 중의 하나로 믿는다"고 했습니다. 그러나 본문에는 자연계시에 대해서 언급되고 있습니다.

① 인간 속에 있는 양심이 하나님을 증거합니다. 이러한 사실은 19절 말씀을 통해 알 수 있습니다. "하나님을 알만한 것이 저희 속에 보임이라"(19절).

② "창세로부터" "하나님의 영원하신 능력과 신성이"(20절) 지으신 세계 안에 분명히 나타나 있다는 말씀입니다. 피조 세계가 하나님을 증거합니다. 그러므로 핑계나 구실을 대지 못할 것이라는 말씀입니다.

그럼에도 불구하고 인간은 "하나님을 알되 하나님으로 영화롭게도 아니하며 감사치도 아니하고 오직 그 생각이 허망하여지며 미련한 마음에 어두워졌나니"(21절), "저희가 마음에 하나님 두기를 싫어하매"(28a절), "어리석은 자는 그 마음에 이르기를 하나님이 없다 하도다"(시 14:1; 53:1)라는 말씀입니다.

3) 우상을 섬기는 자들 위에 하나님의 진노가 내려질 것입니다

우상은 하나님의 영광을 썩어질 사람과 금수와 버러지의 형상으로 바꾸는 것입니다. 그리고 우상숭배는 피조물을 조물주보다 더 사랑하고 경배하며 섬기는 행위입니다. 이 얼마나 어리석은 일입니까? 피조물을 다스리고 보살필 책임을 맡은 인간이 어리석게도 그것들을 섬기고 있으니 말입니다!

우상은 어떠한 것입니까?

① 우상들의 무기력함(lifelessness)

"저희 우상들은 은과 금이요 사람의 수공물이라. 입이 있어도 말하지 못하며 귀가 있어도 듣지 못하며 코가 있어도 맡지 못하며 손이 있어도 만지지 못하며 발이 있어도 걷지 못하며 목구멍으로 소리도 못하느니라"(시 115:4-7).

② 우상들의 무능력(inability)

"그것(우상)을 들어 어깨에 메어다가 그의 처소에 두면 그것이 서서 있고 거기서 능히 움직이지 못하며 그에게 부르짖어도 능히 응답하지 못하며 고난에서 구하여 내지도 못하느니라"(사 46:7).

③ 우상들은 아무 것도 아니다(nothingness)

"그들의 신들을 불에 던졌사오나 이들은 참신이 아니라 사람의 손으로 만든 것 뿐이요 나무와 돌이라 그러므로 멸망을 당하였나이다"(사 37:19-20).

한 마디로 말해서 우상들은 죽은 물건에 지나지 않지만 전지전능하신 하나님께서는 살아계셔서 역사를 주관하신다는 사실입니다. 그러므로 끝까지 우상을 섬기는 자들은 하나님의 진노를 피할 길이 없습니다.

신자에게 있어서 우상은 다른 것이 아닙니다. 하나님 대신에 어떤 세상적인 것이 내 마음을 가득 채우고 있으면 그것이 우상입니다. 하나님보다 세상의 것을 더 사랑할 때 그것이 우상입니다. '하나님의 진노가 나와는 상관없겠지' 하며 안도하지 맙시다. 나도 불의한 중에 행하면 하나님의 진노가 임할 것입니다. 주님께서 '성령 훼방죄'를 말씀하시지 않았습니까? 하나님의 영의 역사를 거부하고, 하나님보다 세상을 더 사랑한다면, 하나님은 그 죄를 우리에게 물으실 것입니다.

2. 하나님의 진노의 결과(1:24-32)

인간이 자기 스스로를 버림받은 존재라고 인식할 때 참으로 비참함과 절망감을 느끼며 탄식하게 됩니다. '나는 버림받았다. 그 누구도 나를 돌봐주지 않고 혼자 내던져졌다.'고 생각할 때 그는 진정 죽음에 이르는 병을 앓고 있는 존재입니다.

시지프 신화가 있습니다. 제우스 신전의 신들이 시지프에게 벌을 내려 그를 하계로 내던져버렸습니다. 그리고 시지프에게 끊임없이 산꼭대기까지 바위 덩어리를 굴려 올리게 하는 형벌을 내렸습니다. 그에게 왜 그러한 지독한 지옥의 형벌이 내려지게 되었는지에 대해서는 의견이 구구하기 때문에 생략합니다. 하여튼 시지프는 한 순간도 쉼 없이 피로 얼룩진 두 뺨을 바위에 비벼대며 진흙으로 뒤덮힌 바위 덩어리를 어깨로 떠받치고 자칫 굴러 떨어지려는 바위 덩어리를 두 다리로 버티며 양손과 온몸으로 혼신의 힘을 기울이며 지탱합니다. 하늘 없는 공간과 깊이 없는 시간으로 측정되는 그 아득하고 캄캄한 하계에서 그 기나긴 눈물과 피로 뒤범벅이 된 노력 끝에 드디어 목적이 달성됩니다. 그토록 사력을 다해 뒤 밀었던 커다란 바위덩어리는 산꼭대기에 올려졌습니다. 이제 시지프는 양 눈을 가리는 땀을 씻기 위해 바위덩어리에서 손을 뗍니다. 그 순간! 순식간에 그 바위 덩어리는 끝없는 하계로 굴러 떨어집니다! 다시 그는 하늘이 무너지는 듯한 절망감을 가지고 저는 다리를 이끌어 돌이 나뒹굴어져 있는 벌판으로 내려갑니다. 다시 시작될 고통이 있음에도 아니 그 고통의 끝이 어딘지도 알지 못한 채, 그저 지옥의 고통 속에 내던져진 버림받은 존재로서 무익한 지옥의 노동을 시작합니다. 지금 이 순간도 시지프는 그 지옥의 형벌을 계속하고 있다고 전합니다.

바울은 인간 위에 내려진 하나님의 진노의 결과가 무엇인지 심각하게 규명하고 있습니다. 하나님께서는 인간을 죄악의 형벌 속에 그대로 내버려두심으로 포기(hand over/give up)해버리셨다는 사실입니다. 그러므로 인류는 죄와 불의에 대하여 더 이상 변명의 여지가 없게 되었습니다. 그래서 하나님께서는 불의한 인간을 죄악 속에 그대로 "내어버려 두셨다"(24, 26, 28절) 했는데 이것이 곧 하나님의 진노의 결과요 인간 위에 내려진 하나님의 심판입니다.

1) '더러움'에 내어 버려두사(24절)

여기서 '더러움'이란 성적으로 순결치 못한 것(sexual impurity)을 가리킵니다. 그리하여 인간 육체 속에서 일어나는 정욕으로 그들의 몸을 서로 욕되게 하였습니다.

> "사랑하는 자들아 나그네와 행인 같은 너희를 권하노니 영혼을 거스려 싸우는 육체의 정욕을 제어하라"(벧전 2:11)

인류 역사상 인간타락의 극치는 성도덕의 문란과 성적 쾌락의 무분별한 추구에서 찾을 수 있습니다 그러나 하나님께서는 남·여의 성적 질서에 대해서 그 분명한 뜻을 태초부터 분명하게 보여주셨습니다.

> "이러므로 남자가 부모를 떠나 그 아내와 연합하여 둘이 한 몸을 이룰지로다"(창 2:24)
>
> "하나님의 뜻은 이것이니 너희의 거룩함이라 곧 음란을 버리고 각각 거룩함과 존귀함으로 자기의 아내 취할 줄을 알고 하나님을 모르는 이방인과 같이 색욕을 좇지 말라"(살전 4:3-5)

2) '부끄러운 욕심'에 내어 버려두사(26절)

여기서 '부끄러운 욕심'이란 수치스런 정욕과 비정상적인 성관계를 가리킵니다. 그리하여 순리대로 쓸 것을 역리로 바꾸어 여자는 여자끼리, 남자는 남자끼리 정욕을 불태우며 부끄러운 일들을 자행하게 되었습니다. 오늘날 에이즈는 천형이라고 불릴 만큼 심각한 지경에 이르지 않았습니까?

> "저희의 그릇됨에 상당한 보응을 그 자신에 받았느니라"(27b절)
>
> "음행을 피하라 사람이 범하는 죄마다 몸 밖에 있거니와 음행하는 자는 자기 몸에게 죄를 범하느니라"(고전 6:18)

3) '상실한 마음'에 내어 버려두사(28절)

여기서 '상실한 마음'이란 타락하고 부패한 마음(deprave mind)을 가리킵니다. 그리하여 마땅히 해야 할 일을 하지 않고 합당치 못한 일들, 즉 29-31절에 열거된 21가지 죄를 저지르게 되었습니다. 열거된 21가지의 부패상들을 살펴보면 하나님의 신성함에 대한 외경을 전혀 찾아 볼 수 없습니다. 미국사람 욕설을 들어보면, 하나님과 예수의 이름을 망령되이 부르며 욕설에 섞어 쓰지 않습니까?

> "한번 비침을 얻고 하늘의 은사를 맛보고 성령에 참예한 바 되고 하나님의 선한 말씀과 내세의 능력을 맛보고 타락한 자들은 다시 새롭게 하여 회개케 할 수 없나니 이는 자기가 하나님의 아들을 다시 십자가에 못 박아 현저히 욕을 보임이라"(히 6:4-6)

이상 우리가 살펴 본대로 하나님의 진노의 결과는 인간을 어만 죄악 가운데 그대로 내어 버려 두시는 것으로 나타났습니다. 오죽하면 하나님께서 내버려두시겠습니까? 하나님께서 인간을 그냥 '내어버려' 두심으로 인간의 죄악 된 상황은 더욱더 혼돈(chaos)에로 가중됩니다. 만일 우리가 자신의 불의와 범죄에 대해서 스스로 깨닫고 회개하게 되면 그 때는 별 문제가 없습니다. 그러나 우리의 끝없는 범죄와 불의에 대하여 더 이상 하나님의 진노의 채찍이 없다면 혹시 우리가 하나님께로부터 '내어 버려진 자'가 아닌지 두려워해야 할 것입니다. 원래 인간은 하나님께서 지으신 피조물입니다. 그러므로 인간은 창조주 하나님을 주님으로 인식하고, 사랑하고, 존경하고, 신뢰해야 옳습니다. 그러나 인간은 이것을 거부하고 스스로의 마음속에 하나님 두기를 싫어하고 하나님 자리에 자기 자신을 세우는 근본적인 죄(hubris)를 저질렀습니다. 만일 우리가 내 마음속에 하나님이 드실 자리를 비워드리지 않는다면 하나님께서는 결코 내 속에 들어오시겠다고 강요하지 않는다는 사실을 알아야 합니다. 인간이 굳이 하나님을 거부하고 자신이 주인노릇 하겠다고 선언하면 하나님께서는 그냥 인간으로 하여금 주인노릇을 하도록 내버려 둡니다. 그런데 바로 이것이 하나님의 심판이요 진노인 것을 알아야 합니다. 왜 인간은 그것을 심판으로 여기지 못하는 것입니까?

> "믿지 아니하는 자는 하나님의 독생자의 이름을 믿지 아니하므로 벌써 심판을 받은 것이니라"(요 3:18b)

우리의 심령이 하나님께 버림받은 바 되는 지경까지 무감각해져서는 안 됩니다. 우리의 불의와 범법에 대하여 하나님의 채찍이 나타날 때 더 이상 지체하거나 늦추지 맙시다. 하나님의 진노가 우리를 영영 파멸시켜 버리는 것이 아니라 우리를 회개시켜 구원케 하는 양약입니다. 다음의 구절들이 이러한 사실을 더욱 확실하게 보여주고 있습니다.

> "그런즉 사랑하는 자들아 이 약속을 가진 우리가 하나님을 두려워하는 가운데서 거룩함을 온전히 이루어 육과 영의 온갖 더러운 것에서 자신을 깨끗케 하자"(고후 7:1)
>
> "주를 향하여 이 소망을 가진 자마다 그의 깨끗하심과 같이 자기를 깨끗하게 하느니라"(요일 3:3)
>
> "너희가 전에는 어두움이더니 이제는 주안에서 빛이라 빛의 자녀들처럼 행하라 빛의 열매는 모든 착함과 의로움과 진실함에 있느니라"(엡 5:8-9)

3. 신앙인이 빠지기 쉬운 오류(2: 1-5)

현대인의 사고방식에 있어서 공통적으로 보이는 특징이 흑백 논리적 사고방식이라고 합니다. 대상이 무엇이든지 간에 모두 긍정과 부정으로 판단합니다. 이 구분이 내려지면 그와 관련된 모든 사실을 흑백의 판단 기준에 맞게 해석하고 일단 내려진 판단을 좀처럼 바꾸려 하지 않는 경직된 사고유형을 보입니다. 어린아이들이 흔히 흑백의 판단 기준을 가지고 구분하는데, 예를 들어 좋은 사람과 나쁜 사람, 좋은 나라와 나쁜 나라와 같은 구분입니다.

좋은 사람으로 판단한 사람에 대해서 그의 행동은 모두 옳은 것이 되고 나쁜 사람이란 판단이 내려진 사람의 행동은 모두 틀린 것이라는 식입니다. 이러한 사고가 발전하게 되면 타인을 모두 부정하고 자기 자신만 긍정하는 부정적 자기 중심주의 경향이 강하게 나타나게 됩니다. 나는 처음부터 옳고 당신은 처음부터 틀렸고, 나는 끝까지 옳고 당신은 끝끼지 틀렸고, 나는 죽어도 옳고 당신은 죽어도 틀렸다는 식의 흑백논리입니다. 인간이 이쯤 되면 그 독단적이고 독선적인 사고와 고집에 대해서 아무도 못 말립니다. 옛말에 "똥 묻은 개 겨 묻은 개 나무란다"는 속담이 있습니다. 유대인들이 꼭 이런 식이었습니다. 본문에서 몇 가지 유대인들의 잘못을 찾을 수 있습니다.

1) 제 잘못을 모른 채 남을 판단하는 오류

"남을 판단하는 네가 같은 일을 행한다"(16절)는 구절은 중요한 실마리를 제공해 주고 있습니다. 하나님께서 유대인에게 율법을 주신 것은 먼저 유대인들을 바로잡고 그들 자신의 잘못과 오류를 시정코자 함이었습니다. 그런데 유대인은 율법으로 자신들의 행위를 바로잡는 대신에 타인을 판단하고 정죄하는 것으로 그릇된 길을 걸었습니다. 그래서 예수께서는 이러한 유대인을 향해서 '외식하는 자들'이라고 비판하셨습니다; "어찌하여 형제의 눈 속에 있는 티는 보고 네 눈 속에 있는 들보는 깨닫지 못하느냐"(마 7:3), "너희의 헤아리는 그 헤아림으로 너희가 헤아림을 받을 것이니라"(마 7:2b).

주님께서 주시는 말씀의 근본적인 뜻은 우리가 남을 판단하기 전에 우선 제 자신부터 살펴보아야 하리라는 말씀입니다. 자칫 우리 신자들이 빠지기 쉬운 오류가 바로 이것입니다. 유대인처럼 자신을 돌아보지 못하고 타인을 외모로 판단하기 쉬운 약점이 우리에게 있습니다. 뿐만 아니라 남을 판단하는 데서 한 걸음 더 나아가 남을 정죄하고 자기 기준과 표준으로 상대방의 시시비비를 판가름하려는 태도가 우리에게 있습니다. 남을 판단할 때 성경과 신학을 들먹거리기도 하지만 실상은 자기 주관적 생각으로 상대방을 판단하고 정죄할 때가 많습니다. 그러나 우리가 성서를 깊이 묵상할 때, 우리 자신이 남을 판단하는 일은 하나님의 자리에 자기 스스로를 세우고자 하는 교만에서 비롯되는 것을 알 수 있습니다. 왜냐하면 하나님의 사역 중에서 세상을 심판하시는 일이 중요한 것으로서 자리하고 있기 때문입니다(창 18:25; 욥 8:3; 롬 2:16; 3:6 등). ('판단'이란 단어와 '심판'이란 단어는 원어상 똑같은 표현입니다.)

유대인과 마찬가지로 우리 신자들도 자신의 잘못을 깨닫지 못하고 남을 심판하고 정죄할 때가 많습니다. 또한 하나님 자리에까지 스스로 높아져서 상대방을 심판하고 정죄할 때가 많습니다.

2) 제 자신은 하나님의 심판을 피하려는 오류

보통 우리 인간은 남은 무섭게 몰아치고 판단하면서도 자기 자신은 관대하게 대접받고자 바라는 속성이 있습니다. 흔히 우리는 남의 사소한 잘못에 대해서 절대로 용서할 수 없다는 입장을 표명하면서도 자신의 엄청난 잘못에 대해서는 쉽게 용서받으려고 합니다.

"이런 일을 행하는 자를 판단하고도 같은 일을 행하는 사람아, 네가 하나님의 판단을 피할 줄로 생각하느냐"(3절)

하나님의 심판은 예외가 없다는 사실입니다. 혹시 인간의 판단은 상대적이며 그릇될 수 있습니다. 그러나 하나님의 공평하시며 절대적인 판단은 모든 인간 위에 분명하게 나타납니다. 심지어 하나님께서는 인간의 은밀한 것까지 분명하게 심판하실 것입니다(16절). 하나님의 심판은 인간 위에, 그 행위의 선악간에 분명히 나타날 것입니다. 유대인들은 남을 판단하면서 자신은 조금도 판단 받을 것이 없다고 자긍하며 교만해 했습니다. 그리고 하나님의 심판을 피할 것이라고 생각했습니다. 우리도 마차가지입니다. 같은 잘못과 오류를 범하고 있으면서 남을 판단하고 정죄할 뿐만 아니라 우리 자신은 하나님의 판단을 피할 것으로 생각하고 있지 않습니까?

3) 하나님의 인자와 길이 참으심을 멸시하는 오류

부모가 자녀를 키우는 데 있어서 용서와 인내가 없이는 결코 자녀를 훌륭하게 키울 수 없을 것입니다. 부모는 자기 아이들을 키우면서 크고 작은 잘못들을 용서하며 스스로 깨닫게 될 날이 올 때까지 오래 참고 인내하는 경우가 많습니다. 하나님께서는 인간의 부모 그 이상으로 비교할 수 없을 만큼 크신 자비와 용서 그리고 길이 참으심으로 인간 하나하나를 지켜보고 계십니다. 하나님은 공의의 하나님이신데, 인간의 불의 위에 내려진 진노를 길이 참으시는 중에 뒤로 미루고 계신 자비하신 하나님이십니다.

> **"하나님이… 멸하기로 준비된 진노의 그릇을 오래 참으심으로 관용하셨다"**(9:22)

그런데 인간은 하나님께서 자신의 불의를 아직 모르고 계신 것으로 자칫 오해합니다. 그래서 아간처럼 자신의 불의를 숨기려고 듭니다. 그러나 하나님께서는 만홀히 여김을 받지 아니하시는 분이십니다. 이미 인간의 행위 그 모든 것을 알고 계시는 하나님께서는 단지 인간의 불의에 마땅히 내려질 진노의 그릇을 유보하시는 중에 길이 참으시는 것입니다. 그런데 인간은 이것을 깨닫지 못합니다. 도리어 하나님의 인자하심과 용납하심과 길이 참으심의 풍성함을 멸시합니다(4절). 유대인처럼 모든 인간은 하나님의 인자와 길이 참으심을 멸시하는 오류에 빠져 있습니다. 당장에 하나님의 심판이 나타나지 않는 것을 기회로 해서 하나님을 모독하고 아예 하나님 존재를 인정하지 않으려고 듭니다. 세상 속에 온갖 불의와 악독이 판을 치는 것은 하나님의 인자와 길이 참으심을 멸시하는 시대적 풍조입니다.

결과적으로 이상과 같은 유대인의 세 가지 오류들이 저들 위에 임할 하나님의 진노를 더욱더 쌓은 것과 같이(5절) 회개할 줄 모르는 이 땅의 죄인들 위에 하나님의 진노는 더욱더 쌓일 것입니다.

4. 하나님의 심판(2:6-16)

하나님께서는 준비하신 최후의 심판 날에, 유대인과 헬라인 구별 없이 모든 인간 위에 하나님의 판단을 내리실 것입니다. 본문에서 하나님의 진노의 날에 나타날 최후의 심판을 수행함에 있어서 몇 가지 기준이 될만한 것을 찾을 수 있습니다.

1) 그 행위대로 심판하신다

"하나님께서 각 사람에게 그 행한 대로 보응 하시되"(6절)

주님께서도 분명히 말씀하신 적이 있습니다; "인자가 아버지의 영광으로 그 천사들과 함께 오리니 그때에 각 사람의 행한 대로 갚으리라"(마 16:27) 이러한 인과응보 사상은 구약성서 선반에 누두 나타나 있습니다(욥 34:11; 시 62:12; 잠 24:12; 렘 17:10; 32:19).

① 선을 행한 자에게 - 영광과 존귀와 영생과 평강으로 갚으시고(7-10절)
② 악을 행한 자에게 - 노와 분과 환난과 곤고로 갚으시겠다(8-9절)

는 말씀입니다. 갈라디아서 6장 말씀에 이러한 내용이 잘 나타나 있습니다. "스스로 속이지 말라 하나님은 만홀히 여김을 받지 아니하시나니 사람이 무엇으로 심든지 그대로 거두리라 자기의 육체를 위하여 심는 자는 육체로부터 썩어진 것을 거두고 성령을 위하여 심는 자는 성령으로부터 영생을 거두리라"(갈 6:7-8).

2) 사람의 중심을 보시고 심판하신다

“이는 하나님께서 사람을 외모로 취하지 아니 하심이니라”(11절, cf. 잠
24:23; 약 2:1이하)
“주께서 어두움에 감추인 것들을 드러내시고 마음의 뜻을 나타내시리라”
(고전 4:5b)
“하나님은 모든 행위와 모든 은밀한 일을 선악간에 심판하시리라”(전
12:14)-전도서의 마지막 구절

이 모든 구절은 최후의 심판 날에 우리의 모든 은밀한 죄악들까지 다
드러날 것을 분명히 가르치고 있습니다.

“숨은 것이 장차 드러나지 않을 것이 없고 감추인 것이 장차 알려지고 나
타나지 않을 것이 없느니라”(눅 8:17, cf. 딤전 5:25)

하나님께서 예수 그리스도로 말미암아 사람들의 은밀한 것(men's
secrets)을 심판하신다는 사실을 기억하십시다(16절).

3) 유대인을 율법으로 심판하신다

“무릇 율법이 있고 범죄한 자는 율법으로 말미암아 심판을 받으리라”(12b
절)
“하나님 앞에서는 율법을 듣는 자가 의인이 아니요 오직 율법을 행하는 자
라야 의롭다 하심을 얻으리라”(13절)

유대인은 613가지의 율법조문을 가지고 있습니다. 그들은 철두철미
율법을 지키는 데 정열을 쏟았습니다. 예수께 “이 모든 것을 내가 지키
었사오니 아직도 무엇이 부족하니이까?”(마 19:20)라고 반문한 부자

청년과 마찬가지로 유대인은 율법 조문대로 살았습니다. 그러나 율법을 준행 하다가 그 가운데 한 가지라도 어기면 그것은 율법을 온전히 지키지 못하는 것입니다. 613가지 율법조문 중에서 처음 제 1조를 지키지 못한 것과 마지막 제 613조를 지키지 못한 것은 결과적으로 율법을 온전히 지키지 못한 점에서 똑같은 것 아닙니까? 그러므로 유대인은 율법에 의해 심판을 받을 수밖에 없습니다. 율법을 완전하게 지킨 유대인은 단 한 명도 없기 때문입니다.

"그러므로 율법의 행위로 하나님 앞에 의롭다 하심을 얻을 육체가 없나니 율법으로는 죄를 깨달음이니라"(3:20)

4) 이방인을 마음의 법(양심)으로 심판하신다

"무릇 율법 없이 범죄한 자는 또한 율법 없이 망하리라"(12a절)

인간 속에 있는 양심이 하나님을 증거하고 있는 것처럼(1:19) 또한 "그 양심이 증거가 되어 그 생각들이 서로 혹은 송사하며 혹은 변명하여 그 마음에 새긴 율법의 행위를 나타냅니다"(15절). 그러므로 율법을 가지지 않은 이방인이라 할지라도 양심에 따라 심판을 받을 것이라는 말씀입니다.

"우리 각인이 자기 일을 하나님께 직고하리라"(14:12). 이 말씀이 영어 성경에는 "Each of us will give an account of himself to God"으로 나타나 있습니다.

하나님의 진노의 날이 다가왔습니다. 하나님께서는 우리가 행한 대로 심판할 것이며 우리의 숨겨진 비밀한 일들까지도 심판하실 것입니다. 하나님께서는 율법이 있는 자는 율법에 의해, 율법에 없는 자는 마음의 법에 의해 좌우간 심판하실 것입니다. 도대체 어느 누가 하나님 앞에서 이런 명백한 최후의 심판으로부터 벗어날 수 있겠습니까? 디모데전서 1장 19절을 보면 믿음과 양심을 동일시하여 취급함을 알 수 있습니다. "믿음과 착한 양심을 가지라 어떤 이들이 이 양심을 버렸고 그 믿음에 관하여는 파선하였느니라"(딤전 1:19).

철학자 Kant는 다음과 같이 말했습니다. "밤하늘에 반짝이는 별이 있는 것처럼 인간의 마음속에는 양심이 있다."

모든 사람이 죄인(2:17-3:20)

1. 내용요약

2:17-24

이 구절은 유대인들의 특수한 권리와 지위에 대해서 언급하고 있는데(17-20절), 그들은 스스로 안일해지고 교만하여져서 더 이상 자신들이 어떠한 형편에 있는지 돌아보지를 않습니다. 2장 1절에서 적용된 원리가 다시 거론되고 있는데(21-23절), 보다 더 구체적으로 진술되고 있습니다. 바울은 예수께서 산상설교에서 주셨던 것과 같은 종류의 해석을 말하고 있습니다(마 5:21-48). 이 구절은 LXX(70인역 - 구약 히브리어 성서의 희랍어 역본)의 이사야 52장 5절로부터 인용된 24절로써 그 절정에 달합니다. 유대인으로 인해서 하나님의 이름이 모독을 당하니 바울은 이에 대해 유대인을 고발하고 있는 것입니다.

2:25-29

이 구절의 핵심은 25-26절에 주어져 있습니다. 유대의 남자는 태어난 지 8일만에 할례(Circumcision)를 받습니다. 그러나 율법의 명에 의하여 할례를 받은 자라도 율법을 어기면 할례 받은 것이 무슨 소용이 있겠습니까? 율법이 없어서 할례를 받지 못한 자들과 조금도 다를 것이 없지 않겠습니까? 그래서 바울은 마음의 할례가 중요한 것이라고 역설합니다(29절, cf. 신 30:6; 렘 4:4).

3:1-20

이제 바울은 스스로를 일련의 난제들 속에 빠뜨립니다. 지금까지의 모든 것이 사실이라면, 유대인이란 민족이 나은 것은 무엇이겠습니까? 이것은 진지한 질문입니다. 왜냐하면 유대인들을 부르셔서 선민을 만드신 이가 하나님이시기 때문에, 만일 유대 민족이 나은 것이 없다면 하나님의 일은 아무 것도 아닌 것이 됩니다. 그러나 유대인은 이득을 가지고 있습니다. 곧 성서(2절, 하나님의 말씀)입니다. 다른 어느 민족과는 달리 유대인에게는 하나님의 진리와 하나님의 계명이 알려졌습니다. 참으로 이것은 특권이나 한편으로는 매우 두려운 것입니다(cf, 암 3:2). 그들이 저 특권을 저버렸을 때, 하나님의 의가 불의한 그들에 대해서 나타나게 됩니다(5-6절). 유대인은 그들의 잘못에 대해서 정죄받는 것이 마땅합니다(8b절). 10-18절에서 죄가 가득한 인간에 대한 성서자체의 고발을 보여준 후에 바울은 19-20절로 요약하고 있습니다. 율법은 유대인을 전체 세계의 대표자라고 말합니다. 그러므로 유대인이 죄를 범하면, 모든 이가 죄를 범하게 됩니다.

2. 자기-안도감과 자기-정당성

이것은 자기자랑과 같은 것인데, 다음과 같은 유대인의 기도가 무엇이 잘못된 것인지를 보여주고 있습니다.

"주, 나의 하나님이여, 나로 하여금 길모퉁이에 앉아 있는 자들의 무리에 참여케 하지 않으시고 회당에 앉아 있는 자들의 무리에 참여케 하신 것을 당신께 감사하나이다. 그 이유는 이러합니다. 나도 아침 일찍 일어나고 저들도 아침 일찍 일어나지만, 나는 일찍부터 율법의 말씀에 종사하고 저들은 일찍부터 헛된 일에 종사합니다. 나도 수고하고도 보수를 받지 못하나이다. 나도 달려가고 저들도 달려가지만, 나는 미래 세계의 생명을 향해 달려가고 저들은 멸망의 구렁을 향해 달려감이니이다." - 탈무드의 기도문

또 누가복음 18장 9절-14절 말씀을 보면, 예수께서는 스스로 의롭다 생각하기 때문에 (하나님 대신) 자기 자신을 신뢰하고 다른 사람들을 심히 경멸하는 몇몇 바리새인들에게 비유의 말씀을 통해서 말씀하십니다.

3. 나의 생각, 나의 말, 그리고 나의 행동을 바로 잡을 수 있는 구절들

다음의 구절들이 우리에게 귀중한 교훈을 주고 있습니다.

　　나의 생각 - 마 13:34; 15:18-19; 렘 17:9-10
　　나의 말 - 약 3:2ff, 8
　　나의 행동 - 시 119:9; 약 2:17

4. 우리의 불의함이 도리어 하나님의 의를 드러냄

로마서의 주요 주제는 '하나님의 의의 계시'(the revelation of God's righteousness)입니다. 바울은 이스라엘 민족이 계시의 역사에

있어서 차지하는 특별한 위치가 있다고 하는 전통적 신앙을 포기하지 않고 있습니다. 유대인들은 아브라함, 모세, 예언자들을 통한 특별계시의 수령자입니다. 우리는 이러한 문제들에 대해서 대답을 시도하고 있는 바울의 장황한 답변을 나중에 9-11장에서 보게 될 것입니다. 사실상 인간의 불의가 예수 그리스도 안에 있는 하나님의 새로운 구원 행위(a new saving action)를 개시하게 되었던 것입니다(cf .3:21 이하).

5. 고질적이고 구제 불능적인 습관이나 죄

인간 안에는 선한 요소가 전혀 없으며, 인간은 전적으로 타락된 상태에 있습니다. 인간은 아담과 이브의 원천적 타락으로 인해서 모든 선에 대하여 전적으로 대립하는 동시에 전적으로 모든 악으로 향하는 성향을 가지고 있습니다. 예레미아 17장 9절과 시편 51편 5절 그리고 로마서 7장 18절과 같은 교리가 받아들여지는 이유는 우리가 우리 자신의 공로에 의해서가 아니라 오로지 하나님의 은총으로써만 구원받을 수 있다는 복음주의적인 강조점을 가지고 있기 때문입니다.

1. 유대인의 특권과 죄(2:17-29)

아주 오랜 옛날, 필자가 어렸을 때 들었던 우스운 이야기가 있습니다. 바닷가 갯벌에 게들이 옹기종기 모여 살았습니다. 어느 날 엄마 게가 자기 아이들을 불러 놓고 열심히 걸음마를 가르치고 있었습니다. "애들아, 너희들은 왜 똑바로 걷지를 못하니? 손발에 힘을 주고 똑바로 서서 앞을 바라보고 걸어야 한다!" "엄마, 아무리 해도 잘 안돼요. 엄마가 한 번 시범을 보여 주세요." 그래서 엄마 게는 고개를 하늘로 쳐들고 손발에 힘을 꽉 주고서는 "그래, 잘 보고 엄마처럼 똑바로 걸어야 한다"고 말하고 힘차게 걸음을 뗐습니다. 그런데 보세요. 엄마 게가 옆으로 살살 기어가는 것 아닙니까? 그러자 아이들이 웃었습니다. "헤헤! 엄마도 옆으로 걸으면서 우리보고 똑바로 걸으래!", "이 녀석들아, 엄마는 옆으로 걷더라도 너희들만은 똑바로 걸어야 해!"

유대인들이 꼭 이와 같았습니다. 우리는 유대인은 율법으로 심판을 받게 될 것이고 이방인은 마음의 법으로 심판을 받을 것이라는 사실을 보았습니다. 이 말은 모든 인간은 그 행위대로 선악간에 심판을 받을 것이라는 뜻입니다. 그런데 유대인은 자기 스스로도 지키지 못하는 율법을 가지고 다른 사람을 판단하고 책망하고 정죄하는 오류에 깊이 빠져 있었습니다. 17-20절은 유대인의 특수한 권리와 지위에 관해서 언급하고 있습니다.

① 선민의식 - 하나님께서 선택하신 백성이란 의식을 가지고 하나님
   의 축복을 독점하며 이방세계를 배타적으로 대합니다.
② 율법주의 - 율법 조문과 문자에만 형식적으로 치중하여 율법주의
   (legalism)에 깊이 빠졌습니다. 이것은 자신을 형식적인 자기 안
   도감과 자기 정당성에 빠지게 합니다.
③ 진리의 교사 - 유대인 스스로 '진리의 교사'라고 자칭하였지만
   소경이 소경을 인도하는 격이었고 '눈 가리고 아웅' 하는 식이었
   습니다.

유대인들은 스스로 안일해지고 교만해져서 더 이상 자신들이 어떠한
형편에 있는지 돌아보지 않게 되었습니다. 아무런 문제 의식 없이 자신
들만을 두둔하고 정당화하는 일에만 급급하였습니다. 탈무드에 전해지
고 있는 다음의 기도문이 당시 유대인들의 사고를 대변해 주고 있습니
다.

> "주여, 나는 당신을 찬양하나이다. 당신은 나의 운명을 헛된 무리들에게
> 빠지지 않게 하시고 나로 숨어사는 자들의 무리 안에 같이 있게 하지 않
> 으셨나이다."

이 기도문을 보면 유대인은 스스로 자신을 의롭다 생각하기 때문에
하나님을 의지하는 대신 자기 자신을 신뢰하고 자신의 의를 내세우며,
자기 이외의 모든 다른 사람들을 심히 경멸하는 교만함에 빠져 있음을
알 수 있습니다(눅 18:9-14).
결국 21-23절을 보면 율법에 대한 유대인의 열심은 한갓 겉치레와
형식에 지나지 않았다는 사실입니다. 특별히 바울은 유대교에 몸담고

있었던 사람이었기 때문에 바울의 이러한 평가는 아주 정당하며 권위가 있습니다(cf, 빌 3:46, 고후 11:23). 바울의 지적대로 유대인은 사람 앞에 잘 보이려고 위선적인 행동을 일삼았고, 사람의 칭찬과 명성은 받았을지 모르나 하나님 앞에서 온갖 불의와 죄악을 저질렀던 것입니다. 여기서 바울은 유대교의 폐부를 드러내며 보다 구체적으로 유대인의 잘못을 지적하고 있습니다. 도적질, 간음, 성전 기물 도적질 등이 그것입니다. 바울은 예수께서 산상 설교에서 하셨던 것과 같은(마 5:21-48 참조) 엄격한 해석을 던지고 있습니다. 유대인에 대한 바울의 평가는 25절에서 그 절정에 도달합니다.

LXX를 인용하면서, "기록된 바와 같이 하나님의 이름이 너희로 인하여 이방인 중에서 모독을 받는도다"라고 나와 있습니다. 이 세상에서 유대인이 가장 하나님을 잘 섬기고 율법을 가장 잘 준수하는 것으로 알았는데 유대인으로 인해서 하나님의 이름이 모독을 당한다니! 참으로 알다가도 모를 일이 사람의 일이라더니 어이없는 일입니다. 하나님께서 아브라함, 이삭, 야곱을 축복하시고 그 후손을 하늘의 별과 같이, 바다의 모래같이 번성케 하시겠다고 약속하신 그대로, 특히 압복 강가에서 야곱의 이름을 이스라엘로 바꾸시고 그 후손을 자기 백성으로 삼으신 그대로, 하나님께서는 이스라엘을 지키시며 인류를 향한 당신의 경륜을 성취하고자 하셨습니다. 그러나 택한 백성 이스라엘은 끊임없이 하나님을 배반하고 떠났으며 하나님 앞에 불의를 저지르고 우상을 섬기는 일까지 서슴지 않았던 것입니다. 우리가 호세아에서 보는 대로 남편을 버린 아내를 거듭해서 용서하고 맞이하는 남편의 심정, 그것이 곧 하나님의 모습이었습니다. 그러나 끊임없는 하나님의 용서와 자비에도 불구하고 이스라엘은 항상 하나님의 품을 떠나 제 갈길로 다녔으며 신·구약 중간 시기에 접어들어서는 유대인이라 칭하며 각 종파로 분파를 형성하고 자기들이 율법을 가장 잘 지킨다고 주장하며 스스로 자기 정당성과 자기 안도감에 깊이 빠져 안주해 버리고 말았습니다.

본문에 할례(circumcision)에 대한 언급이 그 중 가장 대표적인 예입니다. 이스라엘의 모든 남자가 태어난 지 8일만에 받게 되는 의식이 바로 할례입니다. 이것은 창세기 17장에 나오는, 하나님께서 아브라함에게 처음으로 주신 계명이요 약속의 표징이었습니다(창 17:9-14).

"너희 중 남자는 다 할례를 받으라 이것이 나와 너희와 너희 후손사이에 지킬 내 언약이니라 너희는 양피를 베어라 이것이 나와 너희 사이의 언약의 표징이니라"(창 17:10-11)

"할례를 받지 아니한 남자 곧 그 양피를 베지 아니한 자는 백성 중에서 끊어지리니 그가 내 언약을 배반하였음이니라"(창 17:14)

그래서 아브라함은 바로 그 말씀을 받은 그 날에 자기 집안 모든 사람들과 이스라엘 집 사람으로 더불어 할례를 받게 되는데 아브라함 나이 99세였고 이스마엘은 13세였습니다(창 17:23-27).

그런데 할례를 받기 시작한 아브라함 때부터 할례의식이 참 뜻에서 벗어나고 있는 것을 발견할 수 있습니다. "난 지 8일만에 할례를 받으라"(창 17:12)는 말씀대로 이제 태어날 사내아이부터 적용하는 것이 옳은 것 아닙니까? 당시 살아 있는 모든 사람이 그저 '좋은 것이 좋다'는 식으로 할례를 받게 되므로 처음부터 형식적인 할례를 세우는 씨앗이 된 것입니다. 그러므로 구약성서 여러 곳에서 할례를 받되 마음의 할례를 받아야 할 것을 촉구하는 많은 말씀들을 발견할 수 있습니다(신 10:16; 30:6; 렘 4:4; 31:33; 32:39-40; 겔 11:19; 36:26-27; 레 26:41; 렘 6:10; 9:26; 겔 44:7, 9, cf, 행 7:51).

바울은 형식적인 할례를 신랄하게 비판합니다. 그 핵심은 25-26절에 나타나 있습니다. 율법의 명에 의하여 할례를 받은 자라도 율법을 어기면 할례 받은 것이 무슨 소용이 있겠는가? 율법이 없어서 할례를 받지 못한 자들과 조금도 다를 것이 없지 않는가?

유대인의 죄는 무엇입니까? ① 하나님의 계명과 율법을 독점하고서 자기 이외의 모든 사람들과 민족들을 경멸하며 배타한 데 있습니다. 심지어 이방인들을 개처럼 취급하였던 것입니다. 자기 자신만 구원을 받으면 된다고 생각하며 아집과 교만에 빠져 있는 그리스도인들이 있다면 주님의 책망을 면치 못할 것입니다. ② 형식적인 율법조문, 즉 의문(the written code)에만 얽매여서 율법의 본 뜻인 '하나님의 사랑과 이웃 사랑'을 올바로 실천하지 못한 데 있습니다. 예수께서는 이들이 바로 '외식하는 자들'이요, '회칠한 무덤'이라고 공박하셨습니다. 은혜의 복음을 율법처럼 간주하거나 마지못해 억지로 신앙 생활에 끌려가는 신자가 있다면 하루 속히 형식적인 굴레로부터 벗어나 참 신앙인의 자유를 향유해야 할 것입니다. ③ 육체의 할례만 중히 여기고 정작 변화되고 새롭게 되어야 할 마음가짐과 삶에는 무감각하지 말고 말씀에 늘 새롭게 귀를 기울입시다: "내가 이스라엘 집에 세울 언약은 이러하니 곧 내가 나의 법을 그들의 속에 두며 그 마음에 기록하여 나는 그들의 하나님이 되고 그들은 내 백성이 될 것이라"(렘 31:33).

우리는 쉐마(shema, 신 6:4-9)를 잘 알고 있습니다. 쉐마는 이스라엘 신앙의 근간이요 규범입니다. 하나님께서 자기 백성 이스라엘에게 명령과 규례와 법도를 가르치시면서 모든 행할 일들을 자세하게 일러주십니다(신 6:1-3). 그리고 주신 말씀을 첫째, "마음에 새기라"(신 6:6), 둘째, "손목에 매고 미간(foreheads)에 붙여 기호(symbols)를 삼고 문설주와 바깥문에 기록하라"(신 6:8-9)고 말씀하셨습니다. 그런데 유대인은 그 말씀을 마음 깊숙한 곳에 두지를 않고 사람 눈에 띄기 좋은 곳에만 두었던 것입니다.

히브리서 4장 12절 말씀을 보면, "하나님의 말씀은 살았고 운동력이 있어 좌우에 날선 어떤 검보다도 예리하여 혼과 영과 및 관절과 골수를 찔러 쪼개기까지 하며 또 마음의 생각과 뜻을 감찰하시나니"라고 기록되어 있습니다. 이처럼 하나님의 말씀이 우리 심령 속에 있을 때 우리의 생각을 변화시키고 삶을 변화시키고 우리의 가정을 변화시키고 우리 교회를 변화시킬 수 있는 것입니다.

많은 신자들이 교회에 의존해 신앙생활을 하고자 합니다. 그러나 유대인들이 율법과 의문에 의존할 때 무기력하고 형식적인 종교인으로 전락해 버린 것처럼 형식적인 교회에 매달려 있는 신자들도 신앙생활의 기쁨과 만족을 누리지를 못합니다. 때때로 그들에게 있어서 신앙은 하나의 액세서리요, 사치이며 또 남에게 보이고자 하는 자기 자랑이요 열심에 지나지 않습니다. 그래서 무의미한 신앙의 형식과 타성에 젖어들기 쉽습니다.

그러나 참된 신앙은 자기 껍질을 벗고서 언제나 하나님 앞에 적나라하게 서는 것입니다. 신앙생활에는 면역이나 타성이 있어서는 안 됩니다. 신앙생활은 그때 그때, 그 순간 순간마다 하나님 앞에 결단하며 새롭게 서야하는 생활입니다. 하나님 앞에 자신을 단독자로 세우고 전심으로 하나님을 추구하며 새롭게 결단하고 다짐할 때, 우리는 참 신앙인이 될 수 있습니다.

2. 모든 사람이 죄인(3:1-20)

여기서 바울은 자기 스스로를 일련의 난제들 속에 빠뜨리고 있습니다. 자기 자신에게 곤란한 질문을 던지면서 그 질문에 대한 답변을 모색하고 있습니다. '질문 속에 이미 답이 있다' 는 말이 있습니다. 학교에서 학생들이 가끔 선생님을 골탕먹이려고 애매한 질문을 하는 경우가 있습니다. 질문을 가만히 들어보면 그 저의가 무엇인지 환히 들여다보이고 이미 답변이 질문 속에 내포되어 있는 경우가 많습니다. 흔히 설명성 짙은 질문의 경우가 이에 속하기도 합니다.

지금까지 바울은 유대인의 불의와 잘못, 죄악들을 지적하여 왔습니다. 그렇다면 유대인의 나은 것이 무엇이며 할례의 유익이 무엇인가? 유대민족은 하나님께서 택하신 선민으로 알려져 있고 하나님께서 그들에게 율법을 주셨는데 과연 그 민족의 나은 것이 무엇이겠는가? 이것은 아주 진지한 질문입니다. 만일 유대인이 나은 것이 없다면 하나님의 지위가 도전을 받게 됩니다. 왜냐하면 ① 유대인을 부르셔서 선민을 만드신 이가 하나님이시기 때문에 만일 유대민족이 나은 것이 없다면 하나님의 일(섭리와 역사)은 아무 것도 아닌 것이 되기 때문입니다. 또한 ② 하나님께서 자기 백성 이스라엘과 맺으신 언약을(이유가 어디에 있든지) 파기하게 되어 하나님의 언약에 대한 신실성에 중대한 문제가 제기되어 때문입니다. 그러므로 바울은 분명하게 대답합니다(3:1-2). 유대인은 의심할 여지없이 많은 장점과 유익을 가지고 있다는 사실입니다. 그 많은 장점(advantage) 가운데 가장 큰 것은 저들이 성서 곧 하나님의 말씀을 가지고 있다는 사실입니다. 다른 어느 민족과 달리 유대인에게는 하나님의 진리와 하나님의 계명이 알려졌습니다. 참으로 이것은 매우 큰 특권이었습니다. 그러나 유대인은 그 특권을 스스로 저버렸습니다. 하나님께서 그들에게 특권을 주신 것은 그들을 통하여 온 인류에게 자기 자신을 계시하시고자 하는 섭리에서 비롯되었지만 유대인들은 그 특권을 스스로 저버리고 말았습니다.

1) 유대인은 불신함으로 그 특권을 저버리고 말았습니다. 믿음은 삶의 순종과 결단으로 나타나야 참 믿음이 되는 것입니다. 비록 유대인이 하나님의 말씀을 맡았지만 말씀에 대한 철저한 순종 없이 그저 이름뿐인 신탁자가 되었을 때, 결과적으로 그 특권을 불신하는 결과를 초래하고 만 것입니다.

하나님의 말씀을 맡은 자로서 유대인이 그 특권을 저버리게 된 가장 큰 오류는 예수 그리스도를 메시야로 믿지 못한 데 있습니다.

이사야 53장 1절-2절 말씀, "우리의 전한 것을 누가 믿었느뇨 여호와의 팔이 뉘게 나타났느뇨 그는 주 앞에서 자라나는 연한 순 같고 마른 땅에서 나온 줄기 같아서 고운 모양도 없고 풍채도 없은즉 우리의 보기에 흠모할 만한 아름다운 것이 없도다"처럼 유대인이 메시야에 대한 예언의 말씀을 특권으로서 간직했던 것은 사실이지만 정작 메시야가 세상의 구주로서 베들레헴에 태어났을 때 그들은 불신하고 말았습니다. 또 예수께서 나사렛 출신이라 해서 "어찌 나사렛에서 선한 것이 나겠는가" 하고 거부했습니다. 예수께서 인류를 대속 하기 위해 십자가에 달려 돌아가시자 "어떻게 메시야가 고난을 당할 수 있는가" 하며 끝까지 믿지 못했습니다.

그러나 아무리 유대인이 불신하였을지라도 하나님의 미쁘심, 즉 신실하심을 폐하지는 못했습니다. 결국 유대인의 불신은 자신의 특권을 스스로 폐기하는 결과를 초래하였을 뿐이지 인류를 구원하시고자 하는 하나님의 신실한 계획은 계속 확장되어 나갔던 것입니다.

2) 유대인은 적극적으로 불의를 행함으로 그 특권을 저버리고 말았습니다(5절). 일상생활 속에서 죄를 짓는 사람을 두 종류로 나누어서 생각해 볼 수 있습니다. 하나는 부지중에 죄를 짓는 사람입니다. 이는 죄를 죄로서 깨닫게 하는 율법을 알지 못한 채 죄를 짓는 상황입니다. 다른 하나는 죄가 무엇인지 분명히 명시하고 있는 율법을 알고 있으면서도 죄를 짓는 사람입니다. 유대인이 여기에 해당합니다. 그들은 고의적으로 불의를 행하였을 뿐만 아니라 적극적으로 죄를 저지른 무리들입니다. 또한 그들은 교묘히 율법조문을 벗어난 죄악을 서슴지 않고 행했던 자들이었습니다.

① 유대인 중에서 많은 사람들이 '자신의 불의가 하나님의 의를 드러낸다'고 강변하였습니다(5a절). ② 또 어떤 이들은 '자기의 거짓이 하나님의 참되심을 더욱 드러내어 결국 하나님께 영광을 돌리게 된다'고 강변하였습니다(7a절). 그러므로 유대인은 오히려 자신의 불의가 하나님의 의를 드러내기 때문에 만일 하나님께서 자신의 불의에 대해 진노를 내리시면 도리어 하나님께서 불의하시다고 역공했습니다(5b절). 또한 유대인은 오히려 자신의 거짓이 하나님의 참되심을 드러내기 때문에 결코 자신은 다른 죄인처럼 심판을 받지 않을 것이라고 자위하였습니다(7b절). 그리고 어떤 유대인은 적극적으로 '선을 이루기 위해 악을 행하자'고 말하기도 하였습니다(8절).

사도 바울은 자기 스스로 제기한 질문들과 유대인들이 제기할 질문들에 대해서 그 타당성과 허구성을 논리적으로 정리한 후에 단호하게 대답합니다: "그럴 수 없느니라"(4,9절) - Not at all! "모든 사람은 거짓되되 오직 하나님은 참되시다"(4절), "유대인이나 헬라인이나 모두 죄 아래 있는 점에서 똑같다"(9절).

바울은 지금까지의 논리전개를 정리하면서 한 가지 분명한 결론을 유도하고자 합니다. 그것은 모든 사람이 죄인이라는 사실입니다. 바울은 구약성서를 인용하면서 이 같은 사실을 논증하고자 합니다.

10-18절은 인간 위에 드리워져 있는 죄악의 현실에 대해서 성서자체의 고발을 보여주고 있습니다(갈 3:22; 롬 11:32; 잠 20:9; 시 14:1-3; 53:1-3; 시 5:9; 렘 5:16; 시 140:3; 시 10:7; 잠 1:16; 사 59:7-8; 시 36:1).

아담과 하와의 범죄는 그들에게서 그치지 않고 전 인류에게 파급되어 마침내 인간 전체의 타락을 가져다주었습니다(19절). 율법은 유대인을 전체 세계의 대표자라고 말합니다. 그러므로 유대인이 죄를 범하면 인류 전체가 죄를 범한 것과 똑같습니다. 그러므로 모든 인류는 똑같이 하나님의 심판 아래 있습니다. 칼빈은 이것을 가리켜서 인간의 전적타락(the total corruption)이라고 일컬었습니다. "마른 막대기보다도 못하고 지푸라기보다도 못하며 벌레만도 못하다." 이는 인간 자신이 스스로의 구원을 위해서 아무 것도 할 수 없는 전적으로 타락한 존재라는 사실입니다(3:10-18; 시 14:13; 15:1-3).

고린도전서 4장 13절에 "우리가 지금까지 세상의 더러운 것과 만물의 찌끼같이 되었도다"라는 말씀이 있습니다. 그러므로 인간 안에는 선한 요소가 없으며 아담과 하와의 원천적 타락으로 인해서 모든 선에 대하여 전적으로 대립하는 동시에 전적으로 모든 악으로 행하는 성향을 가지고 있습니다.

"만물보다 거짓되고 심히 부패한 것은 마음이라"(렘 17:9a)

인간의 전적타락이 강조되어야 하는 이유는 우리가 우리 자신의 공로에 의해서가 아니라 오직 하나님의 은총으로써만 구원을 받을 수 있다는 복음주의적인 강조점을 가지고 있기 때문입니다.

사도 바울은 "모든 사람이 죄인이다"라고 분명하게 선포합니다. 성서는 인간을 죄인으로 규정합니다. 그런데 반문하는 것이 인간입니다. 어째서 내가 죄인입니까? 설사 내가 죄인이라면 인간을 하나님의 형상대로 창조하셨다는 창세기 말씀이 거짓말입니까? 그런데 내가 죄인이라면 결과적으로 하나님이 실패한 것 아닙니까? 아무리 소리를 높여 '나는 죄인 아니다'라고 항변해 보세요! 성서는 변함없이 가르칩니다.

> **"의인은 없나니 하나도 없으며… 저희 목구멍은 열린 무덤이요 그 혀로는 속임을 베푸는도다"(3:10-13)**

누가 하나님 앞에 "나는 의인입니다"라고 떳떳하게 고개를 쳐들 자가 있겠습니까? 인간은 모두 죄인입니다. 다윗의 기도를 기억하십니까? "내가 주께만 범죄하여 주의 목전에 악을 행하였나이다"(시 51:4a). 우리는 모두 죄인입니다. 하나님께서 인간의 죄를 감찰하시고 심판하실진대 어느 누가 그 앞에 감히 떳떳하게 설 수 있겠습니까? 성서에는 다음과 같이 말하고 있습니다.

> **"만일 우리가 죄 없다 하면 스스로 속이고 또 진리가 우리 속에 있지 아니할 것이요 만일 우리가 우리 죄를 자백하면 저는 미쁘시고 의로우사 우리 죄를 사하시며 모든 불의에서 우리를 깨끗케 하실 것이요"(요일 1:8-9)**

하나님의 의의 계시와 그에 대한 인간의 반응
(3:21-4:25)

미리보기

1. 내용요약

3:21-26

하나님 보시기에 선인과 악인의 구별은 무의미한 일입니다. 왜냐하면 '의인은 없나니 하나도 없다'(3:10) 혹은 '모든 사람이 죄를 범하였다'(23절)는 진술대로, 이미 하나님의 심판이 모든 사람 위에 드리워져 있기 때문입니다. 그러나 여기에 전적으로 새로운 방법에 의해서, 하나님께서는 자신의 의(the righteousness)를 나타내셨습니다. 이것은 오로지 하나님의 방법입니다. 즉 아무런 희망도 없이 또 의미도 없이, 죄의 현실 속에서 살아가고 있는 인간을 위한 하나님의 구원하시는 행위(God's saving act)가 나타났으니, 곧 예수 그리스도를 화목제물(expiation)로 삼으신 것입니다. 이로써 하나님의 심판은 예수 그리스도 위에 내려지고, 인간은 그가 흘리신 피를 믿음으로 인하여 구속(redemption)을 얻습니다. 결과적으로 모두에게 유익을 주었습니다(26절).

3:27-31

인간이 스스로의 구원을 위해서 행한 일이 무엇입니까? '하나님의 은혜로 값없이 의롭다 하심을 얻은 것'(24b절)이 아닙니까? 바로 이러한 물음들에 대해서 분명한 해답을 가질 때에, 감사(thanksgiving)가 시작될 수 있습니다. '내가 내 손으로 한 일이 아무 것도 없다!'고 고백할 때, 인간은 스스로 아무런 자랑도 할 수 없음을 깨닫게 됩니다. 그 믿음이 깊어질수록, 그 감사가 더욱 더 커지는 것이 아닐까요?

4:1-25

아브라함은 믿음의 한 좋은 본보기입니다. 아브라함의 경우에도 하나님을 믿었는데, 그것이 그의 의로서 여겨졌기 때문입니다(4:3; 창 15:6). 그러므로 일한 것이 아무 것도 없는데도 다만 믿음으로 말미암아 의롭게 여겨진 자는 행복한 사람입니다(6절). 왜냐하면 하나님께서 그 죄를 죄로 여기지 않으실 것이기 때문입니다(7-8절). 그런데 아브라함이 우리에게 본보기가 되는 또 하나의 사실은, 그가 '약속하신 것'(하나님께서 그에게 주시리라고 말씀하신 것)을 믿었기 때문입니다('~로 여기셨다'는 단어 'reckoned' 혹은 'counted'가 4:1-25에 10회에 걸쳐서 되풀이됩니다). 우리는 하나님께서 의로 여기시는 우리의 믿음을 더욱 더 견고히 해야 할 것입니다(4:20-25).

2. 율법의 효용과 유익

율법은 죄를 깨닫게 하고(롬 3:20; 5:13), 예수 그리스도를 증거하게 합니다[cf. 갈 3:24a 몽학선생(tutor)].

그리스도는 율법의 끝입니다. 자신의 의(자기-정당성/ 자기-안도감)를 세우려는 삶의 끝입니다. 따라서 자기를 포기하고, 오직 하나님에게만 자신을 내맡김으로써 그리스도를 통한 길을 얻는 것을 의미합니다. 곧, 은혜를 향해 개방하는 삶의 방식입니다(R. Bultmann).

율법에 의해서 죄를 깨닫지만, 궁극적으로 인간은 신과의 구체적인 해후에 의해서만 죄인임을 깨닫습니다. 인간은 율법에 의해서가 아니라, 믿음에 의해서 의로워집니다! 그러나 로마서 8장 30절에서 義認論은 '사랑'을 문제시하고, 聖化論은 그 사람의 삶을 문제시합니다.

Justification - 오직 믿음에 의해서

Sanctification - 그러면 율법의 요구가 되살아 나는 것 아닌가.

더 자세한 내용은 8장에 가서 확인할 수 있습니다.

3. '하나님의 의의 계시'가 은혜로운 복음이 되는 이유

① 인간이 한 일이 아무 것도 없습니다. 받을 만한 자격이 없는데도 주십니다.

② 인간이 죄로 죽었음에도 불구하고 살려 주셨다는 사실입니다.

③ 인간이 하나님께서 행하신 일을 알지 못하였는데, 무조건적으로 사랑을 베푸셨습니다. 이것은 하나님께서 '거저' 주신 은혜입니다.

cf. D. Bonhoeffer 는 다음과 같이 말하였습니다. "그러나 값싼 은혜가 아니라, 값비싼 은혜입니다."

로마서 4장 25a절과 로마서 5장 8-9절 말씀을 보면, 그리스도께서 우리를 위해 죽으셨고 우리는 그 피로 인하여 은혜를 받았음을 알 수 있습니다. 이러한 말씀은 고린도전서 6장 20절에 언급된 것처럼 주님께서 값으로 산 것임을 우리에게 알게 합니다.

4. '하나님의 의의 계시'에 대한 신앙 공동체의 반응

인간은 하나님이 계시하시는 하나님의 의에 대해 아브라함과 같이 믿음으로 반응하여야, 우리 모두 신앙하는 공동체가 됩니다. 빌립보서 4장 11-13절 말씀과 같이 하나님 안에서 즐거워할 때 만족한 삶을 살아갈 수 있습니다. 믿음의 조상 아브라함의 삶을 살펴보면, 그는 바랄 수 없는 중에 하나님을 바라고 믿음으로 축복을 얻게 되었던 것입니다 (4:18, 20).

5. 세상 가운데 그리스도인의 사명

우리가 받은 임무는 자동적인 것으로, 억지로 하고자 해서 되는 것이 아닙니다. 자연스럽게, 자신도 모르는 사이에 행하는 것입니다. 고린도후서 5장 18-19절에 나오듯이 우리에게 화목케 하는 말씀을 부탁하셨습니다. 또한 21절에서 우리 자신이 하나님의 의가 되는 막중한 사명을 주시기도 하셨습니다.

1. 은혜의 복음(롬 3:21-31)

하나님 앞에서 누가 선한 사람이며 누가 의인이지 논쟁하는 것은 무의미한 일입니다. 왜냐하면 성서는 분명하게 "의인은 없나니 하나도 없다"(3:10), "모든 사람이 죄를 범하였으매 하나님의 영광에 이르지 못하더니"(3:23)라고 선언하고 있기 때문입니다. 그러므로 인간 위에는 죄가 지배하고 있고 사망이 다스리고 있습니다. 이것은 하나님의 심판의 표상입니다. 사망의 종노릇하는 인간에게 내려질 것이라고는 하나님의 심판밖에 없습니다. 이것이 곧 율법의 결국입니다. 율법 아래서 율법 시대를 살아가는 인간의 삶에는 아무런 희망도 의미도 없습니다. 죄악의 현실 속에서 살아가는 인간에게 단 한 가지 남은 것이 있다면 그것은 죽음입니다.

이렇게 비유해 봅시다. 가시나무 덤불 속에 작은 화초가 자라고 있습니다. 그 화초가 잘 자라도록 아무리 거름을 주고 손질도 하고 벌레를 잡아 준다 한들 무슨 소용이 있겠습니까? 근본적으로 그 머리 위에 가시나무가 잔뜩 드리워져 누르고 있는데, 그것을 제거하기 전에는 백약이 무효할 것입니다. 이것은 율법을 말하는 것입니다. 20절 말씀대로 율법은 인간으로 하여금 죄인인 것을 깨닫게 하는 데 그 효용이 있습니다. 그러나 아무리 '나는 죄인이다, 죄인이다'를 깨닫는다 해도 그 깨달음이 인간을 구원하는 것은 아닙니다. 바로 여기에 불교의 한계가 있는 것입니다.

개혁자 마틴 루터(M. Luther)가 남긴 일화가 있습니다. 서재에 나타난 마귀가 두루마리 앞뒤를 펼치면서 루터의 모든 죄를 고발하였습니다. "이런 부정한 죄악들을 저지른 네가 종교개혁을 하겠다고?" 루터는 너무나도 낙심이 되었습니다. 그때 주님께서 피 묻은 손을 벌리시며 "내가 너를 용서하였노라"고 말씀하셨습니다. 그때 루터는 잉크병을 집어던지면서 "사탄아 물러가라"고 소리칩니다.

이것이 바로 은혜입니다. 아무런 희망도 없이 그저 무의미하게 죽음을 향해서 치닫고 있는 인간에게 비추이는 한 줄기 광명한 빛! 이 빛은 이미 율법과 선지자들에게 증거를 받은 것입니다(21절). 이 빛은 세상의 어두움과 사망을 몰아내는 하나님의 의의 빛입니다. 이 빛은 두 가지 의미가 있습니다.

1) 하나님의 의를 드러내는 빛입니다(25-26a절)

거룩하시며 의로우신 하나님께서는 '회전하는 그림자'도 없을 만큼 완전하시며 존귀하신 분이십니다. 광명한 빛 가운데 거하시는 하나님께서는 결코 어둠과 사귈 수 없는 분입니다. 그런데 이러한 하나님께서 어떻게 죄인을 용납하실 수 있겠습니까? 하나님의 의의 속성으로는 도저히 불가능합니다. 그러므로 하나님의 공의로우심 앞에서 인간은 그 죄로 인해 심판을 받게 되는 것입니다. 그런데 여기에 하나님의 구원하시는 행위(God's saving act)가 나타났습니다. 곧 예수 그리스도는 자신을 화목 제물로 드리심으로써 하나님의 의를 드러내셨습니다.

"이 예수를 하나님이 그의 피로 인하여 믿음으로 말미암은 화목 제물로 세우셨으니 이는 하나님께서 길이 참으시는 중에 전에 지은 죄를 간과하심

'화목제물(a sacrifice of atonement)' 이란 뜻의 희랍어는 문자적으로 '달랜다(propitiate)' 는 동사의 명사형 '달램(propitiation)' 의 의미를 가지고 있습니다. 이 의미는 예수 그리스도께서 스스로 제물이 되셔서 인간에게 내리실 하나님의 진노를 달래 주었다는 뜻입니다. 그래서 AV역은 헬라어 'hilasterion' 을 'propitiation' 으로 번역하기도 합니다. 그러나 이 뜻은 한 걸음 더 나아가 '인간의 죄를 대속' 하는 의미로 사용되고 있습니다. 그러므로 'expiation(죄 갚음, 보상)' 의 뜻으로 이해하는 것이 올바릅니다. 로마서 4장 25a절에 보면 "예수는 우리의 범죄함을 위해서 내어줌이 되었다"는 말씀이 있는데 이는 인간이 받을 형벌을 대신 지시고 대신 죽임을 당하였다는 말씀입니다. 이는 대속의 죽음이요 속죄의 죽음입니다.

그러므로 인간의 불의와 죄를 근본적으로 해결해 주신 것입니다. 즉, 에베소서에 있는 말씀대로 "그(예수 그리스도)는 우리의 화평이신지라 둘로 하나를 만드사 중간에 막힌 담을 허시고 원수 된 것 곧 의문에 속한 계명의 율법을 자기 육체로 폐하셨으니 이는 이 둘로 자기 안에서 한 새 사람을 지어 화평하게 하시고 또 십자가로 이 둘을 한 몸으로 하나님과 화목하게 하려 하심이라"(엡 2:14-16a). 이로써 우리의 죄를 근본적으로 해결하신 것입니다.

예수 그리스도의 대속 사업은 하나님의 의를 성취하셨을 뿐만 아니라 하나님의 의를 드러내신 것입니다. 인간에게 내려질 하나님의 의의 형벌을 자기 자신이 대신 받으심으로 죄악을 용납치 않으시는 하나님의 의를 분명하게 세우신 것입니다.

2) 예수 믿는 자를 의롭다 하시는 빛입니다(24-26b절)

흔히들 인간에게 자존심이 있다고 말합니다. 자존심은 인간다운 고매한 품격을 유지하는 데 아주 중요한 일을 담당합니다. 그러나 때때로 인간은 자존심 때문에 손해를 보기도 합니다. 스스로 자존심이 강하다고 생각하는 사람은 이렇게 말합니다: "나는 지금까지 누구를 의지하고 기대본 적이 없소. 그런데 내가 어찌 예수를 믿는단 말이요? 내 자존심이 결코 그것을 용납하지 않습니다."

자존심이 강한 사람들은 마치 예수 믿는 이들이 나약한 성품의 소유자인 것으로 간주하는 경향이 있습니다. 그리고 자기들이야말로 가장 인간적이고 강인한 성품의 소유자로 인정받고자 합니다. 그러나 이 모든 논쟁은 헛된 수고에 지나지 않습니다. 왜냐하면 히브리서 9장 27절에 나오듯이 "한번 죽는 것은 사람에게 정하신 것이요 그 후에는 심판이 있으리라"는 말씀 때문입니다. 다시 말해, 하나님 앞에서 인간은 죄인이며 그 죄로 인하여 인간은 심판과 죽임을 당할 것이기 때문입니다.

죽고 사는 문제 앞에서 인간적인 자존심이나 체면 혹은 체통을 앞세우는 일만큼 어리석은 일은 없습니다. 누구든지 죽음 앞에서는 겸허하고 순수해야 합니다. 인간이 자연 상태 그대로 지속된다면 결과적으로 따라오는 것은 냉혹한 죽음의 현실입니다. 인간의 의지가 아무리 강하다 할지라도 인간 위에 드리워져 있는 죽음의 운명과 심판의 위세를 결코 떨쳐 버릴 수 없습니다.

그러므로 하나님께서는 멸망받아 마땅한 인간에게 '하나님의 의의 계시'를 나타내셨습니다. 하나님께서 허락하신 의의 계시는 은혜로 값없이 주시는 복음입니다(3:24). 여기에서 3가지 사실이 중시되어야 합니다: ① 구원을 위해서 인간이 한 일이라곤 하나도 없다는 사실입니다. ② 인간은 스스로의 죄악과 불의로 인하여 하나님의 은혜를 받을만한 자격이 아무 것도 없다는 사실입니다. ③ 인간이 죄악에 깊이 빠져서 하나님께서 허락하시는 구속사업을 기대하지도 못했고 깨닫지도 못하였음에도 불구하고 하나님께서 무조건적인 사랑을 베푸셨다는 사실입니다.

다시 말해서 이것은 전적인 은혜입니다. 오직 예수 그리스도로 말미암아 하나님의 은혜로 값없이 의롭다하시는 복음입니다. '값없이 주신 은혜' 란 말은 본회퍼의 말대로 '값싼 은혜' 가 아니라 그 값을 측량할 수 없을 만큼 귀중한 '값비싼 은혜' 입니다. 그 은혜를 받은 입장에 있는 우리 인간 편에서 볼 때 '값없이 주신 은혜' 요, '거저 주신 은혜' 이지만 그러나 은혜 주시는 하나님 입장에서 볼 때 엄청난 대가를 지불하신 대속 사역입니다. 즉 고린도전서 6장 20절의 말씀대로 주님의 피 값으로 산 것이기에 인간의 산술로써 계산될 수 없는 값비싼 은혜인 것입니다.

이제 사도 바울은 예수 그리스도의 대속적 죽음이 하나님의 의를 드러낼 뿐만 아니라 믿는 자를 의롭다 하시는 은혜의 복음이라고(3:21-16) 천명한 후에 이 복음은 오직 믿음에 의해서만 성취될 수 있다고 교훈 합니다(3:27-31). 여기서 바울은 로마서의 대주제인 오직 믿음을 통한 의인(義認, Justification) 교리를 반복합니다 인간이 의롭다 여김을 받는 것은 율법에 의해서가 아닙니다. 율법에 의해서 인간은 죄를 깨달을 뿐입니다(3:20; 5:13; cf. 갈 3:24a 몽학선생). 오직 인간이 하나님 앞에서 의롭다 여김을 받는 것은 믿음에 의해서입니다.

믿음이란 무엇입니까? 자신의 의(자기-정당성/자기-안도감)를 세우려는 모든 삶에 종지부를 찍는 것입니다. 그러므로 자기를 포기하고 오직 하나님에게만 자신을 내맡김으로써 그리스도를 통한 구원을 겸허하게 받아들이는 태도입니다. 즉, 하나님의 은혜를 향해 나의 전인을 개방하는 삶의 방식입니다.

2. 믿음의 조상 아브라함(4:1-25)

미국에서 생활하다보니 신용이 얼마나 중요한가 실감할 수 있습니다. 필자가 1989년 9월 28일(목)에 딱 미국에 당도해보니 참으로 막막하기 이를 데 없었습니다. 혹 아는 사람이 있다고 찾아갈 수 있습니까, 필요한 물건을 사고싶다고 마음대로 시장엘 갈 수 있습니까? 이건 정말 넓은 미국천지에서 꼼짝 달싹할 수 없는 처량한 신세가 된 것입니다. 그런데 그 다음날(29일) 신용을 중시하는 미국 사회의 한 단면을 보고서 크게 위로를 받았습니다. 아는 분의 도움으로 미국생활의 발이라고 할 수 있는 자동차를 사기 위해 딜러(dealer)에게 갔습니다. 그런데 필자가 돈을 손에 쥐고 있습니까, 그렇다고 쌓아놓은 신용이 있습니까? 이것 숫제 백수건달이나 다름이 없는데 같이 동행한 분이 굳이 새차를 사라고 충고를 하는 것입니다. 그리고 한 술 더 떠서 당장 활동을 해야 되니까 실내 매장(show window) 안에 전시된 차를 사자고 주선합니다. 얼마 후 딜러 앞에 가서 필자가 서류에 사인(sign)하고 동행한 분이 보증을 하고 나니, 이내 열쇠를 주면서 운전해서 집으로 가시라는 것 아닙니까? 전 정말 놀랐습니다. 단 돈 한푼 내지 않았는데 매장에서 차를 끌고 나올 정도로 이 사회가 신용을 중시한다면 미국 생활 살맛 나지 않겠습니까?

성령이 무엇을 말씀하고 있습니까? "아브라함이 하나님을 믿으매 이것이 저에게 의로 여기신 바 되었느니라"(3절). 하나님께서 인간에게 요구하시는 것이 무엇입니까? 그것은 한 마디로 말해서 '믿음' 입니다. 그런데 우리 인간이 하나님께로 향하는 믿음을 가지고 있을 때 바로 하나님께서는 그 믿음을 보시고 우리를 의로 '여기셨다'는 사실입니다. 여기서 의로 '여기셨다'는 말씀은 의로 '간주하셨다' 혹은 의로 '계산하셨다'('reckoned' or 'counted')는 말씀인데 NIV 영어 성경을 보면 'credited'란 단어로 번역하며, 로마서 4장에 꼭 10회 걸쳐서 되풀이되고 있습니다. 말하자면 우리 인간이 하나님께 믿음을 가질 때 하나님께서는 우리의 믿음을 보시고 그것을 신용으로 여기신다는 말씀입니다. 우리의 신용이 무엇입니까? 그것은 다름 아닌 믿음입니다.

그런데 이 신용은 미국 생활 10년, 20년이 되었다고 해서 하나님께서 인정해 주시는 것이 아닙니다. 모든 할부금(payment)을 한 번도 미루거나 거르지 않았다고 해서 쌓이는 것도 아닙니다. 본문을 보면 하나님께서 인정해 주시는 신용을 어떻게 만들 것인지 분명하게 가르치고 있습니다.

1) 행위로써 의롭다 여김 받는 것이 아닙니다

옛 속담에 '잘하면 자기 탓이요, 잘못하면 조상 탓이다'는 말이 있습니다. 이것이 인간의 일반적인 속성입니다. 조금 잘 한 일이 있으면 그것을 앞세우고 서로 공로를 다투는 것이 인간입니다. 본문에 비유적인 표현이 뒤따릅니다. 일꾼이 죽도록 일을 하고서 품삯을 받을 때, 그 품삯을 선물(은혜, gift)로 간주하는 일꾼이 있을 수 없다는 사실입니다. 오히려 그 품삯을 당연하게 받을 몫(obligation)으로 여긴다는 사실입니다. 마찬가지로 우리가 선한 공로로써 구원을 받는다면 그것을 은혜로 여기지 않게 될 것입니다. 그러므로 인간은 행위로써 의롭다 여김을 받는 것이 아닙니다.

2) 할례로써 의롭다 여김을 받는 것이 아닙니다

본문에 있는 질문대로, '하나님께서 아브라함에게 그 믿음을 보시고 의로 여기신 때가 언제입니까? 아브라함이 할례를 받기 전입니까? 아니면 그 이후입니까?'(9-10절) 또 창세기 15장 말씀에 "아브라함이 여호와를 믿으니 여호와께서 이를 그의 의로 여기시고"(창 15:6)라는 말씀이 있습니다. 여기 이 말씀은 아브라함이 하란을 떠나(75세. 창 12:4) 가나안 땅에 거한 지 약 10년 후(창 16:3), 즉 약 85세가 되었을 때의 일입니다. 그러므로 99세 때 할례를 받게 되는데(창 17장), 무려 14년 전의 일인 것입니다. 그 이름도 아직 아브라함이 아니요, 아브람이었을 때 일어난 일입니다. 이미 아브라함이 할례 받기 전에 하나님께서는 아브라함을 보시고 그 믿음을 의로 여기셨다는 평가입니다. 할례를 받았느냐, 안 받았느냐가 중요한 것이 아닙니다. 중요한 것은 믿음입니다!

> **"할례자도 믿음으로 말미암아 또는 무할례자도 믿음으로 말미암아 의롭다 하실 하나님은 한 분이시니라"**(3:30)

3) 율법으로 의롭다 여김을 받는 것이 아닙니다

인간세계에 '법'이 왜 존재합니까? 세월이 흘러갈수록 육법전서의 부피가 점점 더 늘어가는 이유가 어디에 있습니까? 그것은 인간 세상에 범법이 있고 그 범죄가 날로 간악해지고 교묘해지고 있기 때문입니다.

본문 15절 말씀, "율법은 진노를 이루게 하나니 율법이 없는 곳에는 범함도 없느니라"(15절). 이 말을 뒤집으면, "범죄가 횡행하는 곳에 형벌을 선고하기 위해서 법이 제정된다"는 말입니다. 그러므로 율법은 범법함을 위하여 더한 것이요(갈 3:19a), 죄를 깨닫게 하는 것이요(3:20b; 7:7; 5:13, 20a), 인간을 그리스도에게로 인도하는 몽학선생입니다(갈 3:24).

4) 오직 인간이 의롭다 여김을 받는 것은 믿음에 의해서입니다

그러면 인간이 의롭다 여김을 받는 것이 행위에 의해서도 아니요, 할례에 의해서도 아니요, 율법에 의해서도 아니라면 무엇에 의함입니까?

창세기 18장 말씀을 보세요. "아브라함이 바랄 수 없는 중에 바라고 믿었으니… 그가 백 세나 되어 자기 몸의 죽은 것 같음과 사라의 태의 죽은 것 같음을 알고도 믿음이 약하여지지 아니하고 믿음이 없어 하나님의 약속을 의심치 않고 믿음에 견고하여져서 하나님께 영광을 돌리며 약속하신 그것을 또한 능히 이루실 줄을 확신하였으니 그러므로 이것을 저에게 의로 여기셨느니라"(18a, 19-22절)라는 말씀이 있습니다. 한마디로 말해서 아브라함은 우리 모든 사람의 조상이요 많은 민족의 조상이며(16-18절) 믿음의 조상임에 틀림이 없습니다. 그 이름 그대로 '열국의 아비'가 된 것입니다(창 17:5). 어떻게 아브라함이 열국의 아비가 될 수 있었으며 믿음의 조상이 될 수 있었습니까? 여기에 대한 답변은 창세기 15장 6절 말씀에 나옵니다. "아브라함이 하나님을 믿으니 여호와께서 이를 그의 의로 여기시고"(창 15:6). 그렇습니다. 오직 믿음입니다! 오직 믿음으로서 아브라함은 하나님 앞에 의롭다 여김을 받게 된 것입니다. 우리가 하나님 앞에서 반드시 인정받아야 될 신용이 무엇입니까? 20,30년 교회에 출석하면서 집사·권사·장로·목사로 봉사했다고 해서 그것을 신용으로 여겨 주시겠습니까? 아닙니다. 우리가 하나님 앞에서 인정받아야 할 신용은 오직 믿음입니다.

　필자가 첫 머리에서 미국에 도착한 그 다음날 아는 분의 신용을 도움 받아서 자동차를 샀다는 말씀을 드렸습니다. 그런데 그 분은 의학박사요, 전문의요, 저명한 마취과 의사입니다. 팜데일(Palmdale)과 랑캐스터(Lancaster)에서 그분의 주가, 곧 이름 값(name value)은 무척 높습니다. 그러므로 나무랄 데 없는 신용을 갖고 있는 분입니다. 그런데 필자가 그분의 도움을 받으면서 마음속에 이런 생각을 가져 보았습니다. "나도 열심히 공부하고 착실하게 노력해서 좋은 신용을 가져야 되겠다. 나도 그분 못지 않게 더 좋은 신용을 가져야 되겠다." 필자가 이런 생각을 한 것은 필자의 마음이 교만해서도 아니고 그분을 그저 부러워해서도 아닙니다. '나도 그분처럼 되겠다' 고 생각하는 것, 이것은 아주 중요하며 자연스런 사고 방식입니다. 이스라엘 민족에게 있어서 이러한 사고방식은 아주 일반화되어 있는 현상입니다.

　우리말에 "못 오를 나무 쳐다보지도 말라"는 속담이 있습니다. 아예 가당치도 않을 일은 생각지도 말고 꿈도 꾸지 말라는 가르침입니다. 그러나 이스라엘 민족의 의식 속에 도도히 흐르고 있는 정신 가운데 '나도 아브라함처럼 믿음의 조상이 될 수 있다' 는 사고방식이 있습니다. 오고 오는 세대에 그처럼 존경을 받고 흠모의 대상인 아브라함, 그러나 누구나 노력하고 착실하게 추구하면 반드시 아브라함처럼 훌륭한 위인이 될 수 있다는 사실입니다.

　필자는 어린아이들에게 위인전을 많이 읽혀야 한다고 주장하는 사람입니다. 제 아들이 하루는 대통령이 되겠다고 말합니다. 이유인즉 제 엄마가 읽어준 링컨 위인전을 듣고서 그렇게 말한 것입니다. 하루는 훌륭한 음악가가 되겠다고 말합니다. 이유인즉 그 날엔 베토벤 전기를 읽었습니다. 필자는 어린아이들의 꿈을 사랑하고 그들을 높이 평가합니다.

　아브라함은 믿음의 조상입니다. 하나님께서는 아브라함의 믿음을 보시고 그를 의롭다 여기셨습니다. 우리도 아브라함처럼 믿음의 조상이 될 수 있습니다. 하나님 앞에 굳건한 믿음을 가지고, 그 믿음을 우리 후손들에게 물려줍시다.

화해의 복음과 유형론(Typology)(5:1-5:21)

1. 내용요약

5:1, 9-11

1a절은 3장 21절부터 4장 25절에서 분명히 보여주고 있는 의인(義認, Justification) 사상을 요약해 주고 있습니다. 그런데 그것은 곧 16절에서 하나님과 평화하게 한다는 화해(Reconciliation) 사상을 의미합니다. 우리말 번역에 '…화평을 누린다' 란 서술형식의 문장으로 파악하는 것이 옳습니다. 그러므로 만일 우리가 믿음으로 의롭게 되었다면, 우리는 하나님과 더불어 화평을 누리고 있습니다. 즉 '의인' 은 실제로 '화해' 와 동일시됩니다(9-10절). 이제 신자는 예수 그리스도로 인하여 하나님 안에서 즐거워합니다(11절).

5:2-5:8

의롭다 인정받아 하나님과 화해한 자들은 천국 생활의 기쁨에 들어갑니다. 그리고 하나님께서 성령을 통해서 부어주시는 사랑은 예수 그리스도에 의해서 확증되었고, 신자를 가르치기 위한 본이 되게 하셨습니다. 그리스도께서 행하신 것을 보십시오! 이제 우리는 이러한 근본적인 사실을 받아들여야 합니다.

5:12-5:21

이 구절은 유명한 '아담과 그리스도'의 유형론(類型論)을 보여주고 있습니다. 아담은 죽음을 가져 온 자이며 그리스도는 생명을 가져온 자입니다. 그리고 전자는 후자의 유형이라는 것입니다. '아담은 오실 자의 표상이라' (14b절) 하는 구절에서 '표상' 이란 곧 유형을 말합니다. 여기서 우리가 바울의 인간학에 관심을 가질 수 있습니다. 아담 안에서 모든 인류가 죽은 것 같이 그리스도 안에서 모든 인류가 생명을 얻습니다(고전 15:22). 모든 인류는 한 사람 아담 안에 있으며, 그 구속자도 한 분 그리스도 안에 있습니다. 13, 20절은 율법을 대하는 우리의 시각을 보다 더 분명하게 열어줍니다. 즉, 율법은 죄를 깨닫게 하고 더 나아가 죄(trespass)를 가증시킵니다. 그러나 죄가 가증된 곳에 그리스도를 통한 은혜가 더욱 넘칩니다.

2. 4중적 관계의 단절

창세기 3장에 의하면 타락으로 인하여 자신과 이웃과 하나님과 그리고 자연 사이의 단절이 왔습니다. 그러나 오늘 하나님의 아들이신 예수 그리스도의 십자가에서의 죽으심을 통하여 단절되었던 관계가 회복되었습니다. 성경을 보게 되면, 화평의 하나님(고전 14:33), 화평으로 막힌 담을 허신 하나님(엡 2:14), 십자가로 화평을 이루신 주님(골 1:20)을 알 수 있습니다.

3. 신자인 우리의 유형

　아담은 그리스도의 유형이고, 아브라함은 이스라엘의 유형이며, 예루살렘은 교회의 유형입니다. 예수께서 고린도전서 11장 1절에서 이렇게 말씀하십니다. "내가 그리스도를 본받은 자 된 것 같이 너희는 나를 본받는 자가 되라."

1. 화해의 복음(5:1-11)

우리가 항상 사용하는 말 한 마디가 얼마나 중요한지 생각해 보셨습니까? 때때로 말 한마디가 사람을 죽이기도 하고 살리기도 합니다. 우리 속담에 "말 한마디가 천 냥 빚을 갚는다"는 말이 있습니다. 적절한 때에 필요한 말을 생각해내서 하기란 참으로 쉬운 일이 아닙니다. 특히 전도할 때 항상 안타깝습니다. 그래서 성령의 도우심을 간절히 기도하게 됩니다.

미국에서 필자가 밸리마켓 앞에서 전도하는데 예순을 넘기신 노신사를 한 분 만났습니다. 다가가서 전도지를 건네면서 "선생님, 예수 믿으세요!"했더니 보통 전도지만 받아 가지고 제 갈길 바쁘게 가기 마련인데, 이 분은 "예수는 무엇 때문에 믿어요?"하고 반문합니다. 그래서 '옳다! 하나님께서 이 사람을 보내 주셨구나' 싶어서 "예수께서 저와 선생님의 죄를 대신해서 죽으셨기 때문에, 예수를 믿으면 구원을 받습니다"고 대답했습니다. 그랬더니 그 분이 다시 반문합니다.

"목사님이십니까?"

"네."

"젊은 분이신데…."

"네, 하나님께서 일찍 부르셔서, 서른도 못 돼서 목사가 됐습니다."

그러더니 못마땅한 듯 표정을 지으면서 불만을 표시합니다.

"목사선생! 그 말끝마다 '죄'·'죄인'이란 말 좀 안 쓸 수 없소? 정

히 쓰고 싶으면 '죄'란 말 대신 '실수'나 '허물' 혹은 '잘못'이란 말로
바꾸어 쓰면 안 되오?"

"아~! 네. '죄'란 말이 듣기에 거슬리시는군요?"

"거슬리는 정도가 아니라, 난 도무지 죄가 없는 사람이오."

이쯤 되니 열도 제법 달아올랐습니다, 자칭 죄 없다는 사람을 만났으
니 여간 흥미 있는 일 아닙니까? 죄 문제를 다루는 것이라면 목사에게
가장 자신 있는 주제 아닙니까? 그래서,

"아니, 어째서 선생님은 자칭 죄가 하나도 없다고 말하십니까? 성경
에 보면 분명히…"

성경 몇 구절을 들추려고 하는데 그만 손을 내 저으며 제발 경전을
들먹거리지 말라는 표정을 짓습니다. 그리고 장황하게 자기 변호 내지
목사에게 설교를 늘어놓습니다.

"이 날 이때까지 살아오면서 나 참 고생 많이 한 사람입니다. 그러나
지금까지 누구에게 손톱만큼도 손해를 끼치거나 잘못을 해 본 적이 없
소. 오히려 어려운 생활 속에서도 남을 도와주고 게다가 내 돈 꿔준 것
떼 먹히면서까지 꾹 참고 살아 왔소. 당신들이 말하는 천당이 있다면,
나는 특차로 들어갈 것이요!"

나참, 세상에 전도하다보니 별 사람을 다 만나 봅니다. 기가 차서 무
슨 말을 해야겠는데 얼른 생각이 떠오르지를 않습니다. 그래서 당황하
고 곤혹스러울 때 늘 하는 버릇으로 고개를 하늘로 젖히고 생각에 잠기
는데 마침 대낮인데 밸리마켓 처마 끝에 커다란 형광등을 두 줄로 켜 놓
은 것이 눈에 들어 왔습니다. '옳다, 하나님께서 지혜를 주시는구나' 무
릎을 치면서

"선생님 저기 형광등 좀 보세요. 대낮인데 저 끝까지 한 50개는 되겠
는데, 형광등을 두 줄로 켜놓았습니다."

"……"

"지금이 밤이라면 아마 대낮 같이 환할 것입니다. 그러나 대낮에 형광등 수 백 개를 켜 놓는다고 무슨 소용이 있습니까? 선생님께서 평생 남을 도와주었다고 자랑하셨는데, 그것은 밝은 태양 아래서 형광등을 켜는 것과 같습니다. 하나님은 태양과 같으신 분입니다. 아무리 형광등이 밝기로서니 태양 빛에 견주겠습니까? 인간의 생각은 상대적인 것입니다. 밝은 빛이신 하나님 앞에서 모든 인간은 죄인입니다. 선생님, 더 늦기 전에 이 진리를 깨달으시고 예수를 믿으시기 바랍니다."

본문 처음에 사도 바울은 단 한 절로 복음을 요약하고 있습니다. 그의 첫 말 한마디가 얼마나 힘이 솟고 분명한지 들어보세요. "우리가 믿음으로 의롭다 하심을 얻었은즉 우리 주 예수 그리스도로 말미암아 하나님으로 더불어 화평을 누린다"(1절). 1a절은 로마서 3장 21절-4장 25절에서 분명히 보여주고 있는 의인(義認, Justification) 사상을 단 한마디로 요약하고 있습니다. 1b절은 그러한 사상이 하나님과 평화의 관계를 가져온다고 하는 화해(Reconciliation)사상을 단 한 마디로 정의하고 있습니다. 이 한 마디 말이 기독교 사상을 꿰뚫고서 그 진리를 천명하고 있는 것입니다!

'믿음으로 의롭다하심을 얻는다' 는 義認교리는 다시 '인간과 하나님과의 평화' 라고 하는 화해교리로 이어지고 있습니다. 여기서 우리말 번역에 '화평을 누리자' 란 권유형식의 문장으로 되어 있지만 '화평을 누린다' 란 서술 형식의 문장으로 파악하는 것이 옳습니다. 그러므로 사도 바울의 한 마디는 분명합니다. 우리가 믿음으로 의롭게 되었으면 우리는 하나님과 더불어 화평을 누리고 있습니다. 즉 '의인(義認)' 은 실제로 '화해' 와 동일시되고 있습니다(9-10절).

여기서 몇 가지 중요한 진리를 찾아낼 수 있습니다.

1) 믿음으로 의롭다 인정받으면 하나님과 화평을 누리게 됩니다

세상은 평화를 잃어 버렸습니다. 세상 사람들은 없어질 권력이나 물질이나 명예 같은, 흔들리는 터전에서 평화를 찾으려고 합니다. 물질이 풍요롭다고 평화가 깃듭니까? 세상 권력을 장악했다고 평화가 찾아왔습니까? 세상지식과 명예를 가졌다고 평화를 얻을 수 있습니까? 세상 사람들이 구하는 평화는 일시적이고 인간적인 평화입니다. 그러나 성서가 분명하게 말씀하고 있는 평화는 세상으로부터 오는 것이 아니라 주님께로부터 오는 것입니다. 예수께서는 다음과 같이 말씀하고 계십니다.

> "평안을 너희에게 끼치노니 곧 나의 평안을 너희에게 주노라 내가 너희에게 주는 것은 세상이 주는 것 같지 아니하니라 너희는 마음에 근심도 말고 두려워하지도 말라"(요 14:27)

이처럼, 예수께서 주시는 평화는 완전한 것이며 질서와 조화가 가득하고 풍성한 것입니다.

> "그(예수 그리스도)는 우리의 화평이신지라 둘로 하나를 만드사 중간에 막힌 담을 허시고 원수 된 것 곧 의문에 속한 계명의 율법을 자기 육체로 폐하셨으니 이는 이 둘로 자기 안에서 한 새 사람을 지어 화평하게 하시고 또 십자가로 이 둘을 한 몸으로 하나님과 화목하게 하려 하심이라"(엡 2:14-16)

우리 인간이 하나님과 평화를 누리게 된 것은 그 아들 예수 그리스도의 죽으심으로 말미암은 것입니다(10a절). 그러므로 하나님과 평화를 누림으로 화목하게 된 사람은 예수께서 부활하심으로 그 생명을 통하여 구원을 얻게 된 것입니다(10b절).

2) 믿음으로 의롭다 인정받으면 하나님의 영광을 바라보게 됩니다

우리 교회도 여러 곳에 선교지를 가지고 있지만 해외 선교사로 파송된 주의 종들의 고충과 수고는 이루 말할 수 없으며 참으로 눈물겹습니다. 처음에 선교사로 파송 받아 오지로 나가게 되면 말로써는 다 담기 어려운 기막힌 경험들을 하게 됩니다. 일선에서 수고하시는 선교사들의 보고를 들어보면 성공적인 선교활동을 위해서 다음의 세 가지 단계를 반드시 거쳐야 한답니다.

1단계: 육체를 동화시키는 단계
    같이 벗고 같이 밑 닦고 같이 코를 비비고.
2단계: 마음을 동화시키는 단계
    고락을 나누고 문화를 몸에 익히고 본국 시민권까지 포기하고.
3단계: 영혼을 동화시키는 단계
    이 한 몸 제물로 바침으로 한 알의 밀알처럼 작은 생명으로 태어나기까지.

한국교회의 부흥과 영광은 초창기 선교사들이 뿌린 눈물과 피의 대가입니다. 우리에게 주어진 구원과 영생, 그것은 예수 그리스도의 죽으심과 부활에 의해 선사된 것입니다. 그러므로 우리는 감히 하나님의 영광을 바라보는 것입니다.

> **"그(예수 그리스도)로 말미암아 우리가 믿음으로 서 있는 이 은혜에 들어 감을 얻었으며 하나님의 영광을 바라고 즐거워하느니라"(2절)**

인간은 감히 하나님과 사귈 수 없는 불결한 존재입니까? 어두움이 어찌 빛과 사귈 수 있겠습니까? 죄인은 거룩하신 하나님과 사귈 수 없습니다. 그러나 예수 그리스도께서 값없이 주시는 은혜로 말미암아 우리가 믿음으로 의롭다 여김을 받았습니다. 그러므로 이제 우리는 하나님의 영광까지 바라보며 즐거워하게 된 것입니다.

> **"그러므로 형제들아 우리가 예수의 피를 힘입어 성소에 들어 갈 담력을 얻었나니 그 길은 우리를 위하여 휘장 가운데로 열어 놓으신 새롭고 산길이요 휘장은 곧 저의 육체니라"(히 10:19-20)**

3) 믿음으로 의롭다 인정받으면 하나님 안에서 즐거워하게 됩니다

우리 주님은 인간 죄악의 현실 속에서 하나님의 의를 이루시기 위해서 자신을 희생하고 헌신하신 분이십니다. 예수께서는 우리에게 명하고 계십니다: "너희는 나를 따라 오너라." 이 말씀은 무슨 뜻입니까? 우리도 주님처럼 희생과 헌신의 삶을 재현하라는 말씀입니다. 받는 자보다 주는 자가 행복합니다.

의를 위해서 자기를 희생하는 사람은 영원한 기쁨과 즐거움을 누리
게 됩니다.

① 우리의 즐거움은 예수께서 주신 것입니다.

나를 대신하여 죽으시고 나를 살려내셨으니, 이 얼마나 감격스러운
일입니까? 예수께서는 우리에게 영원한 즐거움을 주셨습니다.

② 그러므로 우리는 환난을 당해도 즐거워하게 됩니다.
왜 그렇습니까? "이는 환난은 인내를, 인내는 연단을, 연단은 소망을
이루는 줄 알고 있기 때문"(3-4절)입니다. 그러므로 그리스도인은 환난
속에서 더욱 담대하며 신앙의 참 기쁨과 만족을 구하게 되는 것입니다.

그러므로 신자는 먹는 것과 마시는 것이 부족해도 그것을 나누며 즐

거워할 수 있습니다. 환난과 핍박을 당해도 신앙을 굳게 지키며 하늘의 소망을 항상 간직합니다. 그것은 "우리에게 주신 성령으로 말미암아 하나님의 사랑이 우리 마음속에 뿌려졌기"(5절) 때문입니다.

2. 아담은 오실 자의 표상(5:12-21)

구약성서를 어떻게 이해해야 할 것인가? 이것은 자칫 간과해 버리기 쉬운 문제입니다. 그러나 얼마나 중요한 문제인지 모릅니다. 왜냐하면 구약성서를 잘못 이해함으로써 많은 문제와 이단이 파생되었기 때문입니다.

구약성서를 경전으로 사용하고 있는 종교가 많습니다. 유대교, 이슬람교, 몰몬교, 여호와 증인, 대순진리회 등등. 저마다 구약성서를 제멋대로 이해하고 해석함으로써 성경의 참 진리와는 동떨어진 길을 걸어갔고 자기들 나름대로 경전을 만들어 가지게 된 것입니다. 그러므로 구약성서를 어떻게 이해하느냐 하는 문제는 아주 중요하고 근본적인 질문입니다.

2천년 동안 계속되어 온 기독교의 복음적인 전통에 의하면 '구약성서는 신약성서의 빛(조명)으로 읽어야 한다'는 해석원리가 세워져 있습니다. 이는 숙고할만한 타당성을 가지고 있는 원리입니다. 곧 '신약성서가 구약 해석의 열쇠를 쥐고 있다'는 사실입니다. 우리가 신약성서의 가르침을 알고 있으므로 그 근거 위에서 구약을 해석할 때, 구약성서가 올바르게 해석되고 그 의미가 분명하게 드러난다는 점입니다.

본문에서 사도 바울은 이러한 해석원리를 적용하고 있습니다. 이른바 그 유명한 '아담과 그리스도'의 유형론(類型論, Typology)입니다.

> **"아담으로부터 모세까지 아담의 범죄와 같은 죄를 짓지 아니한 자들 위에도 사망이 왕 노릇하였나니 아담은 오실 자의 표상이라"(14절)**

'아담은 오실 자의 표상' 이란 구절에서 '표상' 이란 곧 '유형' 을 말합니다. 유형론은 신약과 구역을 대비·대조함으로써 신약의 빛 속에서 구약성서를 해석하고자 합니다. 바울의 결론은 분명합니다; "아담은 예수 그리스도의 표상이다, 아담은 사망을 가져 온 자이며 그리스도는 생명을 가져 온 자이다, 아담 안에서 모든 인류가 죽은 것 같이 그리스도 안에서 모든 인류가 생명을 얻는다, 모든 인류는 한 사람 아담 안에 있으며 그 구속자도 한 분 그리스도 안에 있다"

그런데 유형론은 여기서 그치지 않습니다. 한 걸음 더 나아가 '원죄(原罪, Original sin)란 무엇인가?' 하는 문제를 제기합니다. 전통적으로 기독교 신학은 원죄를 아담과 이브의 타락이 가져 온 결과로 규명하여 왔으며, 그 타락으로 인해 인간의 삶 속에 들어 온 죄의 현실을 인간의 본래성, 즉 타락하기 전의 상태와 대조시키는 입장에서 묘사하여 왔습니다.

> **"아담으로부터 모세까지 아담의 범죄와 같은 죄를 짓지 아니한 자들 위에도 사망이 왕 노릇 하였나니"(14a절)**
> **"한 사람의 범죄를 인하여 사망이 그 한 사람으로 말미암아 왕 노릇 하였은즉"(17a절)**

이 말씀 그대로 아담의 범죄로 인하여 온 인류에게는 죄가 넘쳐 났고 사망이 그 세력을 행사하게 되었습니다.

그러나 원죄교리가 생물학의 유전 학자들이 말하는 것처럼 아담의 범죄가 온 인류에게 유전되어 내 속에도 그 타락의 피가 흐르고 있다는 식으로 잘못 이해되어서는 안 됩니다. 창세기 3장이 원죄교리를 확립하고 그것을 가르치려는 의도에서 편집된 것이 아니라는 사실은 너무나도 분명합니다. 오히려 원죄교리는 인간에게 현실적인 세력으로 드리워져 있는 죄 된 상태의 실제적 보편성을 설명한다고 말할 때 그 타당성을 얻습니다. 즉 "모든 인간은 죄인이다", "만물보다 거짓되고 심히 부패한 것이 인간이다"라는 성서의 가르침은 원죄교리를 빌리지 않고서도 나 자신 즉 개개인간의 실존 위에 드리워져 있는 죄악 된 현실을 구체적으로 지적하여 실증해 보이고 있습니다. 즉 인간은 죄를 안 지을래야 안 지을 수 없는 본성과 한계성을 가진 연약한 실존이기 때문에 아담의 범죄(불순종)와 불가결한 관계를 가지게 된다는 사실입니다. 이것이 관계의 유비(analogia relations)에 근거한 원죄교리의 해석입니다.

모든 인간은 아담처럼 범죄 할 수밖에 없는 존재입니다. 아담이 하나님의 명령을 거역하고 불순종한 것처럼, 모든 인간도 하나님께 불순종한다는 점에서 마찬가지입니다. 이것이 바로 죄(hubris)입니다. 이것이 원죄(Original sin)요, 근본적인 죄(radical sin)입니다. 근본적으로 모든 인간은 하나님 앞에서 불순종하여 사망에 이르게 된 것입니다. 아담처럼 선악과를 따먹음으로써 하나님께 불순종하고 범죄하지는 않았을지라도 모든 인류는 저마다 자기 방식대로 하나님의 말씀을 거역하고 불순종함으로써 정죄를 받게 된 것입니다. 그러므로 아담이나 우리나 같은 인간이란 연대감 속에서 볼 때, 관계의 유비가 있으며 따라서 인간은 죄인입니다. 그러므로 모든 인간에게 사망이 임하게 된 것입니다.

"한 사람으로 말미암아 죄가 세상에 들어오고 죄로 말미암아 사망이 왔나니, 이와 같이 모든 사람이 죄를 지었으므로 사망이 모든 사람에게 이르렀

느니라"(12절)
"욕심이 잉태한즉 죄를 낳고 죄가 장성한즉 사망을 낳느니라"(약 1:15)

지금까지 사도 바울에 의하면 아담의 범죄는 우리에게 두 가지 사실을 일깨워 주고 있습니다.

이 말씀을 다시 정리해 보면,

① 나도 아담처럼 죄를 지을 수밖에 없는 존재입니다. 여기서 '죄'란 'Original sin'이요, 'Radical sin'이요, 하나님께 대한 도전과 반역을 말합니다. 나는 하나님의 도움 없이 이 생을 살 수 있다는 인간교만이요, 하나님을 철저히 거부해버리는 것입니다.

내가 나의 주인이 되고 내 속에 하나님이 들어오셔서 좌정하실 여지를 만들어 놓지 않으면 나는 더 이상 하나님의 백성이 아닙니다. 하나님의 말씀을 거역하고 불순종한 아담처럼 나도 죄를 지을 수밖에 없는 존재입니다.

② 나도 정죄와 사망에 이를 수밖에 없는 존재입니다. 창세기 2장에는 "선악을 알게 하는 나무의 실과는 먹지 말라 네가 먹는 날에는 정녕 죽으리라"(창 2:17)는 말씀이 나와 있습니다. 그런데 창세기 3장을 보면 아담과 하와는 선악과를 따먹은 후에 우리가 생각하고 경험하는 방식대로 죽지는 않았거든요. 여기서 우리는 성서가 말하는 죽음을 올바르게 이해해야 합니다. 성서가 말하는 죽음은 관계의 단절을 의미합니다. 원 인류가 죄를 지었을 때, 두려움과 공포, 수치심이 몰려 왔습니다. 이것은 관계의 단절을 의미합니다: 하나님의 낯을 피하고 서로의 시선을 피한 것입니다. 서로 책임을 전가하고 하나님의 동산에서 추방되었습니다. 죽음은 영과 육의 분리를 뜻합니다. 관계의 단절입니다. 나도

아담처럼 정죄와 사망에 이를 수밖에 없는 나약한 존재입니다.

그러나 바울의 '아담과 그리스도'의 유형론은 우리에게 새로운 사실을 일깨워주고 있습니다.

1) 인간에게 은혜의 선물이 넘쳐나게 되었습니다

"한 사람의 범죄를 인하여 많은 사람이 죽었은즉 더욱 하나님의 은혜와 또한 한 사람 예수 그리스도의 은혜로 말미암아 선물이 많은 사람에게 넘쳤느니라"(15, 17b절)

죄의 늪 속에 빠져 허우적거리고 있는 사람에게 나뭇가지나 구명줄은 엄청난 선물입니다. 그런데 예수 그리스도께서는 죄의 늪 속에 빠진 나를 기적적으로 구해 주셨을 뿐만 아니라 대신 죽으셨습니다. 이는 은혜 중에 은혜입니다.

2) 인간에게 영생이 허락되었습니다

"이는 죄가 사망 안에서 왕 노릇 한 것 같이 은혜도 또한 의로 말미암아 왕 노릇하여 우리 주 예수 그리스도로 말미암아 영생에 이르게 하려 함이니라"(21절)

창세기 3장을 기억하십니까? 원 인류의 범죄 이후에 인간에게는 영생이 금지되었습니다. 이것 기막힌 현실 아닙니까?

"사람이 선악을 아는 일에 우리 중 하나와 같이 되었으니 그가 그 손을 들

어 생명나무 실과도 따먹고 영생할까 하노라"(창 3:22)

"하나님이 그 사람을 쫓아내시고 에덴 동산 동편에 그룹들과 두루 도는 화염검을 두어 생명 나무의 길을 지키게 하시니라"(창 3:24)

하나님께 대한 범죄와 반역, 불순종의 결과로 인간에게 영생이 금지되었습니다. 영생을 금지 당한 인간은 이것을 회복하고자 백방으로 노력하였습니다. 어떤 이는 지구 어느 구석엔가 있을 에덴동산을 찾아 헤매기도 하였습니다. 그러나 영생은 예수 그리스도로 말미암아 허락되었습니다. "죄의 삯은 사망이요 하나님의 은사는 그리스도 예수 우리 주 안에 있는 영생이니라"(6:23). 오직 예수만이 길이요, 진리요, 생명입니다!(요 14:6)

그리스도 안에서의 새로운 삶(6:1-23)

내용요약

6:1-11

바울은 5장을 의기 양양한 결론으로써 끝을 맺었습니다. 우리의 의인(義認)은 하나님에 의해 보장된다는 것입니다. 진실로 하나님의 은혜는 커서, 죄가 더한 곳에 은혜가 더욱 넘칩니다(5:20). 이 때에 교활한 인간에 의해 제기되는 물음이 있습니다: "은혜를 넘치게 하기 위하여 더욱 죄를 범해야 할 것인가?" 바울 사도는 '단연코 아니다(By no means!)'라고 말합니다. 일말의 주저함도 찾아 볼 수 없는 답변입니다. 왜냐하면 하나님께서 우리에게 은혜를 베푸신 것은 우리로 하여금 새로운 삶을 영위하도록 하기 위함이기 때문입니다(6:4). 그러므로 크리스챤은 살라고(to live) 부름 받은 존재입니다. 이제 문제는 어떻게 크리스챤의 삶에로 들어가느냐 하는 것입니다. 바울에 의하면, 예수 그리스도는 죄에 대하여 죽었고(6:10), 하나님은 그를 죽은 자로부터 살리셨습니다(6:4). 예수의 죽음과 부활은, 세례 시에 신자가 물 속에 들어갔다가 나오는 것으로 비유됩니다(6:3-4). 또한 세례의 표상은 죄에 대하여 죽고 의에 대하여 산 것으로 비유되고 있습니다(6:6 이하). 신자는 그리스도 예수 안에서 새로운 삶을 누립니다.

6:12-23

만일 우리가 예수의 죽음과 부활을 믿음으로써 연합한 자가 되었다면, 우리 자신을 더 이상 죄에게 종노릇하게 해서는 안 됩니다. 오직 의의 도구로써 하나님께 드려 순종의 삶을 살아야 합니다(6:12-13). 왜냐하면 우리는 율법이 아니라 은혜 아래 있기 때문입니다(14-15절). 지난 날 죄의 종이었다면, 이제 죄에서 해방되어 의의 종(혹은 순종의 종)이 되었습니다(16, 18절). 그런데 여기에 문제가 있습니다. 의의 종 혹은 순종의 종이 되는 것에 '자유'가 있을까? 바울은 분명하게 대답합니다: "하나님의 종이 되는 것이야말로 진정한 자유를 누리는 것이고 삶의 열매를 풍성히 하는 것이다"(22절). 종국에 신자에게 주어지는 것은 영원한 생명입니다. 사도 바울은 23절에서 전체의 논증을 요약합니다. 죄는 사망을 불러들이지만, 예수 그리스도는 영원한 생명을 불러들입니다. 그러므로 인간 앞에 놓여있는 문제는 '생명이냐 죽음이냐' 이외에 다른 것은 없습니다.

1. 그리스도 안에서 새 생활(6:1-11)

로마서 5장을 설명하면서 바울이 5장을 의기 양양한 결론으로써 끝을 맺는 것을 생각해 보았습니다. 즉, 인간의 의인(義認)은 하나님에 의해 보장된다는 사실입니다. 진실로 하나님의 은혜는 크셔서 죄가 더한 곳에 은혜가 더욱 더 넘치게 되었습니다(5:20). 이때 교활한 인간의 마음속에 제기되는 질문이 있습니다: "하나님의 은혜가 더욱 넘치도록 하기 위해서 계속 범죄 해야 할 것인가?"(6:1).

로마서 6장은 질문을 제기하는 것으로 시작되고 있습니다. "은혜를 더하게 하려고 죄에 거하겠느냐?" 사도 바울은 단호하게 대답합니다. "그럴 수 없느니라(By no means!)" 단연코 아니다! 일말의 주저함도 찾아볼 수 없습니다.

"죄에 대하여 죽은 우리가 어찌 그 가운데 더 살리오"(2절)

하나님께서 우리에게 은혜를 베푸신 것은 인간으로 하여금 새로운 삶을 영위하도록 하기 위함입니다.

"이는 아버지의 영광으로 말미암아 그리스도를 죽은 자 가운데서 살리심과 같이 우리로 또한 새 생명 가운데서 행하게 하려 함이니라"(4b절)

크리스챤은 살라고(to live) 부름 받은 존재입니다. 과거 '허물과 죄로 죽었던 우리를'(엡 2:1) 하나님께서 다시 살려주신 것은 더 이상 어둠의 세력을 따라 살지 말고 광명한 빛 가운데 새로운 생활을 하라는 섭리가 있는 것입니다.

'고교얄개'라는 영화가 있었습니다. 고등학교 1학년 교실의 수학시간에 그 반에서 가장 공부를 잘하는 학생이 잠을 자고 있습니다. 모두들 눈을 똑바로 뜨고 열심히 듣고 있는데 그 학생만 잠을 자고 있습니다. 마침 그 학생이 안경을 끼고 있는데 옆에 있던 친구가 붉은 색 매직펜으로 안경알을 온통 빨갛게 칠해 놓고 소리를 지릅니다. "불이야!" 그랬더니 잠자다 깨어난 학생이 눈을 휘둥그레 뜨고 둘러 봤더니 정말 불이 벌겋게 타오르고 있잖아요, 그래서 난리를 치며 "불이야! 불이야!" 합니다.

우리가 때때로 이런 상태에 있지는 않습니까? 죄란 색안경을 그대로 끼고서 구원받은 백성으로 광명한 생활을 하지 못하고 아직도 죄악과 짝하여 죄의 종노릇하고 있지는 않습니까? 과감하게 벗어나야 합니다.

히브리서 12장의 말씀처럼 "이러므로 우리에게 구름같이 둘러싼 허다한 증인들이 있으니 모든 무거운 것과 얽매이기 쉬운 죄를 벗어버리고 인내로써 우리 앞에 당한 경주를 경주하며 믿음의 주요 또 온전케 하시는 이인 예수를 바라보자." 우리는 예수를 바라보며 죄의 상태에서 과감하게 벗어나야 합니다.

우리가 어떻게 그리스도 안에서 새 생활에 들어갈 수 있습니까? 세례를 받아야 합니다. 바울의 대답은 간단합니다.

"그러므로 우리가 예수의 죽으심과 합하여 세례를 받음으로 그와 함께 장사 되었나니 이는 아버지의 영광으로 말미암아 그리스도를 죽은 자 가운데서 살리심과 같이 우리도 또한 새 생명 가운데서 행하게 하려 함이니라"(4절)

세례는 그리스도의 십자가에서 죽으심과 부활하심에 참여하는 엄숙한 예식입니다. 교회의 성례는 두 가지입니다. 그것은 세례와 성찬입니다. 성찬은 그리스도의 몸과 피에 참여하는 것입니다. 세례는 우리의 옛 사람이 죄에 대하여 죽고 의에 대하여 살아나는 것을 상징합니다(6절 이하).

> "우리가 알거니와 우리 옛 사람이 예수와 함께 십자가에 못 박힌 것은 죄의 몸이 멸하여 다시는 우리가 죄에게 종노릇하지 아니하려 함이니 이는 죽은 자가 죄에서 벗어나 의롭다 하심을 얻었음이니라. 만일 우리가 그리스도와 함께 죽었으면 또한 그와 함께 살 줄을 믿노라"(6-8절)

세례를 앞둔 재소자의 고민이 있었습니다. 필자가 의정부 교도소 은혜교회에서 봉사할 때 지금도 잊혀지지 않는 믿음의 형제가 있습니다. 한 일 년 교도소 안에 있는 성경학교에서 신앙생활을 잘 하다가 일 년에 한 차례 세례식을 베풀기 위해서 크리스마스를 앞두고 문답을 하게 되었는데 그 형제가 아주 심각한 얼굴을 하고서 필자에게 묻습니다.

"목사님, 저 같은 사람도 죄 용서 받고 세례 받을 수 있습니까?"

"물론이지요, 주님께 진정으로 회개하면 용서받지 못할 죄가 없습니다."

"그러나 전 도무지 자신이 없습니다."

"왜요? 그렇게 진실하게 기도하며 신앙생활 했으면서…."

그리고 자세히 보니 그 형제의 눈에 눈물이 가득 맺혔습니다. 잘 아시다시피 재소자들이 눈물을 보이는 일은 퍽 드문 일입니다.

"아니, 어쩌다 그렇게 됐습니까?"

드디어 그 형제는 지금까지 감쪽같이 숨겨왔던 이야기를 털어놓습니다. 자기가 버스 운전사로 일을 한 적이 있는데 어느 날 술좌석에서 동료들과 시비가 붙어서 싸우게 되었답니다. 평소에 쌓인 감정도 있어서 순간 자기 속에 그 동료를 죽여야겠다는 악한 생각이 치밀어 올랐답니다.

"목사님, 제 형명이 '과실치사'로 되어있지만 사실은 그게 아닙니다. 제가 감쪽같이 사실을 숨긴 것입니다. 주먹은 써 본 사람이 압니다. 그 친구가 술에 약한 것을 벌써 저는 알고 있었고 제가 주목을 휘두를 때 그 친구를 죽이고자 급소를 향해 힘껏 내리쳤습니다. 그러나 저는 사건을 은폐하고자 술에 만취가 된 것처럼 위장했고 법정에 섰을 때는 무슨 일이 있었는지 전혀 기억이 없다고 말해서 2년 6개월짜리 '과실치사' 형을 받게 되었습니다. 저는 친구를 두 번 죽인 나쁜 놈입니다."

세례식을 베푸는 날 식장은 눈물 바다가 되었습니다. 출소하는 날 그 형제가 간청하여 다시 만났습니다.

"목사님, 제가 그 친구의 부인과 아이들을 잘 알고 있습니다. 제가 가서 사실대로 말하고 용서를 구해야 옳을까요?"

참으로 어려운 질문입니다. 만일 그가 부인과 유족을 만나서 사실대로 말하면 일사부재리의 원칙으로 다시 재판을 받지는 않겠지만 유족들의 마음의 상처가 더 깊이 파일 것이 아니겠습니까? 또 이제 3년 가까운 세월이 흘러서 어느 정도 가라앉았을 텐데 이제 다시 나타나 옛일을 들추어낸다면 그 얼마나 괴로운 일이겠습니까?

"제가 보건대 가족을 만나는 일은 삼가는 것이 좋겠습니다. 대신 진정으로 형제가 변화되어 새 사람이 되었다면 그 가족을 위해서 '오른손이 하는 일을 왼손이 모르게' 도와주는 것이 좋겠습니다. 또 그 가정이 아직 믿지 않는 가정이라 하니 형제가 숨어서 그 가정에 복음을 전할 수 있기를 바랍니다."

복음은 죄인을 변화시켜 의인이 되게 합니다.

"만일 우리가 그리스도와 함께 죽었으면 또한 그와 함께 살 줄을 믿노니 이는 그리스도께서 죽은 자 가운데서 사셨으매 다시 죽지 아니하시고 사망이 다시 그를 주장하지 못할 줄을 앎이로라"(8-9절)

우리가 예수를 구주로 믿고 죄를 회개하며 그와 합하여 세례를 받으면 우리는 살았고 새로운 삶을 살게 됩니다.

"그의 죽으심은 죄에 대하여 단번에 죽으심이요 그의 살으심은 하나님께 대하여 살으심이니 이와 같이 너희도 너희 자신을 죄에 대하여는 죽은 자요 그리스도 예수 안에서 하나님을 대하여는 산 자로 여길지어다"(10-11절)

산 자는 그리스도 안에서 새로운 삶을 누립니다. 그리스도인으로서 아직도 옛사람의 모습을 벗어버리지 못한 채 간직하고 있어서는 안 됩니다.

필자가 어렸을 때 학교에 갔다오니 동네 어느 집 앞에 불길이 하늘에 치솟고 주위에 그 가족들이 둘러서 있고 교회 목사님이 성경책을 들고서 계세요. 그래서 무슨 영문인가 해서 가까이 가보니 동네에서 마지막으로 버티면서 불교를 신봉하던 영감님이 불상·부적·신주단지 등을 불태우고 있는 것 아닙니까? 그날 예수를 영접했다는 것입니다. 슬하에 8남매를 두었는데 첫째부터 일곱째까지 줄줄이 딸입니다. 마지막에 얻은 것이 아들입니다. 그런데 이 아들이 서너 살 돼 가지고 갑자기 드러눕게 되었는데 굿을 하고 치성을 드려도 백약이 무효, 통 낫지를 않습니다. 그래서 마지막으로 찾아간 것이 교회였습니다. 그래서 온 교회가 그 가정 구원하기 위해 하나님께 매달려 기도하고 그 아들 살려달라고 기도했는데, 정말 기적이 일어났습니다. 그 후 온 가정이 예수를 믿게 된 것입니다. 그리곤 단호하게 불교와 작별하는데 정말 멋지게 예수 믿습니다. 철두철미 신앙생활 하는데 그분은 목사님만 지나가시면 합장하고 절합니다. 그때부터 필자는 불교에 철저하던 분이 돌아서면 예수 잘 믿는 것을 의심하지 않습니다. 그리스도 안에서 새 생활!

고린도후서 5장 17절 말씀에 "옛것이 변화되어 보라 새것이 되었도다"라는 말씀이 있습니다. 이것이 그리스도인의 새 생활입니다.

2. 예수는 자유를 의미한다(6:12-23)

프랑스 혁명이 '자유 · 평등 · 박애'라는 단어로 민주주의의 정신을 규정한 이래로 20세기 말 현재 세계 어느 나라도 노예제도를 가지고 있지 않습니다. 공산진영이든 자유진영이든 혹 제3세계 할 것 없이 모든 인간은 '천부의 존엄'을 지니며 자유를 향유하고 있습니다.

그러나 손발의 사슬이 풀렸다 할지라도 아직도 인간은 수많은 것들에 노예가 되어 살아가는 것을 볼 수 있습니다.

① 종종 일에 노예가 되어 살아가는 사람을 만납니다. 그런 분은 일을 하지 않고는 견디지 못합니다. 밤낮 일하는 것이 부족해서 주일도 일하고 공휴일도 일합니다. 그 사람에게 최우선권은 당장 일부터 처리하는 것입니다.

② 물질에 노예가 되어 살아가는 사람이 있습니다. 인간의 물질에 대

한 욕망은 끝이 없습니다. 에릭 프롬은 "인간은 소유함으로써 자기의 존재를 확인하려 한다"고 말한 적이 있습니다.

③ 명예에 노예가 되어 살기도 합니다. 남녀노소 지위고하를 막론하고 사람은 누구나 다른 사람들의 칭찬과 존경을 받고자 합니다. 그러나 이것이 과도한 욕망으로 나타날 때 명예의 노예가 됩니다.

④ 자신에게 노예가 된 사람도 있습니다. 자신의 자세, 편견, 감정, 사상, 이론, 습관 등이 자신에게 올가미를 씌워 불행과 무력의 내리막길로 가는 경우를 생각할 수 있습니다.

⑤ 알콜과 각종 마약의 노예가 된 사람도 있습니다. 중독이 되어 길거리를 방황하고 환각상태에서 엄청난 범죄를 저지릅니다. 심지어 6세 이하의 아동들까지 마약에 희생되어 재활을 위한 교육시설이 만들어질 정도입니다. 플로리다주 세인트피터스에 위치한 PAR(Parental Awareness and Responsibility)가 그것입니다. 여기에 모인 어린이들은 정상 아동들과 극히 색다른 외모를 가지고 있으며 행동도 특이하다고 합니다. 극심한 분노감으로 펄펄 뛰는 아이(5세의 하워드), 부모들의 성행위를 흉내내는 아이(5세의 낸시), 자기 나이도 이름도 모르는 아이(6세의 샘) 등입니다.

이 모든 것들이 인간 위에 주인으로 군림하고 있다면 그는 노예에 지나지 않습니다. 이러한 파괴적인 주인들로부터 인간이 어떻게 자유할 수 있습니까? 사도 바울은 분명히 말합니다. "우리 주 예수 그리스도는 자유를 의미한다!" 에른스트 케제만의 책 가운데 우리말로 번역되기도 한 『예수는 자유를 의미한다』가 있습니다.

"죄의 삯은 사망이요 하나님의 은사는 그리스도 예수 우리 주 안에 있는

영생이니라"(23절)

요한복음 8장에서 예수께서는 친히 말씀하셨습니다.

"진실로 진실로 너희에게 이르노니 죄를 범하는 자마다 죄의 종이라 종은 영원히 집에 거하지 못하되 아들은 영원히 거하나니 그러므로 아들이 너희를 자유케 하면 너희가 참으로 자유 하리라"(요 8:34-36)
"진리를 알지니 진리가 너희를 자유케 하리라"(요 8:32)

사도 바울은 예수의 가르침을 따라서 증거 합니다.

"주는 영이시니 주의 영이 계신 곳에는 자유함이 있느니라"(고후 3:17)

그리스도 안에서 새 생명을 발견한 신자는 진실로 자유인이 된 것입니다.

사도 바울은 그리스도인이 예수 안에서 자유를 누리게 된 사실을 두 가지로 증거 하고자 합니다.

1) 그리스도인은 죄로부터 자유케 되었다는 사실입니다

만일 우리가 예수의 죽음과 부활을 믿음으로써 연합한 자가 되었으면 더 이상 죄에게 종노릇해서는 안 됩니다. 죄는 옛 주인입니다. 그리스도인은 죄에게 더 이상 순종해서는 안 됩니다. 오직 자신을 의의 도구로서 하나님께 드림으로써 순종의 삶을 살아야 합니다(12-13절). 왜냐하면 그리스도인은 더 이상 죄 아래 있는 것이 아니라 죄에서 완전히 해방되어 있기 때문입니다(14-15절).

이제 그리스도인은 죄로부터 자유케 되어 의의 삶을 살게 된 것입니다. 이제 새롭게 발견한 자유를 따라 행동해야 합니다. 다시 말해서 죄의 지배로부터 벗어나 자유를 누리게 된 그리스도인은 자유를 누려야 합니다.

2) 그리스도인은 죄짓는 것으로부터 자유케 되었다는 사실입니다

6장 처음에 바울은 "은혜를 더하게 하려고 죄에 거하겠느냐?"고 질문합니다. 그리고 다시 25절 상반절에서 "그린즉 어찌 하리요. 우리가 죄 아래 있지 아니하고 은혜 아래 있으니 죄를 지으리요?" 이 두 가지 질문에 대해서 바울은 한결같이 "그럴 수 없느니라(By no means)"고 대답합니다. 하나님의 은혜로 말미암아 구원받은 존재가 구원을 모르는 자처럼 죄악된 생활을 하는 것은 얼마나 어리석은 일입니까?

죄 짓는 것으로부터 자유케 되었다는 사실을 왜곡하여 설사 죄를 짓는다해도 죄가 되지 않는다고 가르칩니다. 재소자들이 여기에 동조하는데 예수 믿고 세례를 받아도 다시 범죄 하여 교도소에 들어오니까 자기의 전과를 합리화하기 위해, 구원받은 후에 죄를 짓는 것은 죄가 되지 않는다는 구원파 교리에 현혹됩니다.

그리스도인은 거룩하고 의로우신 새 주인을 모시고 있습니다. 우리의 주님은 우리가 당신의 이름을 높이고 영광스럽게 하는 생활을 하기를 기대하십니다. 주님은 우리가 그를 섬기는 가운데 경건한 생활을 즐길 수 있기를 원하십니다. 그러나 우리는 생활하면서 죄의 유혹이 끊임없이 뒤따르는 것을 깨닫습니다. 때때로 죄의 유혹에 이끌려 죄를 짓는 경우가 있습니다. 죄를 지을 때 성도로서의 삶을 실패하는 것입니다. 그러나 우리는 죄 짓는 것으로부터 이미 자유케 된 존재인 것을 알아야 합니다.

공중을 나는 새는 아무리 작대기를 휘저어도 막을 수 없습니다. 그러나 내 머리 위에 내려앉아 둥지를 틀려는 새는 손만 내저으면 얼마든지 쫓아낼 수 있습니다. 마찬가지로 우리는 우리의 생각과 머리를 스쳐 지나가는 죄의 유혹으로부터 자유로울 수는 없습니다. 그러나 성도들은 죄의 유혹을 얼마든지 물리칠 수 있습니다. 죄의 유혹을 근본적으로 물리치고 승리 할 때 성도는 죄 짓는 것으로부터 자유케 되는 것입니다.

그러므로 깨끗한 생활은 훈련과 노력이 있어야 가능합니다. 이것을 경건의 훈련이라고 일컫습니다. 경건의 훈련에 착념할 때 성도는 죄 짓는 것으로부터 자유로울 수 있습니다. 우리 생활 속에서 죄의 유혹과 죄를 불러일으킬 수 있는 모든 동기와 조건들을 제거할 때 죄 짓는 것으로부터 자유케 됩니다.

좀더 구체적으로 우리가 어떻게 죄 짓는 데서부터 자유케 될 수 있는지 생각해 보십시다. 바울의 대답은 간단합니다. 우리 생활 속에서 죄악을 따라가지 않고 하나님의 의의 길을 순종할 때 가능합니다. 무엇을 선택하고 순종하느냐에 달려 있습니다. "바알이냐 하나님이냐?" 기로에 선 이스라엘 백성을 향해서 엘리야 선지자가 무엇이라 전파했습니까?

"너희가 어느 때까지 두 사이에서 머뭇머뭇 하려느냐 여호와가 만일 하나님이면 그를 좇고 바알이 만일 하나님이면 그를 좇을지니라"(왕상 8:21)

이스라엘 백성들이 하나님을 저버리고 이방 신들을 따를 때에 여호와가 이스라엘 모든 지파를 세겜에 모으고 전파한 말씀을 기억하십니까?

> "만일 여호와를 섬기는 것이 너희에게 좋지 않게 보이거든 너희 열조가 강 저편에서 섬기던 신이든지 혹 너희의 거하는 땅 아모리 사람의 신이든지 너희 섬길 자를 오늘날 택하라 오직 나와 내 집은 여호와를 섬기겠노라"
> (수 24:15)

모세가 그 수한이 다한 것을 알고서 마지막으로 이스라엘 백성들에게 간곡히 권면한 말씀을 기억하십니까?

> "내가 오늘날 천지를 불러서 너희에게 증거를 삼노라 내가 생명과 사망과 복과 저주를 네 앞에 두었은즉 너와 네 자손이 살기 위하여 생명을 택하라 네 하나님 여호와를 사랑하고 그 말씀을 순종하며 또 그에게 복종하라"(신 30:19-20a)

사도 바울은 16-20절에서 분명히 말씀합니다. 의의 종 혹은 순종의 종이 되는 것에 '자유'가 있을까요? 그렇습니다. 하나님의 종이 될 때 진정한 자유를 누리는 것이고 삶의 열매를 풍성히 거둘 수 있습니다.

마지막으로 선택의 결과는 무엇입니까? 죄의 종이 되겠다고 선택하면 사망에 이르게 됩니다(20-21절). 그러나 의의 종이 되겠다고 선택하면 종국에 영원한 생명이 주어질 것입니다(22절). 23절에서 바울은 지금까지의 논증을 요약합니다. 죄가 사망을 불러들이지만 예수 그리스도는 영원한 생명을 불러들입니다.

여기서 사도 바울이 소개하는 영생은 인간의 죽음 이후에나 비로소 시작되는 것이 아닙니다. 지금 여기서 우리가 예수 그리스도를 구세주로 믿는 그 순간부터 영생은 우리의 것이 되는 것입니다. 이미 우리는 영생을 맛보며 하늘의 기쁨 가운데 살아가는 것입니다. 그러므로 그리스도인이 이미 자유케 된 존재임에도 불구하고 여전히 노예로 살아간다면 그 얼마나 안타까운 일입니까? 신자에게는 분명한 목표가 주어져 있습니다. "내가 거룩하니 너희도 거룩하라"(벧전 1:16)는 말씀처럼, 하나님처럼 거룩해지는 삶이 그 목표입니다. 하나님께서는 이미 우리에게 그리스도로 말미암는 자유를 허락해 주셨습니다. 예수 그리스도께서 능히 우리를 '하나님의 영광 앞에 흠 없이 즐거움으로 서게 하실 것'(유 1:24)으로 믿습니다.

반면에 노예이면서 그 반대로 자유인으로 생각하고 살아가는 경우도 생각할 수 있습니다. 이는 불신자에 해당될 것입니다. 아직도 자신이 예수 그리스도의 십자가의 은혜로 죄 사하심을 받아야 할 죄인인 것을 깨닫지 못한 분들이 계시다면 스스로 속임을 당하지 마십시오. 인간 속에 거하는 주인이 바뀌지 않으면 결코 자유인이 될 수 없습니다. 예수께서 내 마음을 주장하는 것이 아니라 아직도 내 고집과 내 지식과 내 가치관, 물질, 명예, 계획, 일 등이 내 삶을 주장하고 있다면 아직 나는 자유인이 아닙니다. 현재의 길에서 돌아서야 합니다. 죄가 나를 주장할 때 나는 죄의 종이며 종국에 영원한 멸망을 당할 수밖에 없을 것입니다. 죄의 삯은 사망입니다(23a절).

하나님께서는 우리에게 죄로부터의 진정한 자유와 영생의 모든 즐거움과 부요함을 주시기를 원하고 계십니다. 이 모든 것을 받아 누리는 데 필요한 한 가지가 있습니다. 그것은 예수 그리스도를 영접하는 일입니다. 주님을 내 삶 속에 맞아들이는 일입니다. 나의 삶을 주님께 드려서 주님께서 인도하시는 대로 순종해야 합니다. 그때 주님께서는 우리에게 자유를 주실 것입니다. 예수 그리스도는 자유를 의미하기 때문입니다.

율법으로부터의 자유(7:1-25)

내용요약

7:1-6

그리스도인은 율법주의(legalism)에 얽매여서는 안 됩니다. 그리스도로 말미암아 신자는 더 이상 율법의 지배를 받지 않도록 허락되었습니다. 이 구절에서 바울은 유비(analogy)를 사용하고 있습니다. 즉 남편의 죽음은 여인으로 하여금 다시 결혼하는 데 자유롭게 한다는 점입니다. 얽매였던 것, 즉 죄에 대하여 죽은 것은 율법에 대하여 죽은 것입니다(4, 6절). 그러므로 이방 그리스도인들은 더 이상 거짓신들과 이교의 관습들에 얽매여서는 안 되며, 유대 그리스도인들도 율법을 완성하신 그리스도를 섬기기 위하여 모세의 율법으로부터 자유해야 합니다(6절).

7:7-12

그러면 율법이 죄인가? 결코 아닙니다. 율법은 거룩하며 의로우며 선한 것입니다(12절). 그리고 율법은 죄의 자극(stimulus)으로서, 죄를 깨닫게 합니다(7절, 3:20). 율법이 옴으로써 범법(trespass)이 가증되었습니다(5:20; 갈 3:19a). 죄가 살아났고 '나' 는 죽었습니다(9절).

그러나 이러한 결과는 죄가 기회를 노림으로써 초래된 것입니다(8,11
절).

7:13-25

그러면 선한 것(율법)이 죽음을 가져오는가? 결코 아닙니다. 율법은
신령한 것입니다(14절). 단지 죄가 스스로를 나타내기 위하여 선한 것
으로 '나'를 죽게 만드는 것뿐입니다(13절). 여기서 율법이란 그 의미
에 있어서 '어떤 원리'를 의미합니다(3:27, cf. 8:2). 율법은 영적인 것
이나, '나'는 육적인 것이라 죄에 팔렸습니다(14절). 그러므로 '내'육
체는 죄에게 이끌립니다. 그러나 '나'의 속사람은 선한 것을 즐거워합
니다. 아, '나'는 그 둘 사이에 끼어 있구나! 이러한 상황으로부터 돌발
적인 감사가 터져 나옵니다(25절). 그러나 내적 긴장관계는 계속 존재
하고 있습니다. 그리스도에 대한 절대적 순종 이면에, 어찌할 수 없는
죄의 현실이 놓여있습니다. M. Luther는 말하기를, "그리스도인은 의
인인 동시에 죄인이다"라고 했습니다. 그리스도인의 실존 그 밑바탕에
철저한 고민이 수반되고 있음을 알 수 있습니다.

1. 율법으로부터 자유(7:1-13)

그리스도인은 율법주의(legalism)에 얽매여서는 안됩니다. 예수를 믿음으로 그리스도인이 된 이후에, 아직도 율법적인 사고방식에 지배를 당한다면 그것은 어리석은 소치입니다. 여기서 사도 바울은 다시 유비(analogy)의 방법을 사용하고 있습니다: 남편이 살았을 때 그 아내가 남편에게 법으로 매인바 되나 남편이 죽게되면 그 법으로부터 자유케 된다. 만일 남편 생전에 다른 남자와 결혼하게 되면 음부가 되지만 남편이 죽은 후에는 그 법에서 자유케 되므로 다시 결혼할지라도 음부가 되지 않는다(2-3절). 이것은 어디까지나 비유적인 가르침입니다. 사도 바울은 이 비유를 통하여 로마 교회 내에 뒤섞여 공존하는 이방 그리스도인들과 유대 그리스도인들에게 각각 권면하고자 합니다.

첫째, 이방 그리스도인들은 더 이상 거짓 이교신들과 관습들에 얽매여서는 안 된다.

그리스도인이 된다는 것은 자유인이 되는 것을 의미합니다. 그런데 이교신앙에 젖었던 사람들이 개종하여 기독교인이 되었을 때 아직도 벗어버리지 못한 옛 신앙의 관습들에 매여 있다면 그는 완전한 그리스도인이라고 말할 수 없습니다.

결혼한 여자가 처녀시절 교제하던 남자친구 사진이랑 연애편지들을 애지중지 보관하며 남편 몰래 가끔씩 그것들을 훔쳐본다면 그 결혼생활이 행복하겠습니까? 성서가 여기에 대한 답변을 말씀해 주고 있습니다.

"하나님을 가까이 하라. 그리하면 너희를 가까이 하시리라. 죄인들아 손을 깨끗이 하라. 두 마음을 품은 자들아 마음을 성결케 하라"(약 4:8).

어떤 사람이 평생 불교를 믿었는데, "사람이 지조가 있어야지 어떻게 종교를 바꾸겠느냐"고 자못 의지를 굳힙니다. 그러나 종교에 있어서 참과 거짓에 대한 판단이 분명히 따라야 하는데 맹목적인 신앙은 의미가 없습니다. 무엇이 참 길이요, 어느 종교가 참 하나님을 보여주는지 와서 듣고 보고 체험해야 분명히 알게 될 것입니다.

과거에 어떤 종교에 몸담고 있었든지 일단 예수를 영접하고 그리스도인이 되었으면 옛사람의 잘못된 관습들을 다 청산하고 문자 그대로 신앙의 참 기쁨과 자유를 만끽해야 합니다.

둘째, 유대 그리스도인들은 율법을 완성하신 그리스도를 섬기기 위하여 모세의 율법으로부터 자유해야 했습니다. 유대교적 전통에 젖어 있던 유대인들이 개종하여 기독교인이 되었다고 해서 하루아침에 그 모든 율법전통을 청산한다는 일은 쉽지 않았을 것입니다.

1) 할례전통에서 벗어나는 데 쉽지 않았습니다

사도행전 15장에 사도 총회가 모인 것도 그 직접적인 원인은 할례 문제 때문입니다.

> "어떤 사람이 유대교로부터 내려와서 형제들을 가르치되 '너희가 모세의 법대로 할례를 받지 아니하면 능히 구원을 받지 못하리라' 하니 바울과 바나바와 저희 사이에 적지 아니한 다툼과 변론이 일어난지라"(행 15:1-2a)

한참 이방인 선교의 꽃을 피우고 있는 사도 바울과 바나바에게 할례 문제가 제기되고 있습니다. 예수 믿고 세례 받고 성령 받은 그리스도인들도 '할례를 받지 않으면 구원을 받지 못한다'고 유대 그리스도인들이 들고일어난 것입니다.

> **"바리새파 중에 믿는 어떤 사람들이 일어나 말하되 이방인에게 할례를 주고 모세의 율법을 지키라 명하는 것이 마땅하다 하니라"**(행 15: 5)

초대교회가 할례전통을 버리는 데엔 많은 시간이 걸렸습니다.

2) 안식일 진통에서 빗어나는 데 쉽지 않았습니다

예수의 공생애 기간 중에 행하신 많은 일들 가운데 안식일 논쟁은 중요한 위치를 차지합니다. 유대교와 제칠일안식일예수재림교는 안식일 문제에 그들의 사활을 걸고 있다고 해도 과언이 아닙니다.

> **"어찌하여 안식일에 하지 못할 일을 하나이까?"**(막 2:24)

초기교회의 상황을 미루어 볼 때, 사도들을 위시한 초기 그리스도인들은 안식일과 주일을 다 지켰던 것으로 짐작됩니다. 하루 세 번 기도 시간마다 성전을 출입했고 안식일마다 제사에 참여했던 것으로 보입니다. 그러면서 그들은 따로 모임을 가졌고 주일을 지키게 되었는데 자연히 장소도 필요하게 되었습니다. 주일에는 마가 요한의 다락방에서 모임을 가졌을 것입니다. 그런데 안식일에 성전에 올라간 초기 그리스도인들이 유대인들과 합류하여 제사를 드렸다고 생각할 수는 없습니다.

분명히 성전 안의 다른 한적한 곳에서 모여 예배를 드리고 교제하였을 것입니다. 사도행전 3장 11절에도 나오듯이 그 장소는 솔로몬 행각일 것입니다. "모든 백성이 크게 놀라며 달려 나아가 솔로몬의 행각이라 칭하는 행각에 모이거늘", "사도들의 손으로 민간에 표적과 기사가 많이 되매 믿는 사람이 다 마음을 같이 하여 솔로몬 행각에 모이고"(행 5:12), "예루살렘에 수전절이 이르니 때는 겨울이라 예수께서 성전 안 솔로몬 행각에서 다니시니"(요 10:22-23).

초기교회 성도들이 형식적인 안식일 준수에서 벗어나는 데는 많은 시간이 소요되었습니다.

그럼 그리스도인들이 율법으로부터 자유하게 될 때 어떤 결과가 뒤따르고 있습니까? 사도 바울은 두 가지로 설명합니다.

첫째, 하나님을 위하여 열매를 맺게 된다.

"그러므로 내 형제들아 너희도 그리스도의 몸으로 말미암아 율법에 대하여 죽임을 당하였으니 이는 다른 이 곧 죽은 자 가운데서 살아나신 이에게 가서 우리로 하나님을 위하여 열매를 맺히게 하려 함이니라"(7:4)

여기서 '하나님을 위하여 열매를 맺히게 한다'는 말은 '하나님께 열매를 돌린다' 즉, 하나님께 그 공로나 노력이나 율법준수에 의한 것이 아니라 오직 하나님께서 위로부터 주시는 은혜의 선물로 말미암아 주어진 것이기 때문에 그 영광은 당연히 하나님께로 돌아간다는 사실입니다.

둘째, 영의 새로운 것으로 섬기게 된다.

"우리가 육신에 있을 때에는 율법으로 말미암는 죄의 정욕이 우리 지체 중에 역사하여 우리로 사망을 위하여 열매를 맺게 하였더니 이제는 우리가 얽매였던 것에 대하여 죽었으므로 율법에서 벗어났으니 이러므로 우리가 영의 새로운 것으로 섬길 것이요 의문의 묵은 것으로 아니할지니라"(7:5-6)

여기서 '의문'은 율법이고 '영(the spirit)'은 예수 그리스도로 말미암아 '우리에게 선사된 성령'입니다. 이제 그리스도인은 율법의 지배를 받는 것이 아니라 성령 안에서 성령에 이끌림을 받는 것입니다. 율법은 인간을 구속하고 사망으로 이끌지만 성령은 인간을 자유케하고 생명으로 이끌어 줍니다.

"의문은 죽이는 것이요, 영은 살리는 것임이니라"(고후 3:6b)

이제 율법의 시대는 끝났고 성령의 시대가 도래한 것입니다. 사도 바울은 로마서 서론 이후에(1:4), 처음으로 여기서 성령에 대해 언급하고 있습니다.

그러면 율법은 어떻게 평가해야 할 것입니까? 이것이 바울이 고민하게 된 중요한 문제입니다. 사도 바울은 스스로 이렇게 질문을 던집니다. "그런즉 우리가 무슨 말하리요? 율법이 죄냐?" 바울의 대답은 분명합니다. "그럴 수 없느니라(Certainly not)"

바울은 율법이 지닌 유익을 4가지로 정리하고 있습니다.

① 율법은 죄를 깨닫게 해준다(7b-8절). 율법은 무엇이 불의이고 무엇이 의인지 명백하게 구분해 줍니다. 그러므로 율법은 하나님의

의로우신 표준을 드러내고 인간의 죄를 깨닫게 해줍니다.

② 율법은 인간을 사망에 이르게 한다(9-11절). 전에 율법을 깨닫지 못할 때에는 죄가 묻혀져서 아무런 가책도 느끼지 못했지만 그러나 이제 율법이 죄를 파헤쳐 드러내고 결과적으로 양심의 가책으로 나를 죽게 합니다.

③ 율법은 거룩하며 의로우며 선하다(12절). 하나님께서 주신 율법의 기준은 절대적입니다. 율법을 지키지 못하는 인간이 불의한 것이지 율법 자체는 거룩하며 선한 것입니다.

④ 율법은 죄의 원인을 폭로한다(13절). 그러므로 율법은 인간에게 하나님의 풍성하신 은혜가 절대로 필요하다는 것을 드러내는 목적을 수행하였습니다.

2. 앞도 막히고 뒤도 막히고(7:14-25)

진퇴양난(進退兩難)이란 말이 있습니다. 앞뒤가 막혔습니까? 우리는 흔히 성인이나 성자의 칭호를 받는 사람은 세상적인 문제나 혹은 죄와 더불어 고투하는 일이 없었으리라고 생각합니다. 바울과 같은 위대한 신앙인이 과연 죄와 더불어 고투하였겠는가? 필자의 대답은 '그렇다'는 것입니다. 바울 서신 여러 곳에서, 특히 본문에서 우리는 그 처절한 실상을 발견하게 됩니다.

14절 말씀은 사도 바울도 우리와 마찬가지로 신령한 세계와 육체적 세계 사이에서 심각하게 고민하고 있는 것을 알 수 있습니다. 율법 자체는 하나님께서 주신 것이기 때문에 신령한 것이지만 율법을 지키지 못한 인간은 죄에게 노예로 팔려 육적인 것으로 전락되었습니다. 여기서 사도 바울은 우리와 마찬가지로 심각한 혼란을 겪고 있습니다. 신령한 것과 육체적인 것 사이에서 자신이 속에서 분리되어 죄의 충동에 이끌리고 죄의 노예로 사망에 이르는 것을 체험합니다. 바울은 죄와 고투를 벌이면서 4가지 부정적 감정에 휩싸이고 있습니다.

1) "나는 피곤하다"

24절에서 바울은 "오호라 나는 곤고한 사람이로다"라고 탄식합니다. 'talaiporos' 란 희랍어는 'miserable', 'wretched', 'distressed' 란 말입니다. 인간이 이런 감정에 휩싸이게 되면 온 몸이 뻐근해지고 머리가 멍해지고 행동이 느려지고 생각이 둔해져 문자 그대로 뻣뻣하게 굳어집니다. 완전히 지친 상태가 되어 몸도 마음도 피곤해져서 마지막 가는 길은 몸져눕게 되어 죽게 되는 것입니다. 바울은 육체적 정신적 피곤뿐만 아니라 영적으로 곤비한 상태에까지 이르게 된 것입니다. 창세기 47장 9절을 보면, 바로왕 앞의 야곱의 심정과 같은 것입니다.

2) "나는 절망이다"

바울은 격앙된 어조로 "누가 이 사망의 몸에서 나를 건져내랴"고 소리칩니다. 이 말 속에서 우리는 바울의 온갖 노력이 물거품처럼 실패로 돌아간 것을 깨닫게 됩니다. 그의 노력, 정성, 계획, 재기의 의도, 정열…. 그 모든 것이 실패로 끝나 버렸습니다. 수없이 발버둥치며 죄로부터 자유하고자 시도하였습니다. 심지어 경건의 훈련까지 철두철미 다졌을 것입니다. 그러나 모든 인간적인 시도는 실패로 끝나고 말았다는 사실입니다. 열왕기상 19장의 이세벨과 엘리야를 생각해 보십시오.

3) "나는 함정에 빠졌다"

정글의 왕자 사자를 힘으로 당할 장사는 없습니다. 그런데 그 힘 센 사자가 사냥꾼이 파 놓은 함정에 빠졌습니다. 산을 진동시키는 울부짖음은 이젠 한갓 메아리에 지나지 않습니다. 바울은 '하나님의 법'과 '죄의 법' 그 둘 사이에 끼어서 울부짖고 있습니다. 그의 외침에 함정에 빠져 자유를 잃어버린 그야말로 애처로운 모습입니다(삼손).

> **"내 속 사람으로 하나님의 법을 즐거워하되 내 지체 속에서 한 다른 법이 내 마음의 법과 싸워 내 지체 속에 있는 죄의 법 아래로 나를 사로잡아 오는 것을 보는도다"(22-23절)**

4) "나는 정죄 받았다"

바울은 '사망의 몸'에서 자유케 되기를 필사적으로 갈망하고 있습니다. 바울은 너무나도 분명하게 인식하고 있습니다.

> **"나의 행하는 것을 내가 알지 못하나니 곧 원하는 이것은 행하지 아니하고 도리어 미워하는 그것을 함이라… 이제는 이것을 행하는 자가 내가 아니요 내 속에 거하는 죄니라"(15, 17절)**

자신의 의지와는 상관없이 자기 속에 또 하나의 의지가 있어서 자신을 죄와 사망으로 이끌고 있다는 절망적인 고백입니다. 이는 자신 속에 또 하나의 인격체로 도사리고 있는 '죄'입니다. '죄'가 바울로 하여금 하나님의 법을 대적하게 하고 하나님의 의를 이루지 못하도록 거듭해서 실패를 안겨 줍니다. 결국 죄는 마귀요, 악의 화신입니다. 악한 영은 인간으로 하여금 하나님의 길을 저버리고 자기를 따르도록 집요하게 인간을 공략합니다.

"내가 원하는 바 선은 하지 아니하고 도리어 원치 아니하는 바 악은 행하는 도다 만일 내가 원치 아니하는 그것을 하면 이를 행하는 자가 내가 아니요 내 속에 거하는 죄니라"(19-20절)

어떻게 이 심각한 상황으로부터 빠져 나올 수 있습니까? 우리는 그 해답을 바울에게서 찾게 됩니다.

"우리 주 예수 그리스도로 말미암아 하나님께 감사하리로다 그런즉 내 자신이 마음으로는 하나님의 법을 육신으로는 죄의 법을 섬기도다"(25절)

한번은 어느 청년이 찾아 왔습니다. 그 청년은 처음에 말도 못하고 울기만 했습니다. 마치 울기 위해서 온 것도 같았습니다. 한참을 그러고 나서 입을 열기 시작했습니다. 내용인즉 앞도 막히고 뒤도 막혔다는 것입니다. 영주권이 없어 취직도 안 된다는 것입니다. 건강도 안 좋고 영어도 못하고 기술도 없고…. 한국에 나가자니 창피해서 못 가겠고 미국에서 살자니 살아갈 길이 막연하다는 것입니다. 사정을 들어보니 딱하기 짝이 없습니다. 정말 앞도 막히고 뒤도 막혔습니다. 아니, 옆까지 막히고 말았습니다. 그러니 눈앞이 캄캄할 수밖에 없습니다. 눈물로도 해결될 형편이 아니었습니다. 그러나 이 청년은 위쪽이 열렸다는 것을 알지 못했습니다. 앞도 막히고 뒤도 막혔지만 예수 믿는 이들에게는 위가 열려 있는 것입니다. 진실로 위가 열려 있는 것을 알고 그리로 가는 것이 믿음입니다.

　뒤늦게 목사가 된 이들의 간증을 들어보면 앞도 막히고 뒤로 막힌 이야기가 많습니다. 목사로 부르심을 받고 신학공부를 했으나 목회의 길보다 더 좋은 길이 열려져서 취직을 하게 되었답니다. 한동안 보람도 있고 생활도 넉넉해서 행복의 세월을 보낼 수 있었습니다. 그런데 어느 날 갑자기 길이 막히기 시작합니다. 직장을 그만 둘 사정이 생겼습니다. 퇴직금 가지고 사업을 했으나 빚만 지고 문을 닫아야만 했습니다. 이런 일로 신경질이 늘고 그래서 부부가 다투었습니다. 게다가 건강도 나빠지게 된 것입니다. 말하자면 앞도 막히고 뒤도 막히고 옆도 막힌 것입니다. 그때 비로소 다시 목사의 길을 찾아 나섰습니다. 위가 열린 것을 재발견했기 때문입니다. 그래서 예수 믿습니다. 성경에 나오는 인물들도 앞이 막히고 뒤도 막혀 있을 때에 예수에게서 위가 열린 것을 가르침 받았던 것입니다. 12년 앓던 여자, 18년 간 허리 굽었던 사람, 38년 된 병자, 아니 일생을 한센병과 싸워야 하는 이들…. 모두 앞이 막히고 뒤가 막히고 옆이 막힌 사람들입니다. 그런데 예수에게서 위가 막히지 않은 것을 깨우침 받고 문제를 해결했습니다. 예수는 길이라고 하셨습니다. 위로 난 길입니다. 모든 것이 막혔을 때에 마지막으로 선택할 수 있는 길입니다.

　누구나 실패를 경험할 수 있습니다. 실패를 두려워해서도 안 됩니다. 문제는 어떻게 거기로부터 헤어날 수 있는가 입니다. 문제해결을 어디서 찾아야 하겠습니까?

　우리의 도움은 세상으로부터 오는 것이 아닙니다. 위로부터, 하늘로부터 오는 것입니다. 때때로 인생의 곤비함을 느끼십니까? 때때로 파괴적인 절망감을 느끼십니까? 때때로 깊은 함정에 빠진 것 같은 감정을 느끼십니까? 때때로 정죄 받아 더 이상 소망이 없다는 감정을 느끼십까? 두 손들고 주님께로 나아가십시다. '하늘이 무너져도 솟아날 구멍이 있다' 는 사실을 믿으세요. 세상은 나를 버리고, 친구가 날 버려도, 부모가 날 버려도 우리를 영원히 포기하지 않는 분이 계십니다. 그가 누구이십니까? 히브리서 13장 8절에서는, "예수 그리스도는 어제나 오늘이나 영원토록 동일하시니라"라고 나타내고 있습니다. 또한 찬송가 449장에서는, "이 세상의 친구들 나를 버려도 나를 사랑하는 이 예수뿐일세 예수 내 친구 날 버리잖네 온 천지는 변해도 날 버리지 않네"라고 부르고 있습니다.

앞도 막히고 뒤도 막혔다고 생각이 들 때에 하늘 위가 찬연히 열려있는 것을 잊어서는 안 됩니다. 인간적인 모든 소망이 끊어지고 삶에 희망이 사라져 버렸을 때에 주님께서 우리 곁에 계신 것을 기억하셔야 합니다. 많은 사람들이 삶에 지치고 고달파 어려움을 겪습니다. 깊은 절망감과 실의에 빠져 삶을 포기하기도 합니다. 왜 그 고통 속에서 하늘의 음성을 듣지 못하는 것일까요? 왜 그 상황 속에서 주님을 새롭게 만나지 못합니까? 그 이유는 삶의 일상성과 습관성에 깊이 빠져 버렸기 때문입니다.

모든 길이 막혔을 때 마지막으로 우리에게 남아 있는 희망은 오직 예수 밖에 없습니다. 길이요, 진리요, 생명이신 주님을 바라보십시다. 예수를 바라볼 때 소망이 있습니다. 예수 안에서 새 삶이 시작됩니다. 주님께서 친히 하신 말씀을 기억하십니까?

요한복음 15장 5절을 보세요. "나는 포도나무요 너희는 가지니 저가 내 안에 내가 저 안에 있으면 이 사람은 과실을 많이 맺나니 나를 떠나서는 너희가 아무 것도 할 수 없음이라"라고 말씀하고 계십니다. 오직 예수만 우리에게 길이 되시고 소망이 되십니다. 오직 능력 주시는 자 안에서 다시 힘차게 새 삶을 시작합시다.

"그러므로 함께 하늘의 부르심을 입은 거룩한 형제들아 우리의 믿는 우리의 사도시며 대제사장이신 예수를 깊이 생각하라"(히 3:1)

성령 안에서의 삶(8:1-39)

내용요약

8:1-11

이 구절들은 7장 1-6절에 밀접히 연결됩니다. 바울은 '그리스도인의 자유'란 주제로 되돌아갑니다. 1절은 '믿음' 대신에 '그리스도 안에서' 란 표현을 사용함으로써, 의인(Justification)이란 중심적인 주제를 다시 천명합니다. 2절은 다시 두 개의 법들에 부딪힙니다(7:21-23과 유사하다). 이 구절은 그리스도인의 삶의 완전한 모습을 포함하고 있습니다. 부정적으로 말해서, 율법주의의 끝이며, 긍정적으로 말해서 그리스도 안에 있는 삶입니다. 그러므로 2절은 율법으로부터 벗어나 하나님의 은혜에로 개방하는 삶을 살도록 촉구합니다. 그런데 신자는 자유의 배후에는 오직 하나님만이 하실 수 있는 행위가 놓여있다는 것을 체험합니다. 그래서 3절에서 하나님께서는 그 스스로 인간에게 오시는 길을 택하셨습니다. 처음 세 절을 상세하게 다루었는데, 나머지 구절들도 마찬가지로 중요합니다. 그러나 '육을 따라 살 것인지', 아니면 '영을 따라 살 것인지' 결단하도록 하는 부름말로서, 간단하게 줄일 수 있습니다. 그리스도안에 거하면 '살 것' 입니다(11절).

8:12-17

그러므로 그리스도인의 삶은 채무(obligation)의 삶입니다. 우리는 빚진 자들(debtors)입니다. 예수께서 마가복음 8장 34, 35절에서 말씀 하신 것처럼, 바울도 주님을 따라 하나님의 영이 활동하실 수 있는 방식 을 보여주고 있습니다(13절). 누구든지 영에 이끌리는 자는 하나님의 자녀입니다(14절). 그런데 영을 받는다는 것은 속박과 두려움을 의미 하지 않고, 하나님을 '아빠' 라고 부를 수 있는 친근과 행복을 의미합니 다.

8:18-27

이 문단은 희망의 주제(19, 20, 23, 24, 25절)와 탄식의 주제(22, 23, 26절)가 뒤섞여 있습니다. 17절과 연관을 맺고 있는 18절은 이 문 단에 있어서 '서론' 의 기능을 하고 있습니다. 18절 이하에는 원인분사 (이유를 설명하는)가 사용되고 있는데, 따라서 19-21, (22), 23-25, 26-27절은 모두 18절의 주제와 연결되어 있습니다. 18절은 장차 나타 날 영광을 현재의 고난과 대조시키고 있습니다. 장래의 영광을 바라면 서 ① 피조물이 탄식합니다. 피조물은 '하나님의 아들들' 과 대조되는 말로서, 구원에 이르지 못한 인류까지 포함해서 우주만물 전체, 무생물 이나 동식물 전체를 뜻합니다. 여기서 바울은 피조물을 인격화하였습니 다. 허무는 무내용, 무의미, 무질서를 의미합니다. 그런데 허무에 종속 시킨 분이 하나님이기 때문에 희망이 있습니다. 하나님만이 허무에서 해방시킬 수 있기 때문입니다. ② 신자들은 탄식하며 '몸' 의 구속 (redemption)을 희망합니다. 바울은 신자들을 피조물 속에 넣지 않고 신자의 위치를 기독교 종말론에서 크게 부각시키고 있습니다. 여기서 신자의 탄식은 부활체의 완전한 형상을 희망합니다(고전 15:48-57, 58). ③ 성령께서 신자들을 위해서 탄식하며 기도하십니다. 신자는 세상 속에 버림받은 존재일 수 없습니다. 요한 복음서 기자는 성령을 '보혜사' 라 하였습니다.

8:28-30

이제 바울은 하나님의 영원한 목적에로 돌아갑니다.

8:31-39

만일 하나님이 우리를 위하시면(If God is For Us) : 굉장한 확신입니다!

1. 영원한 보증(8:1-11)

현대 사회에서 보증을 서는 일은 일반화되어 있는 형상입니다. 집을 사려해도, 취직을 하려해도, 학교에 입학을 하려해도, 심지어 자동차를 사려고해도, 누군가 보증을 서 주는 분이 있어야 합니다. 주위에서 보증을 잘못 서서 빚더미에 올라앉은 분들을 만날 수 있습니다. "보증서더라도 빚 보증은 서지 마라"는 말이 있습니다. 처음부터 빚 보증을 서겠다고 자처하는 분은 없겠지만 중간에 일이 잘못되어 빚 덤터기를 뒤집어쓰는 경우가 많습니다. 크게 혼이 난 다음에 "이젠 더 이상 보증서지 않겠다" 다짐해도 그러나 뜻하지 않게 또 보증을 서게 되고 자기 자신도 필요를 느껴 보증을 서 달라고 요청하는 경우가 생깁니다.

본문을 보면 사도 바울은 우리와 비교할 수 없는 확실한 보증을 가지고 있다고 증거하고 있습니다. 바울이 가지고 있는 보증은 세상적 궁핍이나 필요를 채워주기 위한 것과는 근본적으로 다릅니다. 바울의 관심은 '그리스도인의 자유'에 있습니다(그러므로 이 구절은 롬 7:1-6의 주제와 밀접히 관련을 맺고 있습니다). 누가 그리스도인을 진정 자유하게 합니까? 무엇이 그리스도인으로 하여금 자유인이라고 보증하고 있습니까?

1) 하나님

"율법이 육신으로 말미암아 연약하여 할 수 없는 그것을 하나님은 하시나

니"(3a절)

인간이 어떻게 육체의 지배, 율법의 굴레로부터 벗어날 수 있습니까? 그것은 우리 인간의 삶을 하나님의 은혜에 개방할 때 가능합니다. 인간의 영혼이 자유케 될 수 있는 유일한 길은 오직 하나님의 손에 달려 있습니다. 인간 자유의 배후에 하나님께서 살아 계십니다. 3b절을 보면 하나님께서는 인간을 자유케 하시려고 그 아들을 '죄 있는 육신의 모양으로 보내어' 인간 대신에 인간의 '육신에 죄를 정하셨다'고 말씀하고 있습니다. 하나님께서는 인간의 자유를 위해서 그 스스로 인간에게 오시는 길을 선택하셨습니다.

사도 바울은 전지전능하신 하나님께서 살아 계셔서 역사를 주관하시는 가운데 인간의 자유를 보증하신다고 분명히 고백합니다.

"그런즉 이 일에 대하여 우리가 무슨 말하리요 만일 하나님이 우리를 위하시면 누가 우리를 대적하리요"(31절)

진정한 하나님의 역사였던 한 이야기가 있습니다. 미국에 있는 한 교포의 가정에서 일어났던 이야기입니다. 처음 미국으로 건너가서 부모들은 경제적 기초를 잡느라고 어린아이들을 돌볼 겨를이 없었습니다. 세월은 흘러 아이들은 자랐는데 그 중에 고등학교 다니던 아들이 뜻밖에도 불량배 속에 끼고 말았습니다. 부모님은 얼마나 속상했겠습니까? 기도도 하고 여러 가지 말로 달래 보는데 문제는 말이 통하지 않는다는 것입니다. 물론 일상적인 쉬운 대화는 통하지만 다소 심도 있는 이야기나 신앙적인 내용은 전혀 전달할 수가 없었던 것입니다. 그러던 어느 날 로스앤젤레스에서 영어에 능통한 교포 2세 목사님이 인도하는 부흥 집회가 있었습니다. 고등학생들만 약 2천여 명이 모여든 대집회라서 아들을 겨우 설득하여 그 집회에 참가했습니다. 이 젊은 목사님은 같은 교포 2세이면서 같은 문화권에서 자란 사람이기에 고등학생들이 잘 사용하는 언어로 설교하여 이 아들이 은혜를 많이 받았습니다. 그는 눈물을 흘리고 회개를 하더니 아버지 품에 안기면서 "아버지!"하고 진심으로 우러난 목소리로 불렀다고 합니다. 지금까지 아버지와 아들은 비록 한 집에서 함께 살았지만 그 관계는 남남이었습니다. 그러나 이제 마음 깊은 곳에서부터 아버지의 사랑을 이해하고 알게 되면서 새롭게 아버지를 부르는 이 순간 비로소 부자지간이 하나가 된 것입니다. 폴 틸리히는 "하나님의 임재가 뚫고 들어가지 못할 인간의 상황은 없다"고 말했습니다. 사실입니다. 군대가 가지 못하는 곳에 선교사는 갈 수 있습니다. 어떤 굳은 마음에도 복음은 역사하고 성령은 역사하십니다. 다시 말하면 성령 안에서만, 복음 안에서만, 진정한 하나님의 역사가 있게 된다는 것입니다.

2) 예수 그리스도

"그러므로 이제 그리스도 예수 안에 있는 자에게는 결코 정죄함이 없나니" (7절)

예수께서는 인간의 결박을 푸시고 영원한 자유를 보증해 주셨습니다. 예수 그리스도께서 인간의 자유를 위해 베푸신 것은 전적인 은혜입니다. 신자가 누리는 자유는 예수 그리스도께서 베푸신 은혜에 기인합니다. 예수께서는 "선한 목자로서 양들을 위해 목숨을 버리신"(요 10:11) 분이십니다. 뿐만 아니라 "우리의 참 좋은 친구로서 자기의 목숨을 버리신"(요 15:13) 사랑의 주님이십니다. 인간의 형벌을 대신하여 율법의 요구를 이루어 주신 주님은 인간에게 영원한 자유를 값없이 주신 것입니다. 예수 그리스도는 인간을 풀어 주시고 영원한 자유의 세계로 초대해 주셨습니다.

> **"그리스도께서 너희 안에 계시면 몸은 죄로 인하여 죽은 것이나 영은 의를 인하여 산 것이라"(10절)**

여기서 우리는 바울의 '몸' 개념을 살펴볼 필요성에 직면합니다. 바울에게서 인간의 존재를 특징짓는 가장 포괄적인 개념은 '몸' 개념입니다. 비울은 '몸'을 육체의 형식 또는 단순히 육체만으로 표시하지 않고 전 인간을 생각하였습니다. 그러므로 인간은 '몸'을 가지고 있지 않고 그 자체가 '몸'입니다. 그리고 이것은 에테르적 물질로 성립된 육체가 아니라 하나님의 능력에 의한 '나'의 규정성을 뜻합니다.

율법 아래서 '나'란 인간은 육적인 존재로서 죄에 팔려(7:14) 죽은 것이나 다름이 없습니다. 그러나 나의 속 사람은 선한 것을 즐거워합니다(7:14). 즉 내 영혼은 하나님의 의를 즐거워하며 그로 인하여 살게 된다는 사실입니다(8:10b). 마틴 루터(M. Luther)는 말합니다. "그리스도인은 의인인 동시에 죄인이라."

그리스도인의 실존 그 밑바탕에 철저한 고민이 수반되고 있는 것을 발견할 수 있습니다. 그러나 이러한 상황으로부터 돌발적인 감사가 터져 나옵니다.

> **"우리 주 예수 그리스도 말미암아 하나님께 감사하리로다"(7:25a)**

인간 속에서 내적 긴장관계와 역설이 계속 존재함에도 불구하고 예수 그리스도는 인간의 자유를 위한 영원한 보증이 되십니다.

3) 성령

"이는 그리스도 예수 안에 있는 생명의 성령의 법이 죄와 사망의 법에서 너를 해방하였음이라"(2절)
"만일 너희 속에 하나님의 영이 거하시면 너희가 육신에 있지 아니하고 영에 있나니 누구든지 그리스도의 영이 없으면 그리스도의 사람이 아니라"(9절)

성령은 인간을 자유케 하는 영입니다. 인간을 죄와 사망의 지배로부터 구속하시고 자유인의 삶을 살게 하는 영입니다. 하나님과 원수되었던 육체의 생각을 제거하며(7a절) 인간으로 하여금 진정한 자유를 누리게 합니다. 고린도후서 3장 17절에서, "주는 영이시니 주의 영이 계시는 곳에는 자유함이 있느니라"라며 성령이 우리에게 자유함을 주고 있다고 나타내고 있습니다.

예수의 영이 우리 안에 거할 때 진정한 자유가 있습니다. 왜냐하면 진리이신 예수 그리스도의 영이 인간을 자유케 하기 때문입니다(cf. 요 8:32). 근본적으로 인간은 사탄의 지배를 받던가 성령의 지배를 받던가 둘 중의 하나입니다. 육체를 따라 죄악 된 행실을 좇으면 사탄의 지배를 받고 있는 증거입니다. 그러나 육체의 행실을 죽이고 의의 길을 걸으면 성령의 인자하심을 받게 됩니다. 인간이 사탄의 지배를 받게 될 때 마음이 혼란하고 죄의 사슬에 매여 삶의 만족과 기쁨이 없습니다. 그러나 성령에 이끌림을 받게 되면 마음에 평화와 안식이 넘쳐나 기쁨과 감사의 생활을 하게 됩니다.

육신을 따라 살면 죄의 충동에 끝없이 이끌리어 하나님을 거역하게 됩니다. 육신을 따라 사는 사람에게서 하나님의 뜻에 복종하는 모습을 찾는다는 것은 불가능합니다. 그들은 제 뜻과 제 생각만을 굳게 세우고 하늘을 향해서 주먹을 불끈 쥐며 신성을 모독합니다. 결과적으로 육신을 따라 사는 자들은 그 생활이 공허하며 기쁨을 잃어버린 무미건조한 삶을 살아갑니다.

그러나 성령을 따라 살면 생명과 평안을 소유하게 됩니다. 왜냐하면 성령께서 거짓된 옛 생활과 무의미한 삶을 변화시키기 때문입니다. 내 속에 육신을 따라 살려는 세상적 자아가 죽고 그 대신 심령을 새롭게 하시는 성령께서 내주하실 때 우리는 하나님이 원하시는 새로운 삶을 살 수가 있습니다. 성령을 따라 살면 죄의 정욕은 죽고 영적으로 새로운 미래가 열려집니다. 어떻게 사울이 바울로 변화될 수 있었습니까? 어떻게 탕자 어거스틴이 성자 어거스틴으로 변화될 수 있었습니까? 어떻게 과거의 죄악된 인간이 새로운 인생을 살아갈 수 있습니까? 삼위일체 하나님께서 인생에게 변화의 기적을 이룩하십니다.

2. 성령에 이끌리는 삶(8:12-27)

우리는 본문을 통해서 그리스도인의 존재방식 혹은 그리스도인의 삶에 관한 교훈을 들을 수 있습니다. 한 마디로 말해서 그리스도인은 하나님의 은혜에 빚진 자들입니다. 우리가 은혜 받을 만한 일을 한 것도 아니요, 은혜 받을 만한 존재도 못 됩니다. 그러나 하나님의 거저 주시는 선물로 말미암아 우리에게 은혜가 넘쳐나게 되었습니다. 그러므로 우리는 빚진 자들(debtors)입니다. 곧 그리스도인의 삶은 채무(obligation)의 삶입니다. 누가 우리를 살려주었습니까?

"물에 빠진 사람 살려 주었더니 보따리 내놓으란다"는 말이 있습니다. 어떤 사람이 물에 빠져서 허우적거리며 아무리 구원을 요청해도 가망이 없었습니다. 한참 물을 들이키다가 그만 정신을 잃어 버렸습니다. 그런데 깨어나 보니 많은 사람들이 웅성거리며 자기를 지켜보고 있더랍니다. 그는 자기가 살아있다는 사실이 너무나도 기적 같아서 "내가 어떻게 살아났습니까? 누가 나를 건져 주었습니까?"하고 둘러선 사람들에게 물었습니다. 사람들은 어린 꼬마를 가리켰습니다. 그는 더욱더 의문이 생겼습니다. "아니 저 어린것이 어떻게 나를 물에서 건져낼 수 있을까?" 사람들이 대답했습니다. "우리는 노는 데 정신이 없는데 이 꼬마가 갑자기 소리를 지르며 물 속으로 달려가는 것 아니겠어요. 그래서 우리는 그를 붙잡으려고 쫓아갔다가 당신을 발견했습니다. 조금만 늦었으면 두 사람 다 죽을 뻔했습니다."

누가 우리를 살려주었는지 잊어버려서는 안 됩니다. 누가 우리를 살려 주었습니까? 우리 주 예수 그리스도이십니다. 예수께서는 우리 대신 형벌을 받으시고 대신해서 죽으심으로써 우리를 살려주셨습니다. 그러므로 우리는 본문 12절 말씀처럼, 빚진 자들입니다. "그러므로 형제들아 우리가 빚진 자로되 육신에게 져서 육신대로 살 것이 아니니라."

물에 빠졌다가 구사일생으로 살아난 그는 마침 그 꼬마가 고아라는 사실을 알게 되었습니다. 그 꼬마가 그에게는 생명의 은인 아닙니까? 그래서 그는 그 꼬마를 자기 아들로 삼고 일평생 살기로 결심하였습니다.

우리도 마찬가지입니다. 예수께서는 우리 대신 죽으시고 우리를 살려주신 생명의 은인입니다. 우리는 빚진 자들입니다. 이제 육신대로 살

것이 아닙니다. 13a절 말씀대로 우리가 육신대로 살면 반드시 죽게 될 것입니다. 우리가 예수 그리스도로 말미암아 새 삶을 얻고도 계속 육신에게 져서 육신대로 살면 우리는 영영 멸망을 당하고 말 것입니다. 그러면 우리는 어떻게 살아야 하겠습니까?

"영으로서 몸의 행실을 죽이면 살리라"(13b절)

인간 육체 속에는 고귀한 하나님의 영이 담겨져 있습니다. 어떻게 해야 하나님의 영이 내 속에서 활동하실 수 있겠습니까? 내 육체의 정욕이 죽어야 합니다. 내 겉 사람이 죽어야 합니다. 우리는 다 질그릇과 같습니다.

> "우리가 이 보배를 질그릇에 가졌으니 이는 능력의 심히 큰 것이 하나님께 있고 우리에게 있지 아니함을 알게 하려 함이라"(고후 4:7)

어떻게 질그릇 속에 있는 보화가 드러날 수 있겠습니까? 질그릇이 깨져야 합니다. 내가 죽고 내 육체의 정욕이 죽을 때 하나님의 영이 마음대로 활동하실 수 있습니다. "영으로서 몸의 행실을 죽이면 살 수 있음이라." 이것이 성령에 이끌리는 삶입니다. 본문을 보면 구체적으로 성령에 이끌리는 삶이 어떠한 것인지 네 가지로 증거하고 있습니다. 지금 성령께서 우리를 지배하고 계십니까? 성령께서 우리 안에 내주하시며 우리의 삶을 이끌고 계시는 것을 어떻게 알 수 있습니까? 다음의 4가지 증거를 통해서 우리는 분명히 깨달을 수 있습니다.

1) 하나님의 인도하시는 손길을 느낄 수 있다

여기서 '인도한다' 는 말은 '길을 보여준다, 안내한다' 는 뜻입니다. 우리가 깊고 험한 산을 등산할 때 반드시 가이드의 도움을 필요로 하는 것처럼 인생 길을 걸어갈 때 반드시 하나님의 인도하시는 손길을 필요로 합니다. 가이드 없이 등산하겠다는 것은 자살행위와 같습니다. 우리가 삶 속에서 하나님의 가호와 인도하시는 손길을 거부한다면 그것은 무의미한 인생을 자처하는 결과가 될 것입니다. 우리는 날마다 하나님의 인도하시는 손길을 느끼고 경험할 수 있습니다.

"아, 하나님께서 그때 나의 삶을 붙드시고 인도해 주셨구나."

지난날을 돌이켜 보세요. 하나님의 인도하신 손길을 깨닫게 될 것입니다.

2) 하나님과 두려움 없는 친밀한 교제를 나눌 수 있다

우리는 팔레스틴의 어린이가 자기 아버지를 친근하게 부른 것처럼 그렇게 하나님에게 접근할 수 있습니다. 아무 격이 없이 하나님을 아빠라고 부를 수 있는 관계, 이것이 성령을 따라 사는 삶의 참 모습입니다.

'하나님과 사귄다' 는 것과 '하나님께 경배한다' 는 말은 차이가 있습니다. 모든 다른 종교는 자기 신앙의 대상인 신을 두려움으로 섬기고 경배합니다. 그러나 기독교의 하나님은 친교와 교제를 나눌 수 있는 대상입니다. 하나님과 깊은 사귐, 교제, 친교. 이것이 그리스도인으로 하여금 보다 성숙한 신앙인이 되게 합니다. 하나님과의 친밀한 사귐. 이것이 있을 때 신자는 결코 하나님의 품을 떠나지 않습니다.

"아빠가 무서워요." 이런 생각이 들면 하나님을 자꾸 멀리하게 되고 떠나게 됩니다. 가까이 모셔야 합니다.

3) 하나님의 자녀라는 확신을 가질 수 있다

"성령이 친히 우리 영으로 더불어 우리가 하나님의 자녀인 것을 증거하시나니"(16절)

우리 삶을 누가 지배하느냐에 따라서 우리 인생의 주인이 결정됩니다. 죄가 지배하면 죄의 종입니다. 물질이 지배하면 물질의 종입니다. 명예가 지배하면 명예의 종입니다. 그러나 반대로 성령이 지배하면 성령의 종이요, 하나님의 자녀입니다. 어떻게 우리가 하나님의 자녀인 것을 확신할 수 있습니까? 성령께서 우리에게 그 귀한 진리를 증거하고 계십니다. 내가 아무리 하나님의 자녀라고 되뇌어도 성령의 증거 없이는 절대로 확신을 가질 수가 없습니다. 성령께서 도와주시고 악한 영과 더불어 싸우시고 우리에게 분명한 증거를 보여주실 때 우리는 하나님의 자녀인 것을 확신할 수 있습니다. 그러면 성령께서 '우리가 하나님의 자녀'라고 보여주시는 분명한 증거가 무엇입니까?

"아바 아버지라 부르는 사실입니다."

이것은 아주 단순하나 그러나 놀라운 진리입니다. 하나님을 아버지라고 부를 수 있으면, 우리는 하나님의 자녀요, 성령의 분명한 증거를 받은 자들입니다.

그러므로 우리가 기도할 때, 말씀을 묵상할 때, 봉사할 때, 복음 전도

할 때, 예배를 드릴 때, "하나님을 아버지로 확신하고 나아가는 것입니다."

4) 우리가 얼마나 귀한 존재인지 깨달을 수 있다

"자녀이면 또한 후사 곧 하나님의 후사요 그리스도와 함께 한 후사니"(17a절)

우리가 얼마나 귀한 존재인지 아십니까? 세상 모든 자녀들은 그 부모로부터 유업을 물려받을 권리가 있습니다. 이와 같이 하나님의 자녀는 '하나님나라'를 유업으로 물려받게 됩니다.

비행 청소년을 둔 부모가 공통적으로 하는 이야기가 있습니다. "우리 애가 그런 일을 할 리가 없습니다", "내 자식이 얼마나 귀한 자식인데 감옥에서 고생시키나." 문제는 귀한 자식으로 행동하지 않은 데 있습니다. 부모는 귀한 자식으로 여기는데 자식 스스로 귀하게 생각하지 않는다면 그 얼마나 불행한 일입니까?

"오직 너희는 택하신 족속이요 왕 같은 제사장들이요 그의 소유된 백성이니 이는 너희를 어두운 데서 불러내어 그의 기이한 빛에 들어가라 하신 자의 아름다운 덕을 선전하게 하려 하심이라"(벧전 2:9)

하나님 앞에서 변화될 자신의 모습을 그려 보십시오! 성령 충만은 다른 것이 아닙니다. 곧 이상의 4가지 증거가 우리에게 있으면 우리는 곧 성령 충만한 사람이고 성령에 이끌리고 있는 삶을 살아가고 있는 것입니다!

3. 고난과 영광(8:18-27)

"구원의 확신이 있습니까?", "장차 영광스럽게 될 확신이 있습니까?" 이것은 아주 중요한 질문입니다. "그런데 고난을 받을 준비가 되어 있습니까?"

위의 제목은 사람이면 누구나 바라는 것 한 가지와 누구나 원치 않는 것 한 가지를 보여주고 있습니다. 어느 것을 원하십니까? 세상 사람들은 두말할 것도 없이 영광을 선택합니다. 그들은 영광 받을 아무런 자격도 준비도 되어 있지 않음에도 불구하고 무조건 영광만을 선택합니다. 그리고 두 손 내저으면서 "에이, 고난은 안돼!" 하고 소리칩니다. 그러나 우리 그리스도인들은 두 가지 다 선택할 줄 알아야 합니다. 그리스도인은 영광뿐만 아니라 고난까지도 묵묵히 받아들일 줄 알아야 합니다. 왜 그렇습니까? 그 이유를 바울에게서 들어 보십시다. "우리가 그와 함께 영광을 받기 위하여 고난도 함께 받아야 될 것이니라. 생각건대 현재의 고난은 장차 우리에게 나타날 영광과 족히 비교할 수 없도다."

그 대답을 요약한다면, '고난 없이는 영광도 없다' 는 말씀입니다. 영광을 누리기 위하여 현재 당하는 고난을 묵묵히 극복할 수 있어야 합니다. 지금 고난 속에 있습니까? 그러면 고난을 이길 수 있는 방법이 무엇입니까? 장차 올 영광을 바라볼 때 현재 고난을 극복할 수 있겠습니까?

어떤 사람이 너무 가난해서 하루 벌어 하루 살아가는데 쌀과 연탄사고 돈이 좀 남으면 복권을 계속 샀습니다. 어느 날 당첨되어 너무 흥분한 나머지 그만 손수레를 한강에 밀어 넣었는데 복권도 함께 강물에 빠졌답니다. 다시 복권을 사면서 그런 생활을 되풀이하다 그만 노름에 빠져서 전셋집도 다 날리고 가족들은 뿔뿔이 흩어졌습니다. 결국 그 사람은 복권 당첨될 영광만 터무니없이 꿈꾸고 고난을 슬기롭게 극복하지 못한 비현실적인 사람이 되고 말았습니다.

얼마나 수고가 많으십니까? 힘드시지요? 현재의 고난을 극복할 수 있는 가장 지혜로운 방법은 무엇입니까? '예수를 바라보세요.' "믿음의 주요 또 온전케 하시는 이인 예수를 바라보자 저는 그 앞에 있는 즐거움을 위하여 십자가를 참으사 부끄러움을 개의치 아니 하시더니 하나님 보좌 우편에 앉으셨느니라."

고통 속에서 영광만을 무작정 그리워하고 꿈꾸고만 있는 것은 비현실적인 태도입니다. 고난 당할 때, 누가 나처럼 고난을 당했는가 살펴보아야 합니다. 그리고 나처럼 고난 당했던 그분이 어떻게 그 어려움과 시련을 딛고 일어섰는지 그 구체적인 사례를 면밀히 살펴보아야 합니다. 고난 당할 때 우리의 심령이 상하고 지치게 됩니다. 그러나 우리와 똑같이 고난 당하신 주님 예수를 바라볼 때, 고난을 이길 수 있는 지혜와 힘을 얻을 수 있습니다.

"너희가 피곤하여 낙심치 않기 위하여 죄인들의 이같이 자기에게 거역한 일을 참으신 자를 생각하라"(히 12:3)

사도 바울은 그와 함께 영광을 받기 위하여 고난도 함께 받아야 할 것을 권면하고 있습니다. 주님과 함께 걷는 생활은 외롭지 않습니다. 주님과 함께 당하는 고난은 쓸쓸하지 않습니다. 주님과 함께 십자가를 지고 갈 때 고난을 넉넉히 이길 수 있습니다. 주님과 함께 고난을 당하면 그와 함께 영광도 누리게 될 것입니다.

생각해 보세요 무슨 고통을 당하고 계십니까? 지금 받는 괴로움과 고난이 언제까지 우리를 괴롭히겠습니까? 10년, 20년 길어야 우리가 살아있을 때까지입니다. 그러나 우리가 고난을 잘 참고 극복해 낼 때 그 후에 따르는 영광은 지금의 고난과 가히 비교할 수 없습니다. 이것이 바로 18절 말씀입니다. 이 구절은 본문의 서론적 기능을 하고 있습니다. 18절 이하에 이유를 설명하는 원인부사 '가르'가 사용되고 있는데, 19-21, 22, 23-25, 26-27절 모두가 18절의 주제와 연결되어 있습니다. 물론 이 문단 속에 희망의 주제(19, 20, 23, 24, 25절)와 탄식의 주제(22, 23, 26절)가 뒤섞여 있습니다.

그러면 장차 나타날 영광을 바라보며 현재 당하는 고통을 묵묵히 참고 있는 성도들의 삶에 병행되고 있는 현상들은 무엇입니까?

1) 피조물도 함께 탄식하고 있다

피조물은 자연인, 즉 구원받지 못한 인류뿐만 아니라 아직 복음을 전달받지 못한 모든 민족을 가리키는 말입니다. 여기서 바울은 피조물이란 단어를 인격화하여 사용하고 있습니다. 하나님의 자녀들이 영광에 이르게 위하여 고난 속에서 탄식하는 것처럼, 피조물도 허무한 데 굴복당한 상태에서 빠져 나오기를 갈망하고 있습니다. 여기서 허무는 무내용, 무의미, 무질서를 뜻합니다. 피조물은 현재 허무한 데 굴복되어 있고, 썩어짐의 종노릇을 하고 있습니다. 그런데 여기에 희망이 있습니다. 피조물을 허무한 데 굴복시키신 분은 다름 아닌 하나님이시기 때문입니다. 바로 피조물을 허무로부터 해방시키실 분도 전지 전능하신 하나님이시기 때문입니다.

예수를 믿는 우리만 탄식하고 있는 것이 아닙니다. 우리만 고통 당하고 있다고 생각해서는 안 됩니다. 피조물도 탄식하고(22절), 성도들도 탄식하고(23절), 성령도 탄식하십니다(26절). 나 혼자만 괴로워하고 탄식한다고 생각하지 마세요. 모든 피조물이 탄식하고 있습니다. 처처에 기근이 있고, 지진이 있고, 이상기온에다가 천재 지변이 끊이지 않고 있습니다. 이 모든 현상을 통해서 우리는 지혜를 깨달아야 합니다. 이것들은 영광을 고대하는 피조물의 탄식소리요, 주님의 재림을 예고하는 징조들입니다.

2) 성도들은 '몸'의 구속을 희망하고 있다

여기서 바울은 기독교 종말론에서 차지하고 있는 비중을 크게 언급함으로써 부각시키고 있습니다. 피조물과 마찬가지로 신자도 크게 탄식하고 있습니다. 여기서 신자들이 탄식하며 희망하고 있는 영광의 구체적 모습이 상세하게 언급되고 있습니다. 즉 신자는 몸의 구속을 기다리고 있습니다. '몸의 구속'이란 부활체의 완전한 형성을 가리킵니다. 부활체는 어떠한 몸입니까?

> **"나팔 소리가 나매 죽은 자들이 썩지 아니할 것으로 다시 살고, 우리도 변화하리라 이 썩을 것이 불가불 썩지 아니할 것을 입겠고 이 죽은 것이 죽지 아니함을 입으리로다"**(고전 15:52-53)

이 말씀은 주의 재림 때에 우리가 하늘에 속한 자의 형상(고전 15:49)으로 몸의 구속을 받게 될 것을 분명히 가르쳐 주고 있습니다.

우리가 고난 속에 죽게 되더라도, 낙심하지 않는 이유가 바로 여기에 있습니다. 고난과 핍박을 당하여, 이 육신이 만신창이가 되어 죽는다 할지라도 주님 재림하시는 나팔소리가 울리게 되면 우리 몸은 썩지 않을 몸으로 홀연히 부활할 것입니다.

3) 성령께서 성도들을 위해 간구하고 계신다

신자는 세상 속에 결코 버림받은 존재가 아닙니다. 요한복음서 기자는 성령을 보혜사라고 부릅니다. 이 말의 뜻은 'counselor' 요 'helper'입니다. 영적인 전투에서 혼자 내버려졌다고 생각하지 마십시오. 성령께서 우리를 도우십니다. 하나님은 결코 우리를 저버리지 않으십니다. 때로 우리는 연약하여, 괴로움에 지치고 허덕일지 모릅니다. 마음에 상심이 가득하여 눈물을 흘릴 수 있습니다. 그러나 그때에 성령께서 우리 대신 드리시는 뜨거운 기도 소리를 들을 수 있어야 합니다. 성령께서는 우리를 위해 간구하시되 하나님의 뜻대로 간구하십니다. 이 점을 착안해야 합니다. 고통 속에서 물어 보세요. 이 고난이 내 뜻대로 살다가 닥쳤는가 아니면 하나님의 뜻대로 살다가 닥쳤는가.

4. 하나님의 영원한 목적(8:28-30)

하나님께서는 이 세계와 우주, 그 가운데 있는 인간을 향하는 놀라운 계획과 섭리, 예정, 영원한 목적을 가지고 계십니다. 그러나 인간의 제한된 생각으로 광대하신 하나님의 역사를 헤아린다는 것은 불가능한 일입니다. 다행히도 본문은 우리에게 하나님의 영원한 목적에 관한 놀라운 지식을 가르쳐 주고 있습니다. 우리는 이 중요한 사실들을 통해서 하나님의 주권과 그의 통치에 대해서 분명하게 배울 수 있습니다.

28절은 'καί' 를 넣어서 읽어야 합니다.

"그런데 우리가 알거니와 하나님을 사랑하는 자 곧 그 뜻대로 부르심을 입

'καί' 는 이 구절이 그 이전의 구절들과 내용적으로 분명히 연결되어 있음을 시사하고 있습니다. 몇 가지로 나누어서 생각해 본다면,

1) 성도 혹은 하나님의 뜻과의 관련성

27절의 "이는 성령이 하나님의 뜻대로 성도를 위하여 간구하심이니라"에서 '하나님의 뜻' 은 28절의 그 뜻대로 부르심을 입은 자들과 직접 관련을 맺고 있습니다.

2) 본문과 전체의 관련성

하나님은 시작과 끝을 보실 수 있습니다.

3) 수평과 수직의 관련성

이는 로마서 8장에 나타난 대표적 구절이요 도식입니다. 희망과 탄식의 주제가 상호 교차될 뿐만 아니라 인간과 하나님, 성령과 악령이 대조되기도 합니다. 아무리 몸부림치고 발버둥쳐 보십시오. 하나님께서 도와주시지 않고 하나님께서 인도하시지 않으면 우리의 걸음은 헛될 뿐입니다. 인간의 수평적, 평면적 삶에 하늘로부터 수직적, 입체적 은총이 강권적으로 임해야 합니다. 이러한 은혜가 임할 때, 모든 것이 합력하여 선을 이루는 역사가 내게 일어납니다. 이것은 억지로 되는 것이 아닙니다. 영원을 추구하는 나의 신앙이, 일상생활 속에서 자연스럽게 삶의 뿌

리를 내릴 때 가능해집니다. 우리는 흔히 이렇게 말합니다. "내가 얼마나 당신을 위해 수고했으며, 얼마나 당신을 위해 노력해 왔는가? 그런데 왜 당신은 그것을 깨닫지 못하고 이제 와서 나를 배신하려는가?" 이러한 주장은 모든 것이 합력하여 선을 이루게 하는데, 아무런 도움도 되지 못합니다. 객체인 내가 내 선을 이루려고 한다면 아무 것도 이루어지지 않을 것입니다. 28절의 주체는 오직 하나님이십니다.

"In all things God works for the good of those who loved him."

우리가 수고하고 노력했다고 해서 그것이 내 주장이나 몫이 되어서는 안 됩니다. 최후의 결정권자는 하나님이십니다. 토기장이를 아십니까? 하나님은 토기장이이시고 우리는 진흙에 불과한 존재입니다. 우리를 아름답고 우아한 그릇으로 만드실 최종 결정권을 가지신 분은 창조주 하나님이십니다. 그러므로 인생을 향한 모든 섭리와 계획은 오직 하나님의 손 안에 달려 있습니다(렘 18:1-11, cf. 9:20 이하).

그러면 하나님께서 성취하시고자 하는 섭리의 단계들에 대해서 살펴봅시다.

① 미리 아심(foreknowledge)의 단계

"여호와여 주께서 나를 감찰하시고 아셨나이다. 주께서 나의 앉고 일어섬을 아시며 멀리서도 나의 생각을 통촉하시오며 나의 길과 눕는 것을 감찰하시며 나의 모든 행위를 익히 아시나이다"(시 139:1-3)
"주께서 내 장부를 지으시고 나의 모태에서 나를 조직하셨나이다"(시

139:13)

"주께서 나를 젖과 같이 쏟으셨으며 엉긴 젖처럼 엉기게 하지 아니하셨나이까 가죽과 살로 내게 입히시며 뼈와 힘줄로 나를 뭉치시고 생명과 은혜를 내게 주시고 권고하심으로 내 영을 지키셨나이다"(욥 10:10-12)

② 예정(predestination)의 단계

여기서 예정은 예수 그리스도와 관련을 맺고 있습니다. 아들의 형상을 본받게 하기 위한 단계입니다.

"찬송하리로다 하나님 곧 우리 주 예수 그리스도의 아버지께서 그리스도 안에서 하늘에 속한 모든 신령한 복으로 우리에게 복 주시되 곧 창세 전에 그리스도 안에서 우리를 택하사 우리로 사랑 안에서 그 앞에 거룩하고 흠이 없게 하시려고 그 기쁘신 뜻대로 우리를 예정하사 예수 그리스도로 말미암아 자기의 아들들이 되게 하셨으니 이는 그의 사랑하시는 자 안에 우리에게 거저 주시는 바 그의 은혜의 영광을 찬미하게 하려는 것이라"(엡 1:3-6)

"우리가 그리스도 안에서 그의 은혜의 풍성함을 따라 그의 피로 말미암아 구속 곧 죄사함을 받았으니, 이는 그가 모든 지혜와 총명으로 우리에게 넘치게 하사 그 뜻의 비밀을 우리에게 알리셨으니 곧 그 기쁘심을 따라 그리스도 안에서 때가 찬 경륜을 위하여 예정하신 것이니, 하늘에 있는 것이나 땅에 있는 것이 다 그리스도 안에서 통일되게 하려 하심이라"(엡 1:7-10)

③ 부르심(calling)의 단계

"여호와께서 아브람에게 이르시되 너는 너의 본토 친척 아비 집을 떠나 내가 네게 지시할 땅으로 가라"(창 12:1)

"믿음으로 아브라함은 부르심을 받았을 때에 순종하여 장차 기업으로 받

을 땅에 나갈새 갈 바를 알지 못하고 나갔으며”(히 11:8)

하나님의 계획과 일로 우리를 부르십니다. 우리의 시야는 부분적이고 제한이 되어 있지만 하나님께서는 처음과 마지막을 다 지켜보고 계시기 때문에 인간의 지각을 초월하여 계십니다. 전체 계획이 다 하나님의 것이기 때문에, 단지 인간은 거기에 초대된 손님입니다. 그러나 하나님께서는 자신의 계획을 완성하십니다.

④ 의인(justification)의 단계

“모든 사람이 죄를 범하였으며 하나님의 영광에 이르지 못하더니, 그리스도 예수 안에 있는 구속으로 말미암아 하나님의 은혜로 값없이 의롭다 하심을 얻은 자 되었느니라”(3:23-24)
“사람이 의롭다 하심을 얻는 것은 율법의 행위에 있지 않고 믿음으로 되는 줄 우리가 인정하노라”(3:29)

⑤ 성화(Glorification)의 단계
이 단계만 아직 미래에 속해 있습니다.

“우리 곧 성령의 처음 익은 열매를 받은 우리까지도 속으로 탄식하여 양자 될 것 곧 우리 몸의 구속을 기다리느니라”(8:23)

우리의 삶은 하나님의 예정과 섭리 속에 들어 있습니다. 하나님이 인간 삶과 존재의 근거요, 기반입니다.

5. 우리는 넉넉히 이긴다(8:31-39)

우리 속담에 "하늘은 스스로 돕는 자를 돕는다"는 말이 있습니다. 인간이 목표달성을 위해 성실히 노력하고 추구하면 끝내 하늘도 감동하여 인간을 돕게 된다는 말입니다. 이와 비슷한 말로 "지성이면 감천"이란 말도 있습니다. 이 두 가지 말을 가만히 살펴보면, 그 출발점은 인간에게 있음을 알 수 있습니다. 처음부터 인간이 계획하고 일을 착수하고 실행에 옮기는 것입니다. 처음부터 인간의 뜻과 의지가 세워져 있는 곳에 하나님의 뜻이 관여하겠습니까? 그러므로 우리 속담은 기독교의 근본 가르침과는 그 뜻이 먼 것입니다.

성경은 분명히 가르쳐 주고 있습니다. 하나님께서는 우주를 창조하시고 인간을 창조하신 분이시며, 인간의 생명을 존속시키시고 처음부터 끝까지 당신의 예정과 섭리 속에서 인간을 도와주시고 계신 분이십니다. 그러므로 "하나님께서는 자기에게 도움을 요청하는 자를 도와주십니다." 인본주의는 주장합니다. 인간 자기 자신의 노력 위에 알파인 하나님의 도움이 첨부된다. 그러나 기독교는 처음부터 하나님의 도움으로 시작한다고 가르칩니다.

인본주의자들은 인간 스스로 자신의 인격을 계발하고 수양하고 그 덕을 기를 수 있다고 말합니다. 그래서 모든 욕심을 깨끗이 버리고 마음을 비우며 인격을 고양시킬 수 있다고 주장합니다. 그러나 성경은 이 같은 주장을 거부합니다. "인간 스스로 제 속에 선한 것을 하나도 가지고 있지 않기 때문에 인간 자신이 스스로를 구원하거나 거룩하게 할 수 없다." 오직 하나님만 인간을 구원하실 수 있으며, 거룩하게 변화시킬 수 있습니다.

일단 예수를 믿고 구원의 확신이 생긴 다음에, 모든 성도는 성화의 과정에 놓이게 됩니다. 그러나 구원받았다고 해서 스스로가 자기 자신을 경건한 사람으로 성화 시키는 것이 아닙니다. 구원받은 후에 오직 하나님께서 성도의 삶을 거룩하게 성화시켜 나가는 것입니다.

내가 수고하고, 내가 노력해서 결국 내가 성공한다는 논리는 참 신앙인에게 통해서는 안 됩니다. 내가 노력하고 내가 힘쓸 때는 실패하지만, 하나님을 의지하고 하나님께서 도와주실 때 성공한다는 믿음을 갖는 것이 성도의 참된 자세입니다. 그 때에도 내가 성공하는 것이 아니라, 하나님께서 성공하신 것이며 하나님께서 승리하신 것입니다. 그러므로 성도의 마지막 자세는 하나님께 영광을 돌리는 일밖에 없습니다.

바울도 이것을 우리에게 강조하고 있습니다. 성도에게 구원과 성화를 안겨다 주시는 분은 전적으로 하나님이십니다. 인생의 궁극적인 완성과 승리를 안겨다 주시는 분도 전적으로 하나님이십니다. 인생을 지배하려고 하는 사망과 사탄의 악한 세력과 싸우시고 인간의 생명을 보존해 주신 분도 전적으로 살아 계신 하나님이십니다.

그러면, 하나님께서 우리편에 서 계신 것을 어떻게 알 수 있습니까? 어떠한 환경, 상황 속에서도 하나님께서는 처음부터 끝까지 우리를 도우신다는 사실을 어떻게 확신할 수 있습니까? 이 질문에 대해서 바울은 다섯 가지 사실로 대답하고 있습니다.

1) 아무도 우리를 대적하지 못한다

"만일 하나님이 우리를 위하시면 누가 우리를 대적하리요"(8:31)

이 질문에 대한 대답은 그 누구도 우리를 대적하여 성공할 수 없다는 사실입니다. 하나님께서 우리를 보호하시고 인도하시는데 누가 대적하여 이길 수 있겠습니까? 31절 말씀처럼 자기 외아들 예수 그리스도를 희생시키시고 대신 우리를 사탄의 지배로부터 살려내신 하나님께서 어찌 인간으로 하여금 다시 사탄의 지배를 받도록 용납하시겠습니까? 있을 수 없는 일입니다. 아무도 우리를 대적할 자가 없습니다. 이제 성도에게는 사탄의 지배가 아니라 성령의 은사가 지배하게 됩니다. "사랑과 희락과 화평과 오래 참음과 자비와 양선과 충성과 온유와 절제니 이 같은 것을 금지할 법이 없느니라"(갈 5:22-23). 또 고린도전서 12장 1절 이하를 보면 성령의 은사를 이렇게 나열하고 있습니다. 예수를 주라 고백하는 믿음, 지혜와 지식을 발하는 말씀, 병 고치는 일, 능력을 행하는 일, 예언하고 영들을 분별하고 방언하고 방언을 통역하는 일 등, 이렇게 성도들을 위해 성령께서 지배하고 다스리고 계신데 어찌 사탄이 우리를 대적할 수 있겠습니까?

2) 아무도 우리를 송사하지 못한다

"누가 능히 하나님의 택하신 자들을 송사하리요"(8:33)

송사한다는 말은 우리의 허물과 죄를 법정으로 끌고 가 고소한다는 뜻입니다. 산상수훈 가운데 예수께서 하신 말씀을 기억하십니까? "그 송사하는 자가 너를 재판관에게 내어주고 재판관이 관예에게 내어주어 옥에 가둘까 염려하라"(마 5:25).

그러나 이제 성도는 염려할 필요가 없습니다. 아무도 우리를 송사할 자가 없기 때문입니다. 우리가 송사 당하지 않는 근거가 어디에 있습니까? 예수께서 우리의 죄를 대신 걸머지셨기 때문입니다. "보라, 세상 죄를 지고 가는 하나님의 어린 양이로다."

하나님께서는 인간의 죄를 어린 양 예수께 지우셨습니다. 예수께서 우리의 모든 죄를 담당하셨기 때문에, 더 이상 사탄은 우리를 송사할 아무런 구실도 찾지 못하게 된 것입니다.

3) 아무도 우리를 정죄하지 못한다

"의롭다 하신 이는 하나님이시니 누가 정죄하리요"(8:33-34)

판결을 내리는 재판장이 무죄를 선언했는데, 그 누가 정죄할 수 있겠습니까? 영원하신 재판장이신 하나님께서 예수 그리스도를 변호사로 세우시고서 우리를 죄 없다 하셨는데 어찌 악한 사탄인들 정죄할 수 있겠습니까? 역사를 주관하시고 대 주재가 되시는 하나님께서 "의롭다" 하셨으니 우리의 의는 하나님께로부터 온 것이요 우리의 구원도 하나님께로부터 온 것입니다.

"죽으실 뿐 아니라 다시 살아나신 이는 그리스도 예수시니 그는 하나님 우편에 계신 자요 우리를 위하여 간구하시는 자시니라"(34절)

예수 그리스도의 죽음과 부활과 하나님 우편에서 영원히 통치하시는 사역을 통해 인간의 의와 구원은 보장됩니다.

4) 아무도 우리를 멸망시키지 못한다

그 누구한테 그 누구로부터 이런 확고한 응답을 들을 수 있겠습니까? 누가 우리를 그리스도의 사랑에서 끊을 수 있겠습니까? 그 대답은 천 번이고 만 번이고 한결같이 "그럴 수 없느니라"입니다. 성도와 예수와의 관계는 하나입니다(예수와 하나님께서 하나이신 것처럼. cf. 요 17:21). 이 관계를 깨뜨리고 방해할 자는 그 아무도 없습니다.

5) 우리는 넉넉히 이긴다

"이 모든 일에 우리를 사랑하시는 이로 말미암아 우리가 넉넉히 이기느니라"(37절)

성도의 삶은 영적 전투에서 악한 영과 싸우는 것에 비유할 수 있습니다. 신앙을 지키기 위한 성도의 삶은 한 마디로 고난과 형극의 삶이라고 말할 수 있습니다. 마치 예수께서 십자가의 고난을 묵묵히 당하신 것처럼, 그의 제자들인 성도들에게도 십자가가 지워집니다. 그러므로 성도의 삶은 날마다 십자가를 지고 주님을 따르는 길입니다. 이것을 사도 바울은 시편 44편 22절을 인용하면서 "종일 주를 위하여 죽임을 당케 되며 도살할 양 같이 여김을 받는 것" 같다고 비유하고 있습니다(36절). 그러나 성도가 이런 고통과 형극의 길을 걷는 삶은 잠시 잠깐입니다. 바울은 분명히 일깨워주고 있습니다. "현재의 고난은 장차 우리에게 나타날 영광과 족히 비교할 수 없도다"(18절). 지금 고난을 당하지만 이것이 성도를 굴복시키는 것이 아니라 성도로 하여금 능히 이기게 할 것입니다. 불가불 이기리로다! 어떻게 우리가 넉넉히 이길 수 있습니까? 이미 예수께서 악한 사탄과의 싸움에서 이기셨기 때문입니다. "세상에서는 너희가 환난을 당하나 담대하라 내가 세상을 이기었노라"(요 16:33).

하나님의 선택에 의한 백성됨(9:1-29)

1. 내용요약

9:1-5

4-5절에 나타나 있는 이스라엘의 우월성에도 불구하고, 이스라엘은 결정적으로 메시아를 거부하였던 사실이 있습니다. 바울에게 있어서 이 같은 사실은 쓰라린 아픔이었습니다. 1-3절에서 바울의 탄식을 들어보십시오. 특히 3절에 있는 격렬한 언어는 바울의 전형적 특징입니다(cf. 갈 1:7-9; 빌 3:2-7. 모세의 경우와 평행을 이룹니다, 출 32:32).

9:6-13

먼저 6절에서 바울은 한 어려운 문제에 답을 하고 있는데, 간접적으로 1절 이하의 탄식의 근거를 언급하고 있습니다. 그리고 그는 이스라엘의 특권에 대한 바른 이해를 구약에서 찾아서 해석합니다. 이미 4장에서 언급된 바가 있는 아브라함의 이야기는 7-9절에서 다시 언급되는데, 여기서 주제가 되는 것은 아브라함의 씨(7a절)로서 육신의 자녀(8b절)입니다. 중요한 것은 육신의 혈통이 아니라, 하나님의 약속과 섭리입니다. 약속의 자녀라고 할 때는 인간에게 전혀 선택의 여지가 없습니다. 이는 야곱과 에서의 경우에 보다 더 확실하게 보여집니다. 이러한 유형론적 비교는 하나님의 주권(sovereignty)을 말하고자 하는 데 그 목적이 있습니다.

9:14-18

'하나님의 의와 능력'은 이스라엘에게만 국한되지 않고, 인간 전체에게 향합니다. 하나님의 자비는 인간의 의지나 노력의 결과가 아니라, 단순히 자비로운 하나님으로부터 옵니다. 여기서도 앞부분의 대립명제들(이스라엘/이삭, 에서/야곱)처럼 '바로/모세'의 경우로 계속됩니다.

9:19-29

하나님의 주권적인 선택사상에 대해서 바울은 폭넓게 구약성서의 전승에 의존하고 있습니다. 이사야 64장 8절과 예레미야 18장 6절의 토기장이의 비유는 개작되지 않은 채 전승되고 있습니다. 이것은 구체적으로 드러날 하나님의 구원의 경륜에 대한 암시입니다. 하나님의 구원 계획은 이방인까지 포함되어 있습니다. 호세아 전승은 인간의 예측을 넘어서는 하나님의 절대 주권적 선택사상을 담고 있습니다. 이사야 전승은 남은 자(Remnants)에 대한 하나님의 최후의 선택사상을 보여주고 있습니다.

2. 하나님께서 인간을 자기의 백성으로 택하신 목적

인간을 자기 백성으로 택하신 일차적인 목적은 구원(살후 2:13-14)을 위한 것이고, 궁극적인 목적은 하나님의 영광(엡 1:6, 12, 14)을 위한 것입니다.

깔뱅은 결코 만인구원론의 방향으로 나가지도 않고, 인간의 자유에 의한 구원론을 펼치지도 않습니다. "너희가 나를 택한 것이 아니라 내가 너희를 택하여 세운 것이다"(요 15:16)는 깔뱅에게 있어서, 믿는 성도들의 피택의 수동성과 특수성을 의미합니다.

요 6:37-39; 44-45절 : 하나님의 이중예정교리 - 바울의 'Justification' or '구원론' 을 부록에서 참고하세요.

1. 복음과 민족애(9:1-5)

이 부분부터 우리는 로마서의 새로운 부분을 다루게 되었습니다. 로마서의 처음 여덟 장은 기독교의 교리적 기초를 제공해 주고 있는 반면에, 9-11장은 이스라엘 민족사와 복음을 통한 구원사와의 관계를 다루고 있습니다. 다시 말씀드려서 유대인과 복음의 관계를 다루고 있습니다. 여기서 우리는 다시 한 번 바울의 주장이 아주 강력하고 논리 정연한 것에 놀라게 됩니다. 더욱 민족의 장래를 생각하며 흥분된 그의 감정을 억누르고, 치밀한 논거를 통하여 하나님의 구원사를 파악하고자 하는 바울의 진지하고 경건한 모습은 우리에게 큰 귀감이 됩니다.

이미 살펴 본대로, 8장에 이르러 바울의 감정은 큰 기쁨과 감격의 도가니에 젖어들게 됩니다.

> "이제 그리스도 예수 안에 있는 자에게는 결코 정죄함이 없나니, 이는 그리스도 예수 안에 있는 생명의 성령의 법이 죄와 사방의 법에서 너를 해방하였음이라"(8:1-2)
> "그런즉 이 일에 대하여 우리가 무슨 말하리요 만일 하나님이 우리를 위하시면 누가 우리를 대적하리요"(8:31)

그런데 바울의 감격과 기쁨이 9장에 이르러서 실은 슬픔으로 변하고 있습니다. 바울의 첫 마디는 이렇습니다.

"내가 그리스도 안에서 참 말을 하고 거짓말을 아니 하노라"(1절)

이 말은 자기의 주장과 감정을 변호할 때 흔히 도입되는 수사법입니다. 우리도 가끔 그렇지 않습니까? 자기를 변호하고 자신의 결백을 입증하고 싶을 때 "이거 정말입니다. 내가 무엇 때문에 거짓말을 하겠습니까? 믿어 주세요"라고 하소연합니다. 바울은 말을 계속 잇습니다.

"내게 큰 근심이 있는 것과 마음에 그치지 않는 고통이 있는 것을 내 양심이 성령 안에서 나로 더불어 증거 하노니"(2절)

바울은 자신의 근심과 고민을 강조하면서 마음 양심 성령까지 총동원하고 있습니다. 바울이 말 잘하기로 유명한 사도인 것을 알고 계십니까? 바울이 바나바와 함께 루가오니아 지방의 루스드라에서 앉은뱅이를 고치고 은혜의 말씀을 증거하는 것을 보고 무리들이 "신들이 사람의 형상으로 우리 가운데 내려오셨다"(행 14:11b)하며 "바나바는 쓰스라 하고 바울은 그 중에 말하는 자이므로 허메라 하더라"(행 14:12). 쓰스는 희랍신전의 최고 우두머리인 Zeus신을 뜻하고 허메는 신들과 인간 사이에서 신의 뜻을 중개하는 Hermes신을 가리킵니다. 다시 말해서 바울은 신의 사자, 대변자란 별명을 얻은 것인데, 그가 얼마나 말을 유창하게 했으면 이런 칭호를 얻었겠습니까?

아무튼 여기서 바울은 자기의 달변과 온갖 수사법을 다 동원해서 자기 심정을 토로해 놓고 있습니다. 그의 목소리는 분명히 흥분되어 떨리고 있습니다. 그의 목소리는 분명치 못하고 상기되어 있습니다. 바울의 좌절과 고민이 무엇입니까? 바울의 근심은 자기 민족 이스라엘 때문에 제기된 것입니다. "나의 형제, 곧 골육의 친척을 위하여 내 자신이 저주를 받아 그리스도에게서 끊어질지라도 원하는 바로라"(3절).

이 얼마나 격렬한 언어입니까? 바울 서신 여러 곳에서 때때로 바울이 몹시 흥분하게 되었을 때 말하는 격렬한 언어를 찾을 수 있습니다.

> "그러나 우리나 혹 하늘로부터 온 천사라도 우리가 너희에게 전한 복음 외에 다른 복음을 전하면 저주를 받을지어다"(갈 1:8)
> "개들을 삼가고 행악하는 자들을 삼가고 손할례당을 삼가라"(빌 3:2)
> "내가 이미 말하였거니와 지금 떠나 있으나 두 번째 대면하였을 때와 같이 전에 죄 지은 자들과 그 남은 모든 사람에게 미리 말하노니, 내가 다시 가면 용서하지 아니하리라"(고후 13: 2)

자, 이만하면 바울의 성격이 얼마나 화끈하고 불같은지 짐작하셨을 것입니다. 우리는 이런 성격의 소유자를 가리켜 다혈질이라 말합니다. 그런데 이런 사람들이 하나님의 손에 들려질 때 크게 사용되는 것을 볼 수 있습니다. 이스라엘의 신화적 존재인 위대한 지도자 모세를 보세요. 그가 얼마나 불같은 성격을 가지고 있었습니까? 신광야 가데스에 이르렀을 때 물이 없어 목말라 죽게 되어 백성들이 모세와 아론을 공박합니다(민 20:2). 이때 모세가 신경질적으로 지팡이를 두 번 바위를 때리면서 한 말을 기억하십니까?

> "패역한 너희여 들으라 우리가 너희를 위하여 이 반석에서 물을 내랴?"(민 20:10b)

물론 이스라엘 백성들이 어려운 일을 닥칠 때마다 믿음을 가지고 슬기롭게 대처하지 못한 데 원인이 있었다지만 모세가 이스라엘 목전에서 하나님의 거룩함을 드러내지 아니한 것(민 20:12)이 문제로 제기됩니다. 그로 인해서 출애굽한 모든 백성들이 단 한 사람도 가나안 땅에 들어가지 못하게 됩니다. 또 이스라엘 백성들이 금송아지 우상을 섬겨 하루에 삼천 명씩 도륙 당하는 심판이 내려지게 되었을 때 모세가 하나님께 뭐라고 기도 드립니까?

"그러나 합의하시면 이제 그들의 죄를 사하시옵소서 그렇지 않사오면 원컨대 주의 거룩하신 책에서 내 이름을 지워버려 주옵소서"(출 32:32)

참으로 나라사랑과 민족애는 무서운 힘과 저력이 있는 것이 분명합니다. 민족정신이 얼마나 무섭습니까? 바로 이것이 오늘의 히브리 민족을 히브리 민족으로 만든 것 아닙니까? 조국을 등지고 이민생활을 하고 있는 해외 동포들도 바로 이러한 민족애와 민족정신을 배워야 할 줄 압니다. 누가 뭐라 그래도 내 나라 내 민족이 우선 살고 봐야 합니다. 동ㆍ서독은 통일되어 한 나라가 되었는데 한반도는 혼란과 위기 의식이 점점 더 가중되고 있지 않습니까? 정치적으로 여ㆍ야의 극한 대립, 경제적으로 적자ㆍ증시파동ㆍ인플레ㆍ부동산투기, 사회적인 가치관 혼란ㆍ흉악범ㆍ도박 등의 문제가 많습니다.

바울의 고민이 무엇입니까? 비록 이스라엘이 목이 곧은 백성인지라 어리석고 교만하게도 세상에 구주로 오신 예수 그리스도를 배척하고 십자가에 못 박아 죽게 한 백성이요, 또 하나님께서 인류구속을 위해 보내주신 메시야를 배척하고 결정적 과오와 죄과를 저지른 백성이지만 바울이 볼 때는 아직도 이스라엘이 몇 가지 특권을 누리고 있는 것이 분명하다는 결론입니다. 그러므로 바울로서는 자기 민족 이스라엘이 이대로 하나님의 심판을 당하도록 잠자코 두고 볼 수는 없다는 한탄입니다. 무슨 손을 써야겠는데 가장 확고한 대안으로서 바울이 제기하고 있는 문제는 그것을 하나님의 섭리와 예정에 결부시키는 것입니다. 즉 하나님의 예정과 섭리 속에 아직도 이스라엘은 확고한 위치를 차지하고 있는 것 아니냐는 식의 질문입니다. 그럼 바울이 민족 이스라엘의 특권으로 손꼽고 있는 것들이 무엇입니까?

1) 선민사상 – '양자됨과 영광'

아브라함을 불러 이스라엘의 조상되게 하신 하나님. 수많은 자랑스러운 조상들. 그들은 '아브라함 자손'이라고 일컬어지는 것을 영광스럽게 여겼습니다.

2) 하나님의 계명을 간직함 – '언약들과 율법'

언약(covenants)과 율법(laws)을 통해 하나님께서 이스라엘과 1:1의 인격적인 관계를 유지하셨습니다. 하나님께서 그 어느 민족과 이렇게 사귐을 가지셨던 적이 있습니까!

3) '예배와 약속들'

예루살렘 성전 제사와 예배를 받으시고 이스라엘의 모든 소원을 들어 응답하시고 구체적으로 약속을 주신 하나님이셨습니다.

4) 메시야 오심 – '예수 그리스도'

"이 아들로 말하면 육신으로는 다윗의 혈통에서 나셨고 성결의 영으로는

죽은 가운데서 부활하여 능력으로 하나님의 아들로 인정되셨으니 곧 우리 주 예수 그리스도시니라" (1:3-4)

이 모든 사실들을 거론하면서 바울이 얻고자 하는 대답은 자명합니다. 바울 자신이 저주를 받을지언정 이스라엘 민족은 어떻게 해서든지 하나님의 심판을 멸하게 하고 구원을 받도록 만들겠다는 굳은 각오입니다.

당신의 생각은 어떠십니까? 비록 이스라엘 민족이 메시야를 거부했지만 바울의 말대로 하나님의 경륜 속에 있는 그들의 특권과 지위가 그대로 유지되겠습니까? 아니면 메시야를 배척한 이스라엘 민족은 영영 멸망당할 것입니까? 이스라엘을 구원하시려는 하나님의 인류 구원사의 또 다른 계획은 없는 것입니까?

2. 하나님의 주권(9:6-18)

깔뱅을 위시로 한 장로교단의 최대교리는 예정론입니다. 불행하게도 지난 400년 동안 예정론의 열기는 무척 뜨거웠지만 반면에 많은 오해와 불식도 있었습니다. 하나님의 예정에 관한 주제만큼 많은 신학적 논쟁을 불러일으킨 주제도 별로 없을 정도입니다.

예정론의 가장 핵심적인 내용은 하나님의 주권을 강조하는 데 있습니다. 깔뱅의 예정론은 두 가지 목적에서 마련된 교리입니다.

첫째, 일차적 목적은 인간구원의 문제를 명백하게 해결하고자 합니다. 대답해 보십시오. 인간의 구원은 누구에 의해서 완성됩니까?

"주의 사랑하시는 형제들아 우리가 항상 너희를 위하여 마땅히 하나님께 감사할 것은 하나님이 처음부터 너희를 택하사 성령의 거룩하게 하심과 진리를 믿음으로 구원을 얻게 하심이니"(살전 2:13)

곧 인간의 구원은 전적으로 하나님의 구원에 의해서 이루어진 사실입니다.

둘째, 궁극적 목적은 모든 영광을 하나님께 돌리려는 데 그 초점이 있습니다. 에베소서 1장은 예정교리를 설명하는 데 아주 중요한 성귀입니다.

"곧 창세 전에 그리스도 안에서 우리를 택하사 우리로 사랑 안에서 그 말에 거룩하고 흠이 없게 하시려고 그 기쁘신 뜻대로 우리를 예정하사 예수 그리스도로 말미암아 자기의 아들들이 되게 하셨으니" (엡 1:4-5)

왜 하나님께서 우리를 창세 전부터 택하시고 예정하셨습니까?

"이는 그의 사랑하시는 자 안에서 우리에게 거저 주시는 바 그의 은혜의 영광을 찬미하게 하려는 것이라" (엡 1:6)
"이는 그리스도 안에서 전부터 바라던 우리로 그의 영광의 찬송이 되게 하려 하심이니라"(엡 1:12)
"이는 우리의 기업에 보증이 되사 그 얻으신 것을 구속하시고 그의 영광을 찬미하게 하려 하심이니라" (엡 1:14)

곧 하나님의 영광을 겨냥하고 있는 것이 예정론입니다. 그런데 아직도 예정론이 오해를 불러일으키며 잘못된 방향으로 적용되고 있는 현실입니다.

깔뱅의 예정론을 설명하면서 중요하게 들고 있는 구절이 바로 로마서 9장입니다.

첫째, 깔뱅은 하나님의 주권적 선택사상을 설명하는 데 있어서 만인구원론의 방향으로 나가지 않습니다. 깔뱅의 말을 직접 들어봅시다. "성경이 명시하는 바와 같이 하나님은 영원 전에 구원받을 사람들을 일단 결정하셨다. 이는 하나님의 영원불변하는 계획에 의한 것이다. 다른 한편 멸망받을 사람들도 확정하셨다." 이것이 소위 깔뱅의 '이중 예정론'입니다. 이미 하나님께서는 구원사에 있어서 구원받을 자와 멸망받을 자를 결정하시고 확정하셨다는 사실입니다. 정말 그렇습니까? 이는 아주 중요한 문제입니다.

이 문제를 본문에서 풀어봅시다. 6절에서 사도 바울은 아주 어려운 질문에 대해 답변을 하고 있습니다. 1-5절까지에서 바울은 복음과 유대인의 관계에 대해 다루면서 비록 이스라엘 민족이 메시야를 거부하였지만 그럼에도 불구하고 하나님의 경륜 속에 있는 그들의 특권과 지위는 그대로 유지되고 있는 것이 아니냐고 질문합니다. 그러나 6절에서 바울은 이스라엘의 특권과 지위에 대해 새로운 해석을 내리고 있습니다. 이미 로마서 4장에서 언급된 바 있는 아브라함의 이야기가 7-8절에 다시 인용되면서 하나님의 주권적인 역사 이해에 있어서 중요한 것은 육신의 혈통이 아니라 하나님의 약속과 섭리라는 점을 부각시키고 있습니다. 여기서 사도 바울은 하나님의 주권과 선택 사상 앞에서 인간에게는 전혀 선택의 여지가 없다는 사실을 강조합니다.

아브라함이 인간적 노력으로 하갈에게서 아들 이스마엘을 얻지만 하나님의 예정과는 무관하기 때문에 이스마엘은 약속의 자녀가 되지 못합니다.

하나님의 선택은 이삭에 의해서 성취됩니다.

하나님의 주권적 선택사상은 야곱과 에서의 경우에 보다 더 확실해 집니다. 한 뱃속의 두 아이를 놓고서 하나님께서는 야곱을 선택하시고 그에게 약속을 주십니다.

당신의 생각은 어떠십니까? 여기서 질문과 불만이 제기되지 않습니까? "하나님께서 차별하실 수 있습니까? 누구는 선택하시고 누구는 선택하지 않으시는 것은 분명히 하나님께서 불의 하신 것 아닙니까?" 이 질문을 봉쇄하고 있는 구절이 14절입니다.

"하나님께서 불의하십니까? 그렇지 않습니다"(14절)

둘째, 깔뱅은 예정론을 펼치면서 인간의 자유의지를 철저히 배격하고 있습니다. 인간이 자신의 구원을 위해서 행한 일이라곤 하나도 없다는 것입니다. 우리는 모두 하나님의 예정 속에 구원받은 백성들입니다. 우리가 구원받은 백성이 된 것이 특별한 일을 했기 때문입니까, 아니면 남들보다 잘난 것이 있기 때문입니까. 아닙니다. 우리 자신의 의지나 노력은 아무 것도 없었는데 그저 하나님께서 은혜를 베푸셔서 우리를 선택하시고 구원해 주신 것입니다.

모세도 평생동안 여러 번 이런 체험을 했습니다. 시내산에서 십계명을 받아 내려와 보니 이스라엘 백성들이 아론을 중심으로 금송아지를 섬기고 있었습니다. 모세는 크게 노하여 십계명이 쓰인 돌판을 그 우상에게 던져버립니다. 하나님께서 레위 자손을 통해 이스라엘 백성을 하루에 삼천 명 도륙하게 합니다(출 32장). 그리고 모든 백성들이 회개한 후 가만히 자신들의 처지를 돌이켜 보니까 자신들이 살아있을 만한 자격이나 아무런 면목이 없거든요. 더군다나 하나님의 거창한 약속이 다시 이스라엘 백성들에게 전달됩니다(출 33장). 그러자 모든 이스라엘 백성들이 방종해 졌습니다(출 33:4). 이에 모세는 하나님께 이렇게 말합니다. "어떻게 당신께서는 나와 이 민족에게 은혜를 베풀어주시는 것입니까?"(출 33:16) 이 질문에 대한 대답이 본문 15절입니다. "내가 긍휼히 여길 자를 긍휼히 여기고 불쌍히 여길 자를 불쌍히 여기리라"(9:15; 출 33:19), "그러므로 원하는 자로 말미암음도 아니요, 달음박질하는 자로 말미암음도 아니요, 오직 긍휼히 여기시는 하나님으로 말미암음이니라"(9:16).

이 말씀 속에 인간의 자유의지나 인간 편의 선한 행동은 전혀 찾아볼 수 없습니다. 이것은 전적으로 하나님의 무조건적인 은혜와 주권과 선택사상을 드러내는 데 그 목적이 있습니다. 그러므로 깔뱅의 말은 인간에게 감사와 찬양을 유발시키는 점에서 아주 타당성이 있습니다.

"유기된 자와 피택자를 판별하는 것은 우리의 일이 아니라 하나님의 일이다. 오직 우리가 확신해야 할 말은 하나님 아버지의 호의로 성령의 역사로 말미암아 그리스도와의 사귐에 돌입함으로 하나님의 소유가 되었다는 사실과 우리가 하나님의 피택자이기 때문에 이 은혜를 누린다고 하는 사실이다."

그러므로 요한복음 15장 16절, "너희가 나를 택한 것이 아니요 내가 너희를 택하여 세운 것이라"는 말씀은 깔뱅에게 있어서 믿는 성도들의 피택의 수동성과 특수성을 의미합니다. 왜 하나님께서 나를 선택하셨고 바로 나를 구원해 주셨습니까? 이 질문에 대한 확신을 가질 때 하나님의 놀라운 신비가 내게 임하게 됩니다. 17절에 바로가 언급되어 있지만 사실은 모세로 바로잡아야 될 말입니다. 하여튼 모세도 이 문제로 고심하였던 것이 분명합니다. 하고많은 사람들 중에 하필이면 나 같은 사람을 택하신 것일까? 하나님께서 나를 선택하셔서서 무슨 일을 이루시고자 하심일까? 혹시 하나님께서 잘못 선택하신 것은 아닐까? 성령은 분명히 대답합니다.

> **"내가 이 일을 위하여 너를 세웠으니 곧 너로 말마암아 내 능력을 보이고 내 이름이 온 땅에 전파되게 하려 함이로다"(9:17)**

하나님께서 나같이 부족한 사람을 들어 쓰셔서서 하나님의 복음을 전하는 데 귀하게 사용하시는 도구가 된 것이 얼마나 감사하며 또 비밀스럽고 소중한 일입니까? 하나님의 무조건적 주권이 나를 들어 의의 도구가 되게 하신 것입니다. 본문에서 바울이 결론적으로 내리는 고백에 귀를 기울여 보십시다.

> **"그런즉 하나님께서 하고자 하시는 자를 긍휼히 여기시고 하고자 하시는 자를 강퍅케 하시느니"(9:18)**

3. 하나님의 선택(9:19-29)

예정론에 대한 보충 설명을 드리도록 하겠습니다. 바울은 본문을 통해서 하나님의 절대적인 주권사상에 관하여 폭넓게 구약성서를 인용하고 있습니다.

1) 토기장이의 비유

"그러나 여호와여 주는 우리 아버지시니이다. 우리는 진흙이요 주는 토기
장이시니 우리는 다 주의 손으로 지으신 것이라"(사 64:8)
"나 여호와가 이르노라. 이스라엘 족속아 이 토기장이의 하는 것 같이 내
가 능히 너희에게 행하지 못하겠느냐 이스라엘 족속아 진흙이 토기장이의
손에 있음같이 너희가 내 손에 있느니라" (렘 18:6)

토기장이의 비유는 개작되지 않은 채 그대로 전해지고 있습니다. 하
나님이 토기장이에 비유되고 있습니다. 하나님의 선하신 뜻대로 인간을
주관하시고 선택하신다는 사상을 반영하고 있습니다. 하나님은 조물주
요, 창조주가 되십니다. 어찌 우리가 하나님의 자유로운 선택에 대해 힐
난할 수 있겠습니까?

"이 사람아, 네가 뉘기에 감히 하나님을 힐문하느뇨? 지음 받은 물건이 지
은 자에게 어찌 나를 이같이 만들었느냐 말하겠느뇨?"(9:20)
"토기장이가 진흙 한 덩이로 하나는 귀히 쓸 그릇을 하나는 천히 쓸 그릇
을 만드는 권이 없느냐?"(21절)

2) 예측을 불허하는 하나님의 절대 주권적 선택사상

여기서 바울은 호세아 전승을 인용하고 있습니다. 호세아서는 아주
특이한 체험을 담고 있습니다. 하나님께서 호세아를 부르시면서 하시는
첫 말씀부터 아주 특이합니다.

"너는 가서 음란한 아내를 취하여 음란한 자식들을 낳으라 이 나라가 여호
와를 떠나 크게 행음함이라"(호 1:2)

하나님께서 우리에게 이런 식으로 말씀하신다면 우리는 어떻게 할까요? 호세아 선지자가 창녀 고멜과 결혼하여 낳은 자식들의 이름을 살펴보면 역시 특이한 것을 발견할 수 있습니다.

아들 ── 이스르엘(뜻: 심으심)
딸 ── 로루하마(뜻: 긍휼히 여김을 받지 못한 자)
아들 ── 로암미(뜻: 내 백성이 아니라)

호세아가 불의한 아내를 취하여 진노의 자식을 낳은 것입니다. 그러나 호세아서가 전하는 메시지는, 하나님께서 결코 버리지 아니하신다는 사상입니다. 하나님의 심정이 어떠한지 이해하실 수 있겠습니까? 고멜과 그 자식들을 선택하시는 하나님의 심정은 무엇 때문인가요?

"내가 내 백성 아닌 자를 내 백성이라 사랑치 아니한 자를 사랑한 자라 부르리라 너희는 내 백성이 아니라 한 그곳에서 저희가 살아계신 하나님의 아들이라 부름을 얻으리라"(9:25-26; 호 2:23; 1:10)

하나님의 이 같은 마음이 불의한 이스라엘 백성을 다시금 그 품에 안아들이는 것입니다. 만일 하나님께서 인간의 불의한 그대로 그 행위를 갚으신다면 하나님 앞에 살아남을 인간은 하나도 없게 됩니다. 그러나 하나님께서는 "멸하기로 준비된 진노의 그릇을 오래 참으심으로 관용하시는"(9:22) 분이십니다.

3) 남은 자 사상

구약성서에 나타난 남은 자 사상은 그 뿌리가 깊습니다. 대개 이스라엘 자손들은 하나님의 백성이라고 자처하며 그 특권과 지위에 대해서 항상 자신만만해 했습니다. 그러나 하나님께서는 당신의 절대주권적 입장에서 분명히 말씀하고 계십니다. "이스라엘 뭇 자손의 수가 비록 바다의 모래 같을지라도 남은 자만 구원을 얻으리라"(9:27). 우리는 이 말씀을 주님의 가르침과 결부시켜 생각할 수 있습니다.

> "나더러 주여 주여 하는 자마다 천국에 다 들어갈 것이 아니요 다만 하늘에 계신 내 아버지의 뜻대로 행하는 자라야 들어가리라" (마 7:21)
>
> "인자가 자기 영광으로 모든 천사와 함께 올 때에 자기 영광의 보좌에 앉으리니 모든 민족을 그 앞에 모으고 각각 분별하기를 목자가 양과 염소를 분별하는 것 같이 하여 양은 그 오른편에 염소는 그 왼편에 두리라"(마 25:31-33)
>
> "그때에 두 사람이 밭에 있으매 하나는 데려감을 당하고 하나는 버려둠을 당할 것이요, 두 여자가 매를 갈고 있으매 하나는 데려감을 당하고 하나는 버려둠을 당할 것이니라"(마 24: 40-41)

오직 이러한 선택은 하나님의 절대적인 주권에 달려있을 뿐입니다. 오직 하나님께서만 당신의 나라에 들이실 성도를 구별하고 유대인 가운데서도 당신의 백성을 부르실 뿐만 아니라 이방인 가운데서도 당신의 백성을 부르십니다(24절). 하나님의 선택사상은 인간의 예상과 예측을 뛰어 넘으면서 인생에게 구원의 은혜를 허락해 주십니다.

하나님의 예정과 선택사상을 깊이 묵상해 보세요. 그러면 자신의 마음속에 떠오르는 한 줄기 강한 빛이 있을 것입니다. 그 빛의 가닥은 이것입니다. "어떻게 나 같은 죄인이 하나님의 긍휼로 말미암아 하나님의 구원받은 백성이 될 수 있었을까?" 신기하지 않습니까? 아직도 세계

60억 인구 가운데 예수 믿는 신자는 신·구교 다 합하여 겨우 10억도 안 됩니다. 세상에 많은 기적이 있지만 이 순간 우리 각자가 누리고 있는 놀라운 기적이 있습니다. 그것은 하고많은 사람 중에 '내가 예수 믿고 구원받은 하나님의 백성이 된 기적'입니다. 우리는 장차 영원한 하나님 나라에 들림 받는 놀라운 기적까지 누리게 될 것입니다.

그리스도는 율법의 끝입니다(9:30-10:13)

내용요약

9:30-33

이 구절은 9장의 결론에 해당하며 다른 한편 10장의 서론으로 보입니다. "그러면 우리가 뭐라고 말하겠습니까?" 라는 말로 시작되는데 그것은 이방인은 응납(admission)하고 유대인은 배척(exclusion)하는 하나님의 놀랄만한 활동과 관계된 것입니다. 32, 33절은 이사야 8장 14절과 28장 16절로부터의 중첩된 인용으로서, 그리스도에 관한 은유적 언급을 볼 수 있습니다. 바울은 신앙이냐 불신앙이냐 하는 결단에로 초대합니다.

10:1-4

확실히 유대인들은 자기들의 종교가 요구하는 명령들에 대한 실천에 열성적이었습니다(2a절). 하나님께 대한 열심, 그것은 히브리 종교의 특성입니다(일종의 광신 fanaticism, 행 9:1-2; 갈 1:13-14; 빌 3:4-6). 그러나 그들은 자신들의 의에만 관심이 있었지, 하나님의 거룩하신 뜻은 깨닫지 못하였습니다. 4절은 매우 중요합니다. 그리스도가 율법의 끝인 것은 율법을 파괴하였기 때문이 아니라, 율법을 완성하였기 때문입니다. 율법은 더 이상 하나님의 최상의 계시가 아닙니다.

10:5-13

바울은 구약성서를 인용하면서 그리스도를 믿음으로 의로워지는 복음의 말씀에 대해서 설명합니다. 5절은 레위기 18장 5절에서, 6-7절은 신명기 30장 12-13잘에서 인용한 것인데, 율법과 반대되는 믿음의 의에 대해서 말하고자 합니다(cf. 갈 3:11-12). 8절은 신명기 30장 14절에서의 인용인데, 율법 대신에 복음의 메시지가 가장 가까이 있다는 것을 말해줍니다. 그리하여 9-11절에서 바울은 주의 깊게 초기 기독교 신앙 고백을 사용하면서 (1) 예수는 주님이시다 (2) 하나님께서 그를 죽은 자로부터 살리셨다는 사실을 말합니다. 이러한 사실을 입으로 시인하고 마음에 믿으면 구원을 얻게 된다는 것입니다. 물론 구원을 얻는 데 유대인과 헬라인의 구별이 있을 수 없습니다(갈 3:28).

1. 인간적 열심은 무효(9:30-10:4)

본문은 로마서 9장의 결론이자 10장의 서론에 해당합니다. 바울은 첫 마디로 질문을 던집니다. "그런즉 우리가 무슨 말하리요?", "왜 하나님께서는 유대인은 배척하시고(exclusion) 이방인은 용납(admission)하십니까?"

유대인은 율법을 부지런히 좇아갔습니다. 그러나 그들은 하나님께 버린 바 되었습니다. 반면에 이방인은 거저 주시는 믿음을 좇아갔습니다. 그러므로 그들은 하나님께 용납되었습니다. 이는 오늘 우리의 상황을 그대로 반영하고 있습니다.

어떤 왕이 백성들에게 꽃씨를 하나씩 나누어주면서 일정기간 동안 싹을 내서 잘 가꾸라고 명령했습니다. 백성들은 저마다 열심히 공을 들였는데 이상하게도 심어 놓은 꽃씨가 싹도 나지 않고 모두 죽는 것이었습니다. 그래서 모두 다른 꽃씨로 대신 심고 꽃을 화려하게 키워서 왕 앞으로 가져갔습니다. 왕의 얼굴은 씁쓸한 표정이 되었습니다. 그런데 한 가난한 소년이 있었는데, 그는 아무리 노력해도 꽃은커녕 싹도 내지 못하고 하는 수 없이 빈 화분을 왕께 가져갔습니다. 이에 왕은 얼굴에 환한 미소를 짓고 그 가난한 소년을 맞이하면서 이렇게 말했습니다. "내가 나누어 준 씨는 모두 삶은 씨란다. 나는 정직하고 아름다운 마음을 네게서 보았구나."

세상 사람들은 목적을 달성하기 위해서 수단·방법을 가리지 않습니다. 그러나 하나님께서는 우리에게 당신의 뜻을 굳게 신뢰하는 믿음을 요구하십니다. 죽은 씨앗을 가지고는 아무리 인간적인 열심을 가지고 노력해 보아도, 싹이 나고 꽃이 필 리 만무합니다. 왕이 원하는 것은 정직한 마음입니다. 하나님께서 우리에게 요구하시는 것도 인간적 열심이나 율법적 행위가 아닙니다. 우리에게서 믿음을 보시고자 하십니다. 바울의 말대로 유대인은 율법을 좇아갔고 행위를 의지하였습니다. 그러나 이방인 가운데 구원받은 성도들은 믿음을 좇아갔습니다. 우리 옛말에 "믿는 도끼에 발등 찍힌다"는 속담이 있습니다. 유대인이 그 식이 되었습니다. 유대인들은 율법을 열심히 준수하였습니다. 그리고 율법대로 살고자 노력했습니다. 그러나 그들은 율법과 선지자가 예언한대로 오신 메시야를 배척하고 십자가에 못박는 어리석은 백성이 되었습니다. 예수는 유대인에게 거치는 돌(stumbling stone)이 된 것입니다. 그래서 바울은 본문 32절에서 유대인을 향해 이렇게 말합니다. "저희가 믿음에 의지하지 않고 행위에 의지함이라 부딪힐 돌에 부딪혔느니라."

바울은 세상의 메시야로 오신 구세주 예수를 은유적인 표현을 통해서 '거치는 돌'이라고 말합니다. 본문 33절 말씀, "보라 내가 부딪히는 돌과 거치는 반석을 시온에 두노니 저를 믿는 자는 부끄러움을 당치 아니하리라"는 이사야 8장 14절과 28장 16절을 중첩하여 인용하고 있습니다.

예수께서 우리에게 요구하시는 것은 행위가 아니요 믿음입니다. 바울은 이스라엘 백성들이 "하나님께 열심은 있었지만 지식을 좇은 것이 아니라"(10:2)라고 평가하고 있습니다. 하나님께 대한 열심, 그것은 유대 종교의 특성입니다. 확실히 유대인들은 자기들의 종교가 요구하는 명령들을 실천하는 데 열성적이었습니다. 일종의 광신(fanaticism: 행 9:1-2, 갈 1:13-14, 빌 3:4-6)입니다.

예수께서 부자 청년과 대화하신 장면을 기억하시지요. 문자 그대로 유대인들은 모든 율법을 다 지켰습니다. "이 모든 것을 내가 지켰사오니 아직도 무엇이 부족하나이까"(마 19:20). 하나님 앞에 담담한 모습입니다. 그러나 주님께서는 이것이 하나님께 대한 오만이요, 교만이라고 가르쳐 주십니다. 사도 바울도 오만하고 거만한 이스라엘 백성들을 향해서 본문 3절에서 이렇게 교훈 합니다. "하나님의 의를 모르고 자기 의를 세우려고 힘써 하나님의 의를 복종치 아니하였느니라." 유대인들은 자신들의 의에만 관심이 있었지 하나님의 거룩하신 뜻을 깨닫지 못하였습니다.

유대인들은 '고르반' 이라고 해서 물질로 부모님을 공경하는 대신 하나님께 예물로 드린 경우가 빈번하였던 것으로 알 수 있습니다(cf. 마 15:5 이하). 그들은 하나님께 예물을 드리면서 '부모를 공경할 필요가 없다' 고 스스로 위로하였습니다. 그러나 예수께서는 이들의 전통을 비판하시면서 책망하셨습니다.

"이 백성이 입술로는 나를 존경하되 마음은 내게서 멀도다 사람의 계명으로 교훈을 삼아 가르치니 나를 헛되이 경배하는도다"(마 15:8-9, cf. 사 29:13)

4절 말씀은 그리스도가 율법의 끝이라고 천명합니다. 이는 예수께서 율법을 파괴하셨기 때문이 아니라 율법을 완성하셨기 때문입니다. 율법은 더 이상 하나님의 허상의 계시가 아닙니다. 하나님께서는 의를 이루기 위하여 예수 그리스도 안에서 율법을 완성하셨습니다. 예수 없이는 율법도 그 자체로는 완성에 이르지 못합니다.

바울은 인간이 자신의 구원을 위해 갖고 있는 두 가지 자세를 말하고 있습니다. 결국 두 부류의 인간입니다. 첫 번째 부류의 사람은, 인간적 노력과 열심에 의해 의를 이루고자 하는 사람을 들 수 있습니다. 이들은 삶의 기반이 확고하니까 자기를 내세우게 됩니다. 그러나 예를 들어, 필리핀 지진과 같은 경우 – 집 전체가 흔들릴 때 '내가 어디를 붙잡고 딛고 설까 난감하더라.' 이러한 생각이 들 수밖에 없습니다. 두 번째 부류의 사람은, 인간적 노력은 구원과 무관하다는 사실을 깨닫고 믿음으로 나가는 사람들을 들 수 있습니다.

인간 구원은 하나님께서 기뻐하시는 방법대로 인간에게 성취됩니다. 하나님께서는 인간 자신의 노력과 수고를 통해 당당하게 구원받는 길을 기뻐하지 않으십니다. 이 점이 하나님의 질투입니다. 하나님께서 예수 그리스도를 통해 보여 주신 구원의 길은 율법의 요구를 폐하시고 하나님의 은혜를 단지 믿음으로써 누리는 선물입니다. 많은 사람들이 기독교는 배타적이고 다른 종교를 인정치 않는다고 불평합니다. 사실입니다. 하나님께서 인간에게 주신 구원의 길은 오직 예수 그리스도를 통해서만 주어진 것이기 때문입니다. 개중에 예수 그리스도는 인간을 구원하는 일에 도움을 주는 분 정도로 이해하는 분들이 있습니다. 그래서 예수 이외에도 인간 구원을 위해 다른 도움이 가능하다고 생각합니다. 그러나 그것은 전적으로 인간적인 생각이고 잘못된 이해입니다. 오직 인간 구원의 길은 예수 그리스도에게만 달려 있습니다. 그러므로 예수를 믿고 예수를 따라 가는 길 외에 다른 노력이나 그 어떤 수고도 모두 인간적 열심이요 구원과는 무관한 헛수고에 불과합니다. 그렇다고 필자가 일반적으로 인간적 모든 수고와 열심이 무효라고 말하는 것은 아닙니다. 하나님의 기뻐하시는 뜻 안에서의 인간적 열심이라면 유효합니다. 그러나 하나님의 뜻을 떠난 인간적 열심은 아무 의미가 없습니다. 특히, 우리의 구원문제와 관련해서, 하나님의 가장 기뻐하시는 뜻은 예수 그리스도를 믿음으로 얻는 구원입니다. 그러나 예수를 부인하고 계속해서 율법을 고수·고집하는 것은 유대인처럼 배척될 것입니다. 왜냐하면 예수는 율법의 마침이시기 때문입니다.

2. 입으로 시인하고 마음으로 믿고(10:5-13)

초창기 미국 선교사들이 이 땅에 복음을 전할 무렵 많은 오해와 시련을 받았던 것을 알 수 있습니다. 아직 봉건적 전통과 구습에 젖어 있는 근대사 우리 양반네들에게 복음을 전하는 일은 결코 쉬운 일이 아니었습니다. 선교사들은 하나님을 아버지로 전하면서 천국복음을 소개하였습니다. 그랬더니 고지식한 양반들은 "오~ 고얀지고…. 어찌 두 아비를 섬기는가?" 하면서 야단하였답니다. 문제는 유교적인 전통과 구습이 쉽게 하나님을 아버지로 섬기지 못하도록 방해하였다는 데 있습니다. 인간은 누구나 그들 나름대로의 문화와 종교의 계율에 영향을 받는 존재이기 때문입니다. 이것이 아무 것도 아닌 듯 싶어도 그 굴레를 완전히 벗기란 결코 쉬운 일이 아닙니다.

유대인들을 보세요. 그들에게 1500년 동안 이어져 내려온 모세 율법과 그 전통을 하루아침에 벗어나는 일이 얼마나 어려운가. 모세 율법에 익숙한 유대인은 '입으로 시인하고 마음으로 믿어 구원에 이르는' 복음 진리를 쉽게 받아들이지 못했습니다. 유대인들은 도무지 납득이 되지 않았습니다. 율법을 주신 분은 하나님이신데 어떻게 율법을 준수하지 않고 조문을 이해하지 않고 구원받을 수 있단 말인가?

사도 바울은 율법을 간직하고 있는 구약성서 가운데서 세 가지 사실들을 인용하면서 단지 그리스도를 '입으로 시인하고 마음으로 믿는' 믿음을 통해서 의로워지는 복음의 말씀에 대해서 설명하고 있습니다.

① 레위기 18장 5절이 5절에 인용되고 있습니다.

"너희는 나의 규례와 법도를 지키라 사람이 이를 행하면 그로 인하여 살리라 나는 여호와니라"(레 18:5)

우리가 이 구절을 올바르게 해석하기 위해서는 레위기 18장 전체를 살펴보아야 합니다. 18장은 인간관계의 갖가지 상황에서 파생될 수 있는 성관계에 관한 윤리적인 지침을 주는 장(chapter)입니다. 즉 윤리적 교훈장입니다. 윤리나 도덕은 인간의 내면 즉, 마음을 교훈하는 것입니다. 만일 윤리나 도덕을 저버리는 사람이 있다면 그는 인륜(人倫)을 배반하는 파렴치한 자가 될 것입니다. 윤리나 도덕은 법의 심판을 받기 이전에 먼저 양심과 마음의 심판을 받는 것입니다. 그러므로 레위기 18장 5절에 언급되어 있는 '규례'와 '법도'는 여기서 윤리적 가르침을 의미하는 것이 분명합니다. 따라서 이를 지키지 않는 사람은 법의 심판을 받기 이전에 먼저 양심과 마음의 심판을 받게 되는 것입니다. 문제는 지키고 행하는 것이 아니라 마음가짐이 문제입니다.

이로써 바울은 하나님께서 인간구원을 위해 주신 법도는 율법을 지키는 것이 아니라 마음으로 믿고 받아들일 때 성취된다는 사실을 설득시키고자 합니다. 만일 육체는 억지로 율법의 요구대로 행한다 할지라도 마음이 중심으로 따르지 않는다면 그러한 율법준수는 형식적인 결과만을 낳을 것입니다. 그러므로 마음이 문제입니다.

어리석은 아들이 있었습니다. 겨우 다섯 살이나 되었을까. 하루는 갑자기 돈을 벌려고 밖으로 나갔습니다. 하루종일 돌아다니다가 돌아와서는 느닷없이 자기 아버지에게 가서 무릎을 꿇고 머리를 조아리며 말합니다. "주인님, 죄송합니다. 오늘은 1000원밖에 벌지 못했습니다. 오늘 저녁 밥 주시고 잠 재워주시면 내일 아침 일찍 일어나 더욱 열심히 일해서 숙식비를 벌어 드리겠습니다." 그리고 이마를 땅에다 대고 열심히 빌고 있습니다.

이 어린 아들을 바라보는 그 아버지의 마음이 얼마나 아팠겠습니까? 유대인들이 꼭 이런 식이었습니다. 하나님과의 관계를 율법으로 이해하고 지키지 않으면 심판을 받고 행하는 것 이외에 다른 방법을 생각지 못했습니다. 그러나 하나님께서 원하시는 것은 사랑이요, 마음에서 우러나오는 깨달음과 의를 원하셨습니다. 유대인들은 하나님과의 관계를 형식적으로 지켜나갔지만 그러나 하나님께서 원하시는 것은 사랑의 관계였던 것입니다. 그러므로 지금 예수를 '입으로 시인하고 마음으로 믿는' 참사랑의 길을 베푸신 것입니다.

② 신명기 30장 12-13절이 6-7절에 인용되고 있습니다.

> "하늘에 있는 것이 아니니 네가 이르기를 누가 우리를 위하여 하늘에 올라가서 그 명령을 우리에게로 가지고 와서 우리에게 들려 행하게 할고 할 것이 아니요, 이것이 바다 밖에 있는 것이 아니니 네가 이르기를 누가 이르기를 누가 우리를 위하여 바다를 건너가서 그 명령을 우리에게로 가지고 와서 우리에게 들려 행하게 할고 할 것도 아니라"(신 30:12-13)

이 말씀은 아주 단순한 내용을 간직하고 있습니다. 요약하자면 누구든지 임의로 하늘에 올라가거나 바다를 건너가서 그 명령을 가져오려고 노력하지 말라는 말씀입니다. 이것이 바울에 의해 인용될 때 그리스도의 복음을 소개하는 것으로 인용되고 있습니다. 누가 임의로(in your heart) 하늘로 올라가겠다고 말해서는 안 된다, 또 누구든지 임의로 음부에 내려가겠다고 말해서도 안 된다는 말씀입니다. 만일 그렇게 하는 자들이 있다면 자기들 임의대로 그리스도를 올렸다 내렸다하는 식이 된다는 교훈입니다.

이것은 인간의 임의의 행동이 가져오는 중대한 결과에 의해서 바울이 복음적인 교훈을 주려는 데 그 의도가 있습니다. 인간은 본능적으로 인간구원에 깊은 관심을 가지고 있습니다. 어떻게 자신을 구원하여 영원한 생명을 차지할 수 있을까? 사영리에 의하면 인간은 자기 나름대로 종교, 철학, 도덕, 지혜에 의지하지만 결과는 허무와 실패뿐입니다. 그러므로 바울은 권면합니다. 인간적인 모든 노력과 임의의 수고를 버리라는 것입니다. 인간의 의를 내세우고 공로를 내세우는 임의의 노력은 인간구원과 무관하다는 사실입니다.

바울은 하나님께서 보여주신 인간구원의 참 길은 인간의 의지나 노력 혹은 임의의 수고와는 전혀 무관한 길인 것을 올바르게 인식하고 있습니다. 인간이 아무리 수고를 해도 그리스도를 하늘에서 내려가게 할 수도 없고 음부로부터 올라오게 할 수도 없는 것입니다. 오직 그리스도를 통한 구원의 길은 하나님에 의해서만 가능합니다. 단지 우리 인간은 그리스도를 '입으로 시인하고 마음으로 믿는' 것을 통해서 구원을 얻게 됩니다.

③ 신명기 30장 11,14절이 8절에 인용되고 있습니다.

"내가 오늘날 네게 명한 이 명령은 네게 어려운 것도 아니요 먼 것도 아니라 오직 그 말씀이 네게 심히 가까워서 네 입에 있으며 네 마음에 있은즉

네가 이를 행할 수 있느니라”(신 30:11, 14)

이 말씀은 율법을 실천하는 데 열심을 내었지만 율법의 요구에 지치고 고달픈 유대인의 입장을 살펴볼 때 올바르게 이해할 수 있습니다. 유대인은 율법을 완전무결하게 실천하고 지키는 일은 불가능하다고 여기면서도 율법에 대한 정열을 버리지 못했습니다. 그들은 율법에 얽매이고 치어서 끝도 없는 수고와 실패만을 거듭해 온 민족입니다. 그런 점에서 불트만이 이스라엘의 역사를 '실패와 좌절'로 본 것은 일리가 있습니다. 유대인은 열심히 율법을 따랐지만 그 길은 항상 고달프고 멀게만 느껴졌던 것이 분명합니다. 왜? 그들의 피곤한 육체가 율법의 모든 요구를 따라가지 못했기 때문입니다. 그런데도 그들은 그냥 율법을 지키려고만 안달했습니다.

이는 율법의 본뜻을 전적으로 잘못 이해한 데서 비롯된 과오인 것입니다. 율법이 문제시하는 것을 행위로 이해할 때 유대인은 실패하였던 것입니다. 그러나 율법은 행위를 문제시 한 것이 아니라 마음을 문제시 하였던 것입니다. 우리는 구약성서의 대표적 율법 가운데 할례를 이해할 때 육체의 할례가 아니라 마음의 할례를 받아야 한다고 촉구하는 말씀들(신 10:16; 30:6; 렘 4:4; 31:33; 32:39-40; 겔 11:19; 36:26-27; 레 26:41; 렘 6:16; 9:26; 겔 4:7,9, cf. 행 7:51)을 올바르게 이해해야 합니다. 율법은 행위에 있는 것이 아니라 마음에 있는 것이 하나님의 뜻입니다. 바울은 갈라디아서 6장 15절에서 다음과 같이 권면합니다.

“할례나 무할례가 아무 것도 아니로되 오직 새로 지으심을 받은 자 뿐이니라”(갈 6:15)

바울은 복음진리를 분명히 인식하고 있습니다. 하나님의 뜻은 마음을 변화시켜 심령을 새롭게 하고 새로 지으심을 받게 하는 데 있는 것입니다. 본문 18절에서 나오듯이 복음은 마음을 변화시키는 말씀입니다.

"말씀이 네게 가까와 네 입에 있으며 네 마음에 있다 하였으니 곧 우리가 전파하는 믿음의 말씀이라"(18절)

본문 9절 10절에서 바울은 주저함 없이 담대하게 선언합니다.

"네가 만일 네 입으로 예수를 주로 시인하며 하나님께서 그를 죽은 자 가운데서 살리신 것을 네 마음에 믿으면 구원을 얻으리니 사람이 마음으로 믿어 의에 이르고 입으로 시인하여 구원에 이르느니라"(9-10절)
"누구든지 주의 이름을 부르는 자는 구원을 얻으리라"(13절)

하나님께서 일하시는 방법(10:14-11:12)

내용요약

10:14-21

13절의 '주의 이름을 부르는 것'은 어디까지나 개인적인 관련성에 의해서만 존재할 수 있습니다. 그러나 이스라엘의 불신앙은 그들이 몰랐기 때문이 아니라 불순종 때문입니다(19a, 21절).

우리는 단순히 그리스도에 관한 것을 듣는 것이 아니고, 그리스도 자체를 듣습니다. 전파하는 일은 교회가 할 일 가운데 절대적으로 기초적인 일입니다. 14-18절에서 바울은 복음의 메시지가 비록 그 소리는 높이지 않더라도 피할 수 없이 들려졌다는 사실을 구약성서를 인용하면서 입증하고 있습니다. 여기에서 이스라엘의 죄가 나타나며, 바울은 불순종하는 유대인들에게 경고를 합니다. 21절의 '복종하지 않고 반대하는 사람들에게 나는 종일 손을 내밀고 있었다'고 하는 말은 바울이 유대인 선교에서 겪은 철저한 체험적 고백이며, 그럼에도 불구하고 계속되는 하나님의 사랑을 보여주고 있습니다.

11:1-12

하나님께서는 이스라엘 전체를 버리신 것이 아닙니다. 그 증거로서 바울은 자신이 유대인이라고 말합니다. 베드로, 야고보, 요한 등도 마찬가지입니다. 그러므로 이스라엘 전체가 그리스도를 배척하였다는 것은 사실이 아닙니다. 바울은 2-4절에서 엘리야의 경우를 예로 들고 있습니다(왕상 19:18). 하나님께서는 남은 자(remnant)를 두셨는데, 이는 하나님께서 은혜 가운데 사랑의 의지로 행하심을 보여 준 것입니다(5-6절). 다시 말해서 전체로서의 이스라엘은 하나님과 그의 말씀을 배척하였고, 이방인은 하나님의 은혜로 택함을 받아 구원을 받았고, 다시 남은 자들은 완악하여졌습니다(7절). 그런데 저들(남은 자)이 완악하여진 것은 하나님께서 그렇게 하신 것입니다(8-10절). 그러면 저들이 멸망하기까지 넘어졌는가?(11절) 아닙니다. 오히려 하나님의 계획은 다른 데 있었습니다. 곧 이스라엘로 하여금 시기가 날 정도로 이방인에게 구원을 허락하였던 것입니다.

1. 기다리는 아버지(10:14-21)

로마서 연구로 정평이 나 있는 신학자 바레트(C.K. Baratt)는 이 구절을 다음과 같이 평가하였습니다. "이 부분의 문장은 수사학적으로 박력 있고 명문이며 일종의 연쇄적 논리로서 전후가 꼬리를 물고 연속하는 구슬 같은 시이다."

이 구절에 나타난 구원의 절차(과정)를 정리해 봅니다:

하나님 → 보냄을 받은 자 → 전파(preaching) → 들음(hearing) → 믿음 → 부름(call) → 구원

14절은 본문 중에서 가장 핵심적인 구절입니다. 여기에서 바울이 사용한 언어에 대한 정확한 번역을 주목하는 일은 중요합니다.

How are they to believe in <u>him of whom</u> they have never heard?

→ How are they to believe in <u>one whom</u> they have never heard?

단순히 예수 그리스도에 관한 것을 듣고 그것을 믿는 것이 아닙니다. 그리스도 자체를 전파하고 그분 자체를 듣고 믿고 따르는 것을 의미합

니다.

여기서 우리는 교회가 힘써야 할 가장 구체적이며 기초적인 사역을 발견하게 됩니다. 그것은 전파하는 일입니다. 바울은 교회가 전파하는 사명을 감당해야 할 것에 대해서 이렇게 권면합니다:

"보내심을 받지 아니하였으면 어찌 전파하리요? 기록된 바, 아름답도다 좋은 소식을 전하는 자들의 발이여!"(15절)

기독교 복음전도는 이렇게 전파하는 일을 통해서 오늘날까지 이르게 되었습니다. 그러나 아무리 전파해도 귀를 막고 듣지 않으려는 사람들이 꼭 있기 마련입니다.

복음의 메아리는 비록 그 소리가 크지는 않습니다. 그러나 복음의 메시지는 결코 사람들이 피할 수 없을 정도로 분명하게 들려 옵니다. 복음의 메시지는 사람들의 입에서 입으로 전파되고 마음과 마음이 만남으로 잔잔한 영혼의 파문을 일으킵니다. 그러므로 복음이 전파될 때 듣지 못했다고 변명하거나 핑계를 댈 사람은 아무도 없습니다.

여기서 바울은 유대인에게 경고하고 있습니다. 유대인들은 예수의 복음을 듣지 못한 것이 아니라 듣고도 배척해 버렸다는 사실입니다. 이것이 이스라엘의 죄악입니다. 16절과 21절에서 바울이 선택하고 있는 단어를 주목할 때 아주 흥미로운 사실을 발견할 수 있습니다. 헬라어의 '아쿠오'가 ① '듣는다' 는 뜻이지만 ② '순종한다' 는 속뜻을 가지고 있습니다. 우리말 성서가 번역을 아주 잘 해놓고 있습니다. 이스라엘은 복음의 메시지를 들었음에도 불구하고 그것을 순종하지 않았다는 사실이 그들의 죄악입니다. 한 예로 아담은 하나님의 명령을 듣고도 불순종하였던 것입니다.

바울은 이스라엘이 복음의 분명한 내용을 들었다는 사실을 이렇게 증거합니다. 구약성서를 인용하면서 "그 소리가 온 땅에 퍼졌고 그 말씀이 땅 끝까지 이르렀도다"(18절, cf. 시 19:4)라고 선언합니다.

뿐만 아니라 율법이 없는 이방인들까지도 복음의 메시지를 듣고 그 복음을 믿게 되었다는 사실은 이스라엘로 하여금 시기하고 질투하게 하는 것이 되었습니다.

"내가 백성 아닌 자로써 너희를 시기나게 하며 미련한 백성으로써 너희를 노엽게 하리라"(19절, cf. 신 32:21)

결국 이방인이 구원의 반열에 동참케 된 일은 이스라엘이 결코 예측도 못한 뜻하지도 않게 일어난 놀라운 일이었습니다.

"내가 구하지 아니하는 자들에게 찾은 바 되고 내게 문의하지 아니하는 자들에게 나타났노라"(20절, cf. 사 65:1)

그러나 (21절을 시작하는 원문에는 'But'이 명시되었습니다) 왜 하나님께서 이스라엘을 시기나게 하셨을까요? 바로 이스라엘의 질투심을 이용하여 그들을 구원하시려는 하나님의 놀라운 사랑의 뜻이 있었기 때문입니다. 이스라엘 민족이 예수를 배척하고 복음을 거부함으로써 복음이 이방인에게 넘어가게 된 것입니다. 그런데 암흑 가운데 살아가던 이방인들이 구원을 누리게 되자 그들에게 전혀 구원의 소망이 없었던 것으로 확신한 유대인들 마음속에 질투와 시기심이 일어나게 되었습니다. 결국 하나님께서는 원하시는 방식대로 유대인을 구원하시게 된다는 말씀입니다. 이러한 말씀은 본문 11장 14절에 잘 나타나 있습니다.

"이는 곧 내 골육을 아무쪼록 시기케 하여 저희 중에서 얼마를 구원하려 함이라"(11:14)

하나님께서는 순종치 않고 거스려 말하는 이스라엘 백성들을 향해서 종일토록 손을 벌리고 서 계십니다. 누가 기다리는 아버지를 탓할 수 있겠습니까? 헬무트 틸리케(H. Tilche)의 『기다리는 아버지』라는 책이 있습니다. 손을 벌리고 기다리시는 하나님의 모습은 인내와 사랑을 상징합니다. 지금도 이스라엘은 예수 그리스도를 배척하고 메시야가 오시기를 고대하고 있습니다. 현재 이스라엘 땅에 있는 유대인 중 그리스도인은 모두 외부에서 신자가 되어 그곳에 거주하고 있는 분들입니다. 이스라엘 땅 안에서 유대교로부터 기독교로 개종하는 일은 좀처럼 불가능한 일이라고 합니다. 기독교 복음이 전 세계에 전파된 지 2004년 가까이 흘렀는데 아직도 복음을 배척하고 있는 이스라엘이 얼마나 고집스런 민족입니까?

그러나 하나님께서는 결코 이스라엘은 포기하지 않으셨습니다. 또 앞으로도 포기하지 않을 것입니다. 이스라엘이 계속적으로 불신앙 가운데 있을지라도 하나님께서는 그들에게 지속적으로 손을 펴시고 기다리고 계십니다.

2. 하나님께서 일하시는 방법 (11:1-12)

로마서 10장에서는 이스라엘이 복음을 듣기는 했지만 불순종하고 거부함으로 인해서 이 놀라운 천국 복음이 이방인에게 미치게 되었다고 말씀드렸습니다. 그럼에도 불구하고 자비의 아버지 하나님께서는 '순

종치 아니하고 거스려 말하는 백성을 향해서 종일 손을 벌리고 서서'
기다리신다는 모습도 생각해 보았습니다.

아무리 자식이 불효하고 불순종했기로서니 영영 모른 체 버릴 수 있
겠는가? 이제 이러한 생각을 바울은 이렇게 정리하여 질문을 던집니다.

**"그러므로 내가 말하노니 하나님이 자기 백성을 버리셨느뇨? 그럴 수 없
느니라 나도 이스라엘인이요 아브라함의 씨에서 난 자요 베냐민 지파라
하나님이 그 미리 아신 자기 백성을 버리지 아니 하셨느니라"(1-2a절)**

간단히 말해서 바울은 자기 자신을 돌이켜볼 때 하나님께서 결코 이
스라엘을 버리셨을 리 만무하다는 사실입니다. 만일 하나님께서 유대인
을 버리셨다면 어찌 바울처럼 '훼방자요 핍박자요 포행자였던'(딤전
1:13) 자를 변화시켜 거꾸로 복음을 변호하고 천국복음을 선포하는 자
를 세우셨겠습니까? 바울뿐만 아니라 베드로, 야고보, 요한도 마찬가지
로 유대인 가운데 불러내신 분들 아닙니까?

바울이 얼마나 성서적인 인물인가 보세요. 정말 바울은 말씀 위에 굳
게 서 있는 믿음의 사람이었습니다. 영국의 개혁자 J. Wesley선생은 무
슨 일을 착수할 때마다 어떻게 하는 것이 보다 하나님의 영광을 드러내
고 하나님의 사업답게 잘 할 수 있을까 궁리한 끝에 언제나 성경말씀을
찾아서 그 말씀에서 행동원리를 발견하여 그대로 행동에 옮겼다고 합니
다. 아주 본받을 모습입니다. 무슨 일을 하든지 성경에서 사례를 찾아
그대로 본을 삼는 것은 아주 중요한 일입니다. 사도 바울이 바로 그런
사람이었습니다. 과연 이스라엘 백성들이 어떻게 구원을 받을 수 있을
것인지 그 해답을 찾기 위해서 바울은 구약성서를 의지하고 있습니다.
바울은 하나님께서 어떻게 자기 백성을 구원하셨는지 그 구체적 증거를

예언자 엘리야에게서 발견했습니다. 바로 본문 2-5절에 인용되고 있는 말씀이지요.

열왕기상 18-19장을 읽어보면 하나님의 종 엘리야가 능력의 종이었지만 그 역시 얼마나 고독하고 외로운 종이었는지 우리를 놀라게 합니다. 북이스라엘 왕국의 아합 왕은 이방여인 이세벨을 왕후로 맞이하였습니다. 그런데 그 후로 여호와 하나님만 섬겨야 될 이스라엘이 이세벨이 가지고 온 바알과 아세라 신을 섬기게 되었습니다.

그러나 능력의 종 엘리야는 갈멜산상에서 바알 선지자 450명, 아세라 선지자 400명과 대결하여, 하나님께서 살아 계셔서 역사 하시는 것을 입증하였을 뿐만 아니라 우상과 이방 선지자들이 가증되고 거짓되었다는 사실도 백일하에 폭로하였습니다. "너희가 어느 때까지 두 사이에서 머뭇머뭇하려느냐? 여호와가 만일 하나님이면 그를 좇고 바알이 만일 하나님이면 그를 좇으라." 정말 엘리야의 목소리는 불과 같았습니다. 그리고 엘리야는 하나님께 생명을 내걸고서 기도를 드립니다.

> "아브라함과 이삭과 이스라엘의 하나님이여! 주께서 이스라엘 중에서 하나님이 되심과 내가 주의 종이 됨과 내가 주의 말씀대로 이 모든 일을 행하는 것을 오늘날 알게 하옵소서. 여호와여 내게 응답하소서, 내게 응답하소서. 이 백성으로 주 여호와는 하나님이신 것과 주는 저희의 마음을 돌이키게 하시는 것을 알게 하옵소서."(왕상 18:36)

그 결과 하늘로부터 불이 내려서 번제물뿐만 아니라 나무와 돌과 흙 그리고 도랑에 넘쳐흐르는 물까지 핥아버리지 않았습니까! 이 엄청난 사건을 직접 목격한 이스라엘 백성들은 모두 땅에 엎드려서 "여호와 그는 하나님이시로다 여호와 그는 하나님이시로다"라고 고백하였습니다.

아멘! 이 때 하나님의 종 엘리야는 이방 거짓 선지자들을 하나도 도망가지 못하게 하고 기손 시냇가로 내려가서 다 죽여버리고 말았습니다. 하나님의 진노의 심판이 분명합니다.

그런데 곧바로 이 소식이 왕후 이세벨의 귀에 들어가게 되었습니다. 권력을 마음대로 휘두르는 입장에 있는 이세벨이 듣고 있을 수만은 없었습니다. 당장 노발대발하면서 엘리야의 생명도 저들처럼 없애 버리겠다고 협박하게 됩니다. 이 때 엘리야는 그 생명을 보존하기 위해서 광야로 도망가 로뎀 나무 아래 이르러서 다음과 같이 하나님께 탄식합니다.

"하나님, 이제는 넉넉하오니 지금 내 생명을 취하소서 나는 내 열조보다 조금도 나은 것이 없습니다."

본문 3절을 보면,

"주여 저희가 주의 선지자들을 죽였으며 주의 제단을 헐어버렸고 '나만 남았는데' 내 목숨도 찾나이다."

참으로 기가 막힌 탄식입니다. 여기서 우리가 주목할 말은 "나만 남았는데" 하는 말입니다. 정말 엘리야 하나만 남았습니까? 하나님께서 엘리야에게 주신 대답이 무엇입니까?

"내가 나를 위하여 바알에게 무릎을 꿇지 아니한 사람 칠 천을 남겨 두었다."

예나 지금이나 성격이 급하고 불같은 사람은 때때로 고독하고 외롭기 마련입니다. 마음에 안식과 평화가 깨졌기 때문에 기쁨이 사라지고 사랑의 열기가 식어버립니다. 자기 생각에는 분명히 틀림없고 바른 것 같은데 이상하게 다른 사람과 자꾸 충돌하게 됩니다. 결국 성격이 강하고 급한 사람은 고독해지기 마련입니다.

그러나 돌이켜 하나님의 뜻을 헤아려 보면 '나만 남은 것' 이 아니라 아직도 하나님의 뜻을 준행하는 남은 자 칠천 명이 있는 것을 깨닫게 될 것입니다. 하나님께서는 결코 그 백성을 버리지 아니하시겠다고 열왕기상 6장 13절에서 다음과 같이 말씀하고 계십니다.

"내가 또한 이스라엘 자손 가운데 거하며 내 백성 이스라엘을 버리지 아니하리라"
"야곱아 내가 정녕히 너희 무리를 다 모으며 내가 정녕히 이스라엘이 남은 자를 모으고 그들을 한 처소에 두기를 보스라 양떼 같게 하며 초장의 양떼 같게 하리니 그들의 인수가 많으므로 소리가 크게 들릴 것이며"(미 2:12)

5절을 보면, "그런즉 이와 같이 이제도 은혜로 택하심을 따라 남은 자가 있느니라"고 말씀하십니다. 하나님께서 지금도 남은 자를 허락해 두셨다는 말씀입니다. 그런데 바울이 볼 때 그 남은 자가 어떻게 되었습니까? 7절을 보면 "그 남은 자들은 완악하여졌느니라"고 말씀하고 있습니다. 헬라어로 '완악하다는 말은 'πωρόω' 인데 '굳어지다', '굳은살이 박히다' 는 뜻입니다. 사람의 몸에는 소위 6감(시각, 청각, 촉각, 미각, 지각, 감각)이 있는데 여러 가지 이유로 인해서 굳어지고 굳은살이 박히게 되면 감각이 둔해집니다. 하나님의 은혜로 말미암아(5-6절) 남은 자가 된 이스라엘이 그만 신앙감각이 둔해지게 되었을 때 8절 말씀대로 그들은 '혼미한 심령과 보지 못할 눈과 듣지 못할 귀를' 가지게 되었던 것입니다.

결과적으로 이스라엘의 남은 자도 실족하게 되었습니다. 신앙은 유혹되기 쉽고 타락하기 쉬운 것입니다. 남은 자라는 생각에 너무 집착한 나머지 하나님의 은혜를 저버리고 무감각하게 지내던 이스라엘 백성은 결국 복음의 중심 메시지인 예수 그리스도를 거부해 버리고 말았습니다. 이 얼마나 원통하고 분한 일입니까? 그러나 사도 바울은 이것을 본문 11절과 12절에서 이렇게 해석합니다.

> "저희(이스라엘의 남은 자)의 넘어짐으로 구원이 이방인에게 이르러 이스라엘로 시기나게 함이니라"(11b절), "저희의 넘어짐은 세상의 부요함이 되며 저희의 실패가 이방인의 부요함이 되거든 하물며 저희의 충만함이리요"(12절)

여기서 우리는 하나님께서 일하시는 방법에 대해서 배우게 됩니다. 인간 편에서 볼 때는 실패요 실족이지만 하나님 편에서 볼 때는 이방인을 구하시려는 놀라운 뜻이며 이스라엘의 시기심을 통해 그들을 구원하시려는 섭리인 것입니다. 그러므로 하나님께서는 결코 손해보시지 않습니다. 다만 인간만 손해보며 괴로워할 뿐입니다. 문제는 하나님의 뜻에 순종하지 않은 데 있었던 것입니다. 이스라엘이 불순종하더라도 하나님께서는 구원사역을 늦추지 않으시고 계속해서 다 하나님의 방식대로 일하신다는 사실을 경고로 삼읍시다.

깊도다 하나님의 부요함이여(11:13-36)

내용요약

11:13-16

바울은 이방인에게 말하기를, 자기는 '이방인의 사도'라고 밝힙니다. 그러나 그는 단순히 이방인의 구원을 위해서만 일하지 않고 유대인을 돌이키려는 간절한 뜻을 가지고 있습니다. 그래서 바울이 자신에게 붙여진 '이방인의 사도'란 이름을 과장하는(magnify) 것은 아무쪼록 자기 동족 이스라엘로 하여금 시기케 하여 그들 가운데 얼마를 구원하고자 함입니다. 유대인을 다시 찾는 일은 죽은 자들이 살아나는 것처럼 굉장한 일입니다(cf. 눅 15:32). 16절에서 바울은 그 심중에 이스라엘의 거룩성을 가르치려고 합니다.

11:17-24

바울은 비유적인 설명을 시도합니다. 이스라엘을 상징하는 원가지가 떨어져 나가고 그 자리에 이방인을 상징하는 돌감람나무가 접붙임을 받아 살게 된 것입니다. 이 비유를 통해서 두 가지 사실을 말하고자 합니다. ① 하나님의 자비로 구원받은 이방인들의 계속적인 근신(20b, 21-22절)과 ② 이스라엘의 구원 가능성(23-24절)입니다.

11:25-32

바울은 인간의 지각을 초월하는 하나님의 은밀한 계시에 관해서 감히 언급합니다. 그것은 이방인의 구원에 이어서 이스라엘의 구원이 임한다는 사실입니다(25b-26절). 비록 복음에 있어서는 이스라엘이 하나님과 원수 되었지만, 선택에 있어서는 조상들로 말미암아 사랑을 입은 자입니다. 왜냐하면 하나님의 은사와 부르심은 취소할 수 없는 것이기 때문입니다. 30-32절에서 바울은 9-11장 전체의 논리를 결정적인 필치로 요약을 해주고 있습니다. 과거에 이방인이 불순종한 가운데 있었으나 이스라엘의 불순종으로 말미암아 구원을 받게 되었습니다(30절). 그러나 이방인에게 구원이 이른 지금 아직도 불순종한 가운데 있는 이스라엘에게 다시 하나님의 자비가 이르게 된다는 점입니다(31절). 바울의 논리에 있어서 유대인이건 이방인이건 모두 불순종 가운데 있습니다. 그러므로 모든 사람에게 하나님의 자비가 필요합니다(32절).

11:33-36

결국 바울은 구원의 하나님께 감사와 찬양 밖에 드릴 것이 없음을 깨닫습니다. 구구절절이 잘 연결되는 송영입니다.

1. 겸손과 두려움으로 거하라(11:13-24)

본문은 로마서에서 대단히 어려운 난해 구절들 가운데 하나입니다. 본문은 첫 절부터 우리에게 질문을 불러일으킵니다.

"내가 이방인인 너희에게 말하노라. 내가 이방인의 사도인 만큼 내 직분을 영광스럽게 여기노니"(13절)

사실상 사도 바울은 유대교 출신 정통 바리새인입니다. 그가 다메섹 도상에서 부활하신 예수를 만난 이후에 180도 변하여 기독교 복음 증거를 위해 사도가 되었습니다. 그러나 개종 후에도 사도 바울이 얼마나 자기 동족 이스라엘을 사랑해 왔고 또 그들을 구원할 방도를 찾기 위해서 얼마나 간절히 기도하고 노력하였는지 이미 우리는 잘 알고 있습니다. 심지어 사도 바울은 "나의 형제 곧 골육의 친척을 위하여 내 자신이 저주를 받아 그리스도에게서 끊어질지라도 원하는 바"(9:3)라고 동족 때문에 괴로워하기도 하였습니다.

그런데 지금 바울이 자신을 누구라고 칭하고 있습니까? "나는 이방인의 사도다", 그리고 말하기를 "내 직분을 영광스럽게 여긴다"고 했습니다. 그러나 사도 바울은 자신을 '이방인의 사도'라고 말하면서도 결코 자기 동족 이스라엘을 모른 체 내버려두지 않습니다. 또 자신을 '이방인의 사도'라고 말하면서도 결코 단순히 이방인만을 위해서 일하는 사도라고 규정짓지도 않습니다. 왜 그럴까요? 그 이유를 밝히고 있는 것이 14절입니다.

"이는 곧 내 골육을 아무쪼록 시기케 하여 저희 중에서 얼마를 구원하려 함이라"(롬 11:14)

사도 바울의 속셈은 자신을 '이방인의 사도'라고 스스로 과장을 해서라도(magnify) 동족 유대인을 돌이키려는 간절한 뜻을 가지고 있습니다. 아무쪼록 자기 동족 이스라엘로 하여금 시기케 하여 그들 가운데 얼마를 구원하고자 간절히 바라고 있는 것입니다. 그러므로 유대인을 다시 찾는 일은 죽은 자들로부터 다시 사는 것처럼 굉장한 일이 될 것입니다(15b절, cf. 눅 15:32). 예수를 배척하고 복음을 내버린 이스라엘이 결과적으로 이방인에게 복음이 돌아가게 하여 세상의 화목이 되었다고 해석하면서(15a절) 그들이 다시 돌이켜 구원의 반열에 동참하는 일이 일어나기를 사도 바울은 간절히 바라고 있습니다. 만일 이스라엘이 돌아오기만 하면 무덤에서 꽃이 피고 쓰레기더미 위에 장미꽃이 피는 사건이 될 것입니다. 이스라엘이 돌아와 십자가 그늘 밑에 무릎을 꿇을 때 죽었던 아들을 다시 찾은 기쁨에 천국잔치가 벌어지고 아마 예수께서도 너무나 기쁘신 나머지 이내 재림하시게 될지도 모릅니다.

사도 바울은 그 심중에 결코 이스라엘을 포기하지 않고 있습니다. 고전 9장 19절에서 20절까지의 바울의 고백을 들어보세요.

"내가 모든 사람에게 자유하였으나 스스로 모든 사람에게 종이 된 것은 더 많은 사람을 얻고자 함이라 유대인들에게는 내가 유대인과 같이 된 것은 유대인들을 얻고자 함이요"(고전 9:19-20)

사도 바울이 얼마나 자기 동족 이스라엘의 구원을 열망하며 수고하고 노력하였는지 알 수 있습니다. 이제라도 이스라엘이 돌아오기만 하면 된다고 구원의 문을 활짝 열어놓고 기다리는 자세입니다. 16절에서 사도 바울은 그 심중에 이스라엘의 거룩성을 가르치고 있습니다.

> **"제사하고 처음 익은 곡식 가루가 거룩한즉 떡덩이도 그러하고 뿌리가 거룩한즉 가지도 그러하니라"**(민 15:20-21)

이 구절은 민수기 15장 20-21절의 율법을 인용하고 있습니다. 간단히 말해서 곡식가루로 반죽을 했을 때 그 첫 덩이를 하나님께 바치라는 말씀입니다. 그러면 하나님께 드려진 첫 덩이가 거룩해지면서 반죽 전체가 거룩하게 되는 깊은 뜻이 있습니다. 나무도 마찬가지입니다. 작은 묘목이 자라나 가지가 무성해지는데 이미 뿌리가 거룩해진 것처럼 그 모든 가지들도 거룩해진다는 말씀입니다.

여기서 사도 바울이 말하고자 하는 뜻은 이스라엘의 거룩성입니다. 떡 반죽의 첫 덩이와 처음 작은 묘목 뿌리는 곧 이스라엘의 조상들 특히 아브라함을 가리킵니다. 하나님께서는 아브라함을 이스라엘의 첫 열매로 받으셨습니다. 하나님은 아브라함을 갈대아 우르에서 불러내어 구별하셨고 친히 그 음성을 들려주심으로 약속의 조상이 되게 하셨습니다. 아브라함이 하나님의 명령에 순종하였고 제사를 드리게 되었을 때 하나님께서는 그것을 받으시고 아브라함을 거룩하게 하셨습니다. 그러므로 사도 바울은 이스라엘의 믿음의 조상 아브라함이 거룩하게 되었으니 그 후손 이스라엘도 거룩하다는 논리를 펴고 있습니다. 하나님께 바쳐진 곡식가루가 거룩한즉, 떡 덩이 전체를 거룩하게 한 것 같이 하나님께서는 이스라엘을 거룩하게 하셨다는 말씀입니다. 작은 묘목 뿌리가 거룩한즉, 나머지 가지들도 거룩하게 된 것같이 하나님께서는 아브라함의 후손들을 거룩하게 하셨다는 말씀입니다.

중요한 것은 누가 그들을 거룩하게 하셨느냐는 사실에 있습니다. 아브라함도 아니요, 이스라엘 후손도 아닙니다. 오직 역사의 배후에 계신 하나님께서 그 첫 덩이와 전체 반죽을, 그 뿌리와 가지를 거룩하게 하신 것입니다. 이것은 하나님의 은혜와 능력을 표현하는 말씀입니다. 이제 바울은 하나님의 은혜와 능력을 비유적인 표현으로 설명하고 있습니다. 누가 하나님의 은혜로 거룩해지며 구원을 받을 수 있습니까? 누가 하나님의 능력으로 죽은 상태에서 다시 살아 새 삶을 살아갈 수 있습니까?

본문에 참 감람나무는 이스라엘을 가리킵니다. 감람나무는 팔레스타인 지역에 아주 흔한 나무로서 영어권에서는 대개 올리브 나무라고 말합니다. 성경 여러 곳에 이스라엘을 감람나무로 지칭하는 구절들을 볼 수 있습니다.

"내가 이스라엘에게 이슬과 같으리니 저가 백합화같이 피겠고 레바논 백향목 같이 뿌리가 박힐 것이라 그 가지는 퍼지며 그 아름다움은 감람나무와 같고"(호 14:5~6a)

"오직 나는 하나님의 집에 있는 푸른 감람나무 같음이여 하나님의 인자하심을 영원히 의지하리로다"(시 52:8)

그런데 안타깝게도 이 감람나무 가지가 큰 소동에 의해 꺾여지게 되었습니다. 곧 원래 조상 대대로 내려오는 감람나무는 그 뿌리가 든든하고 가지가 온전하였는데 이스라엘 후손들의 불신과 배척으로 그 가지가 꺾이게 되었다는 사실입니다. 예레미야 11장을 보면 다음과 같은 말씀이 나옵니다.

"나 여호와가 그 이름을 일컬어 좋은 행실 맺는 아름다운 푸른 감람나무라 하였었으나 큰 소동 중에 그 위에 불을 피웠고 그 가지는 꺾였도다"(렘 11:16)

이미 예레미야 시대 때부터 이스라엘을 상징하는 감람나무 가지는 큰 소동과 죄악으로 인해서 꺾여지게 된 것입니다. 여기서 바울은 새로운 가능성을 발견합니다. 꺾여진 가지에 죽은 가지를 붙이면 죽었던 가지가 다시 살아나지 않겠느냐는 생각입니다. 흔히 이 구절을 주석하면서 원예학적 원리에서 볼 때 바울의 비유는 불가능하다고 말하는 학자들이 있었습니다. 가령 빈센트(Vincent)같은 학자는 바울이 원예학의 상식인 접목법을 몰라서 이런 과오를 범했다고 단정짓기도 합니다. 일반적으로 접목법은 돌 감람나무에다가 참 감람나무 가지를 접붙여 좋은 열매를 맺게 하는 것이 상식이라는 것입니다. 생각해보세요. 바울이 이 정도 상식을 몰랐겠습니까? 적어도 그는 유대의 전통적 학문뿐만 아니라 헬라의 방대한 과학과 철학에도 능통한 인물이었다고 하는 것이 우리의 확신입니다. 그러므로 감람나무의 비유를 통해서 사도 바울이 전하고자 하는 의도는 원예학의 원리가 아닙니다. 바울의 목적은 이방인을 상징하는 돌 감람나무를 열매 없이 죽은 상태로 그냥 내버려두느냐, 아니면 하나님의 은혜와 능력으로 다시 살리느냐 하는 차원에 머물러 있었던 것입니다.

하나님께서는 원가지가 꺾여진 자리에 이방인의 가지를 접붙이셨습니다. 그리고 그 뿌리의 진액을 공급하시므로 죽었던 가지를 소생시키셨습니다. 19절 말씀대로 "가지들(이스라엘)이 꺾이운 것은 나(이방인)로 접붙임을 받게 하려 하심이라"는 말씀과 같습니다. 바울의 중요한 관심사항은 "어떻게 돌 감람나무와 같았던 이방인이 다시 살게되었고 구원의 반열에 동참하게 되었느냐?"는 사실을 규명하는 데 있습니다.

이방인의 구원은 전적으로 하나님의 은혜와 능력에 달려 있다는 사실입니다. 원가지가 꺾이운 감람나무의 뿌리를 보전하신 분은 바로 하나님입니다. 그 자리에 돌 감람나무의 가지를 접목하신 분도 바로 하나님이십니다(23b절. "이는 저희를 접붙이실 능력이 하나님께 있음이라"). 그러므로 사도 바울은 본문 중에서 다음과 같이 하나님의 은혜와 능력으로 구원받은 이방인을 향해서 경고합니다.

> "그 가지들을 향하여 자긍하지 말라 자긍할지라도 너희가 뿌리를 보전하는 것이 아니요 뿌리가 너를 보전하는 것이라"(18절),
> "높은 마음을 품지 말고 도리어 두려워하라"(20b절),
> "하나님이 원가지도 아끼지 아니하셨은즉 너도 아끼지 아니하시리라"(21절),
> "하나님의 인자와 엄위를 보라… 그렇지 않으면 너도 찍히는 바 되리라"(22절)

이방인이 감람나무에 접붙임으로써 아브라함의 후손이 되고 그 약속과 믿음을 계승하게 된 것입니다. 이것은 전적으로 하나님의 은혜와 능력에 의해 가능해진 것입니다. 그러므로 이방인은 자긍하거나 교만해져서는 안 됩니다. 또 유대인을 업신여기서나 경멸할 수도 없습니다. 왜냐하면 이 모든 일은 하나님의 거저 주시는 은혜의 선물을 따라 된 일이기 때문입니다. 에베소서 2장 8절 말씀을 보세요.

> "너희가 그 은혜를 인하여 믿음으로 말미암아 구원을 얻었나니 이것이 너희에게서 난 것이 아니요 하나님의 선물이라"(엡 2:8)

　이 말씀이 설정하는 상황은 우리에게도 똑같이 적용되고 있습니다. 우리 믿는 자들이 조금도 자긍하거나 교만해서는 안 될 것이라는 말씀입니다. 간혹 믿음 있다고 자처하는 분들에게서 심한 실망과 분노를 느낄 때가 있습니다. 기도원에서 몇 일식 금식하며 산기도를 하고 내려온 분이 어디 갔다 왔느냐고 탓하는 남편과 자식을 향해서 '마귀 자식들'이라고 경멸하는 언사를 하였다는 이야기를 들을 때 얼마나 마음이 아픈지 모릅니다. 신앙의 세계는 사랑과 겸손, 온유와 인내, 감사와 기쁨의 세계 아닙니까? 올바른 신앙관을 가진 신자라면, 자신이 어떤 처지에서 구원의 은총을 누리게 되었는지를 깨닫고 그저 겸손해 하며, 더불어 어떻게 하면 이웃 사람들에게 하나님의 은혜에 대해 감사하는 자세를 보일 수 있을까 기도하고 노력할 것입니다.

　바벨론 느부갓네살 왕은 어느 날 자기 궁전 망루에 올라가서 여기저기 내려다보게 되었습니다. 그의 눈에 웅장한 궁전과 장대한 금 신상이 들어왔습니다. 자기가 가진 것이 너무 대단하게 생각되었습니다. 권력, 재물, 부귀, 영화…. 그리고 큰 목소리로 소리치며 조서를 내리지 않습니까? "누구든지 모든 악기소리를 들을 때 엎드려 내가 세운 금 신상에 절하라"(단 3:5). 이 얼마나 교만한 언사입니까? 그 후에 느부갓네살 왕은 자기가 꿈을 꾼 대로 미친 사람처럼 떠돌아다니다가 죽게 됩니다. 다니엘 4장 33절에 나오듯이, "내가 사람에게서 쫓겨나서 소처럼 풀을 먹으며 몸이 하늘 이슬에 젖고 머리털이 독수리 털과 같고 손톱은 새 발톱과 같았었느니라." 정말 비참한 모습입니다. 그가 짐승처럼 지낸 후에 깨달은 바가 무엇입니까? 다니엘 4장 37절에 그의 깨달은 바가 기록되어 있습니다.

"무릇 교만하게 행하는 자를 그가 능히 낮추심이니라"(단 4:37b)

더욱 영적으로 교만해지면 하나님의 은혜의 선물은 깨닫지 못하고 자기의 수고와 자랑만을 더 앞세웁니다. 신앙에 교만이 한 번 들어가면 바리새인처럼 되어 결국 하나님의 아들을 십자가에 못 박아 버릴 정도로 눈이 멀어 버립니다. 인간이 얼마나 스스로 속는 존재인지 아십니까? 무엇이 조금이라도 다른 사람보다 나은 것 같으면 우쭐하고 교만해지기 쉬운 존재가 바로 우리 인간입니다. 그러나 결코 하나님은 만홀히 여김을 받지 않으십니다.

하나님께서 원 가지들도 아끼지 아니하시고 그들이 불순종할 때 과감히 잘라버리셨는데 접붙인 가지 정도를 아끼시겠습니까?

"오직 오늘이라 일컫는 동안에 매일 피차 권면하여 저희 중에 죄의 유혹으로 강퍅케 됨을 면하라 우리가 시작할 때에 확실한 것을 끝까지 견고히 잡으면 그리스도와 함께 참예한 자가 되리라"(히 3:13~14)

우리 모두 겸손과 두려움으로 끝까지 거하십시다.

2. 하나님의 영원하신 구원계획(11:25-29)

인간이 어떻게 감히 하나님의 영원하신 계획을 알 수 있겠습니까? 과연 인간이 하나님의 심중을 헤아릴 수 있겠습니까? 이사야 55장 8-9절 말씀을 보면,

"여호와의 말씀에 내 생각은 너희 생각과 다르며 내 길은 너희 길과 달라서 하늘이 땅보다 높음같이 내 길은 너희 길보다 높으며 내 생각은 너희 생

각보다 높으니라"(사 55:8-9)

  보통 우리네 인간들은 인간의 지각을 초월하는 하나님의 뜻을 감히 헤아릴 수 없습니다. 이라크의 쿠웨이트 점령(90. 8. 2) 이후에 다시 이스라엘이 세계인의 주목을 받고 있습니다. 미국 전역에 내노라 할 만한 유명한 설교가들이 저마다 성경의 예언들을 들추면서 마지막 때가 가까이 왔음을 알리기도 하였습니다.

  빌리 그래함 복음 선교사는 아버지 부시 대통령이 교구위원으로 있는 케니병크포트의 성공회교회에서 성서적 바빌로니아에 관해 설교하면서 페르시아만 사태는 '중요한 영적 계시'를 담고 있다고 말했습니다. 그래함 선교사는 이어 그러나 자신은 "후세인이 적그리스도란 설은 믿지 않는다. 왜냐하면 역사학자들은 그때 그때마다 나폴레옹이 적그리스도니, 무솔리니가 적그리스도니, 또 히틀러가 적그리스도니 하고 주장했기 때문이다"라고 말했습니다. 그러나 그는 또 "역사가 시작된 바로 그 곳, 즉 성서가 예언하기를 인류 역사가 끝나리라고 하는 바로 그 곳에서 현재 분쟁이 일고 있다"고 말함으로써 세상 종말이 임박했을지도 모른다는 사실을 암시했습니다.

  L.A 바이블 태버내클의 R.L.하이머스 목사는 "페르시아만 사태로 서방국가들은 모두 하나로 뭉쳐 요한1서가 예언한 적그리스도의 통치 하에 연합할 것"이라고 설교했습니다. 유대인들도 지구종말예언에 한 몫 거들고 있습니다. 메시아를 기다리는 이들은 "페르시아만 위기가 전 세계를 뒤흔들 것이며 그때 메시아가 나타나 구원을 선포할 것"임을 굳게 믿고 있습니다.

  그러나 샌프란시스코의 「운명의 핫라인」(415-673-DOOM)같은 단체는 "신의 저주 없이도 인류는 멸망한다"고 주장합니다. 이들이 말하는 멸망의 요인들은 핵과 화학무기, 유해 쓰레기, 지구고온현상, 인종차별주의, AIDS, 탐욕 등등입니다. 사람들은 왜 '심심하면' 세상종말론을 들고 나오는 것일까요? 시사주간지 『US 뉴스 & 월드 리포터』 수석 편집인인 윌리엄 올맨의 해석에 따르면 궁극적으로 인간은 복잡하고 어려운 문제에 부딪쳤을 때 단순하고 명쾌한 해결책을 원하는 심리를 갖고 있기 때문이라는 것입니다.

그러나 사도 바울은 인간의 지각을 초월하는 하나님의 비밀, 즉 그 은밀한 계시에 관해서 감히 언급하고 있습니다. 그 비밀은 무엇입니까? 본문 25절에 나와 있습니다.

"이 비밀을 너희가 모르기를 내가 원치 아니하노니 이 비밀을 이방인의 충만한 수가 들어오기까지 이스라엘의 더러는 완악하게 된 것이라"(11:25)

바울이 깨달은 하나님의 은밀한 계시가 무엇입니까? 이방인이 구원을 받은 후에 유대인이 구원을 받게 된다는 사실입니다.

그런데 바울의 이같은 깨달음은 초기 예루살렘 교회의 선교정책에 정면으로 위배되는 것입니다. 예루살렘 교회의 선교정책은 사도행전에 잘 나타나 있습니다. 특히 사도행전 1장 8절을 보면,

"오직 성령이 너희에게 임하시면 너희가 권능을 받고 예루살렘과 온 유대와 사마리아와 땅 끝까지 이르러 내 증인이 되리라"(행 1:8)

이 구절은 누가 - 사도행전의 핵심으로 기독교 복음이 예루살렘에서 유대로, 유대에서 사마리아로, 사마리아에서 땅끝으로(유대 → 사마리아 → 땅끝), 즉 유대인이 구원을 받은 후에 이방인이 구원을 받게 된다

는 사실에 기초하고 있습니다. 그러나 사도 바울이 볼 때 이미 유대인은 복음의 결정적 실격자가 되었다는 사실입니다. 즉 자기 동족 이스라엘은 그리스도를 죽였을 뿐만 아니라 복음 자체를 배척하였고 또 기독교 복음전파를 위해 헌신하는 복음 전도자들을 핍박하고 그들을 팔레스틴으로부터 추방시켜 버렸습니다. 바울이 볼 때 이것은 복음에 대한 명백한 반항이요, 더 이상 변명할 수 없는 실격의 요소가 되었다는 사실입니다. 그러므로 사도 바울은 여기서 중대한 계시를 발표합니다. 곧 하나님의 구원사 도식이 '유대인 – 이방인 – 재림'이 아니라, '이방인 – 유대인 – 재림'으로 바뀌어졌다는 것입니다(J. Munck, *Paul and the History of Salvation*).

여기서 우리가 놓쳐서는 안 될 중요한 사실이 있습니다. 이스라엘이 복음을 배척함으로써 구원의 실격자가 되었고 지금도 유대인들이 불신앙 가운데 살아가고 있지만 그러나 하나님의 영원하신 구원계획에 유대인이 전적으로 제거된 것이 아니라는 사실입니다. 하나님께서 이스라엘을 버리셨다 할지라도 그것은 모든 사실에도 불구하고 전적인 버림이 아니며 또 영구적이고 최종적인 버림도 아니라는 사실입니다.

여기서 우리가 상기해야 할 세 가지는,

① 현재와 장래 어느 때나 이스라엘 백성 중에 '남은 자'가 있다. – 과거에도 엘리야 시대에 칠천 명이 있었고, 초기교회에는 유대교 출신 성도들과 사도들(9:27-29, 11:1-5)이 있었습니다. 그리고 바울이 갈라디아서 6장 16절에 '하나님의 이스라엘'이라고 부른 계층도 곧 유대인이었다는 점입니다.

② 전체 유대인은 말세가 될 때까지 존재합니다.

③ 전체 이스라엘은 최후에 구원될 것입니다. "복음으로 하면 저희가

(유대인) 저희를(이방인) 인하여 원수된 자요 택하심으로 하면 조상들을 인하여 사랑을 입은 자라"(11:28), 즉 비록 복음에 있어서는 이스라엘이 하나님과 원수가 되었지만 선택에 있어서는 조상들로 말미암아 사랑을 입은 자들입니다.

왜 우리는 끝까지 유대인을 포기하지 않고 이방인이 구원의 반열에 참여한 이후에 유대인이 그 대열에 참여할 것이라는 바울의 믿음에 인식을 같이 해야 하겠습니까?

"(왜냐하면) 하나님의 은사와 부르심에는 후회하심이 없느니라"(29절)

여기에 '후회하심' 이란 단어는 '취소하다(be irrevocable revoke)' 는 속뜻을 가지고 있습니다. 다시 말해서 하나님께서 구약시대 수 차례에 걸쳐서 이스라엘에게 은혜를 베푸시고 부르신 사실은 결코 취소할 수 없는 확고부동한 언약이라는 점을 사도 바울은 강조하고 있습니다.

결국, 하나님의 경륜은 본문 26절 상반절에 나온 말씀처럼 '온 이스라엘' 이 구원을 받는 데 있습니다.

"온 이스라엘이 구원을 얻으리라"(26a절)
"구원자가 시온에서 오사 야곱에게서 경건히 않은 것을 돌이키시겠고"
(26b절)
"내가 저희 죄를 없이 할 때에 저희에게 이루어질 내 언약이 이것이라"(27
절)

하나님의 영원하신 구원계획은 이방인뿐만 아니라 모든 유대인이 구원을 받는 데 있습니다. 복음을 배척하였던 유대인에게 다시 복음이 역으로 이방인을 통해서 들어가게 될 때 하나님의 구원사역은 막바지에 이르게 됩니다. 이것은 하나님의 은밀한 계획과 경륜 가운데 분명히 성취될 것입니다. 바울은 이 비밀을 우리에게 아주 분명하게 밝혀주고 있습니다. 본문에서 바울은 "이 비밀을 너희가 모르기를 내가 원치 아니하노니" 했는데 과연 하나님께서 그 은밀한 계시를 그 종들에게 보여주십니까? 성경을 보면,

"주 여호와께서는 자기의 비밀을 그 종 선지자들에게 보이지 아니하시고는 결코 행하심이 없으시리라"(암 3:7)

예수께서도 "너희는 삼가라 내가 모든 일을 너희에게 미리 말하였노라"(막 13:23)고 말씀하셨습니다.

이단에 속한 사람들은 이 구절을 잘못 이해하여 자기들에게만 하나님께서 신령한 계시를 주셨다고 말하면서 그 계시를 정당화하고 옹호하는 데 급급합니다. 예를 들어서 다미선교회(다미: 다가 온 미래)는 1992년 10월 휴거가 있을 것이라고 못박고 신문광고까지 내며 굉장했습니다. 휴거는 데살로니가전서 4장 13-18절에 근거하는데 예수께서 공중 재림하실 때 성도들이 들림 받는 것을 뜻합니다. 그런데 다미 선교회에서는 휴거와 예수의 재림을 분리하여 다음의 시간표를 주장합니다.

휴거(살전 4:13-18) → E.C 통합(단 7:24; 계 17:12) → 적그리스도 출현(단 7:23-25) → 7년 대환란(단 9:24-27; 계 14:7) → 예수의 지상 재림(마 24:4-31) → 천년왕국(계 20:1-6) → 백보좌 심판(계 20:11-15) → 천국, 지옥(계 21-22장)

대체로 기독교 이단들이 재림날짜를 잡는 것은 다음과 같이 두 가지

방법에 의존합니다.

1) 연대계산

천지창조 후 예수의 때까지 4,000년, 말세가 2,000년 간 지속되어 현재 6,000년이 거의 차 간다고 합니다. 그들은 7이란 숫자를 강조하여 7,000년이 차기 전에 약 1,000년이 남았는데 천년왕국을 거쳐야 하기 때문에 서기 2,000년 안에 휴거와 주님재림이 임할 것이라고 계산하여 역사적으로 예수께서 B.C. 3-4년에 탄생하셨으므로 1998-1999년 안에 예수께서 재림하실 것이라고 확신하고 있습니다.

2) 신령한 계시

하나님께서 꿈, 계시, 입신체험, 천국 여행 등을 통해서 분명히 재림하실 때를 알려주셨다는 것입니다.

그러나 성경 여러 곳에 하나님께서 그 뜻(비밀)을 자기 종들에게 알게 하신다는 말씀이 있지만 그러나 마지막 때에 대한 비밀에 대해서 주님께서는 그 시기를 산출해서는 안 될 것을 분명히 말씀한 구절이 있습니다.

> **"그러나 그 날과 그 때는 아무도 모르나니 하늘의 천사들도 아들도 모르고 오직 아버지만 아시느니라"(마 24:36)**

재림날짜를 예측하려고 노력하는 것은 분명히 잘못입니다. 성도들은 주님 재림하실 날이 얼마 남지 않은 것을 깨닫고 어떻게 하면 좀더 많은 이방인들에게 기독교 복음을 전할까 어떻게 유대인을 돌이킬까 그것을 고민해야 할 것입니다.

3. 구원의 복음이 완성되는 날(11:30-36)

복음의 신비한 비밀과 관련하여, "바울은 이방인의 수가 찰 때까지 이스라엘 사람들 가운데 일부가 완고해진 대로 있으리라"(11:25b 표준새번역)고 말하고 있습니다. 특히 이러한 바울의 복음에 대한 변호가 로마서 9-11장의 결론에 해당하는 로마서 11장 11-32절에 나타나고 있다는 사실은 아주 중요한 것입니다. 여기서 대두되고 있는 쟁점이 이방인의 구원과 이스라엘의 회복 사이의 상호 관계에 관한 것입니다. 이방인의 구원이 어떻게 이스라엘의 구원과 밀접한 관련을 맺게 됩니까? 로마서 11장 25-27절을 로마서 9-11장의 결론부와 무관한 독립적인 구절로 간주하는 학자도 있고, 이 구절을 묵시문학적으로 채색된 것으로 간주하는 학자도 있지만, 필자의 판단으로는 이 구절이 전후 문맥(11:11-24, 28-32)과 잘 연결되고 있으며 이방인과 유대인의 상호 관련성 문제와도 그 주제에 있어서 일치하고 있는 것이 분명합니다. 다시 말해서, 바울은 이방인과 유대인의 상호 관계 속에서 구원의 신비한 비밀(11:25-27)에 대해서 언급하고 있는 것입니다. 여기에 나오는 질문은 의심의 표현이 아닙니다. 오히려 그것은 온 이스라엘이 구원을 받을 것이라는 '신비'(11:25)가 사실은 인간이 상상할 수 없는 진리임을 확언하고 있습니다.

원래 이스라엘과 이방인은 서로 비교될 수 있는 두 집단이 아니었습니다. 하나님의 사랑이 열방에게 공평하게 나타나지만, 하나님의 선택은 이스라엘 위에 임하였지 이방인에게 임한 것이 아니었습니다. 그러나 구원의 문제에 있어서 이스라엘이 실패한 이후에 구원의 문은 이방인에게 열렸고, 이방인이 구원의 자리에 나아오게 되었을 때, 이스라엘이 시기하여 그들 가운데 몇 사람이 구원을 받기에 이르렀습니다. 이로써 바울은 구원의 문제와 관련하여 이방인의 구원을 이스라엘의 회복에 연결하여 비교함으로써 양자 사이의 상호 관련성을 언급하게 된 것입니다.

로마서 11장 25-36절에 나타난 이방인의 구원과 이스라엘의 회복은 묵시문학적 구원의 차원보다는 종말론적 구원의 차원에서 상호 연결되고 있습니다. 유대인들이 복음을 거부함으로써 이방인들이 구원을 받았다고 할지라도 이방인들은 유대인들을 무시할 수 없습니다. 그 이유로 하나님은 미래에 이스라엘이 구원받는 계획을 준비하고 있기 때문입니다. 하나님에 의해 선택된 온 이스라엘이 하나님의 나라에 들어간 이후에, 모든 이스라엘이 구원을 받게 될 것입니다(11:25-26). 역사의 마지막 때에 하나님의 능력은 유대인의 남은 자를 구원할 것입니다. 바로 이것이 하나님이 계시하신 신비한 비밀입니다. 그러므로 바울은 이스라엘의 미래가 부요할 것에 대해서 말할 뿐만 아니라(11:12), 하나님이 미래에 그들을 받아들일 것에 대해서도 말하고 있습니다(11:15).

로마서 11장 27절에서 바울은 계시된 비밀이 진실하다는 사실을 증거하기 위하여 70인역(LXX) 이사야 59장 20-21절과 27장 9절을 인용하고 있습니다. 이 구절들과 유사한 것이 시편 14편 7절인데, 거기서 주님은 포로로 잡힌 백성들을 구원할 것이라고 말씀하고 있습니다. 다시 말해서 하나님의 능력은 그들의 모든 죄악을 능히 이길 수 있습니다 (cf. LXX 시 14:1-3; 3:10-12). 예레미야도 하나님이 이스라엘의 모든 죄를 용서하고 그들과 미래에 새로운 언약을 맺을 것이라고 예언한 적이 있습니다(렘 31:33-34).

하나님은 이스라엘을 위한 위대한 계획을 오래 전부터 수립하였기 때문에, 이방인들은 설사 그들이 구원의 길에 동참하게 되었다고 할지라도, 하나님의 택하신 백성인 이스라엘이 누릴 특권까지 넘보아서는 안 됩니다. 이스라엘을 위한 하나님의 미래의 구원이 지니고 있는 신비는 유대인들이 여전히 하나님의 특별한 관심을 사고 있다는 사실을 의미하며, 이방인들도 유대인들에게 특별한 관심을 기울여야 한다는 사실을 의미합니다.

바울은 로마서 11장 32절에서 세계 역사를 통해서 하나님의 신비가 어떻게 나타나게 되었는지를 설명하고 있습니다. 이방인들이 하나님에게 불순종하였던 것처럼, 지금 유대인들이 하나님에게 불순종하고 있습니다(11:30-31). 이러한 상황은 하나님이 유대인뿐만 아니라 이방인까지도 불순종한 상태에 가둘 수 있다는 사실을 말해주고 있습니다(11:32). 로마서 초반에서 바울은 하나님의 진노가 모든 불순종하는 이방인들에게 임하였다는 사실을 말하였습니다(1:18-32). 그러나 이제 예수의 시대가 도래한 이후로 하나님의 진노는 복음에 불순종하는 유대인들에게 임하게 되었습니다(10:21; 11:7-9). 더욱 더 중요한 것은 하나님의 목적이 무엇인가 하는 점인데, 유대인을 포함하여 이방인들까지 모든 사람들이 하나님의 자비(9:22-23)를 받게 된다는 사실입니다. 이방인들이 불순종하였을 때, 많은 유대인들이 하나님의 자비를 힘입게 되었습니다(9:6-16). 그러나 이제 유대인들이 불순종하게 되었을 때, 많은 이방인들이 하나님의 자비를 힘입어서 복음을 받아들이게 되었습니다(11:11-12,15). 그러므로 하나님의 목적은 모든 사람들(유대인과 이방인)이 불순종할 때, 그들 위에 하나님의 자비가 구원하는 능력으로 임하는 사실에 있습니다. 이것이 하나님의 지혜와 지식의 부요함입니다 (11:33a). 그러므로 하나님의 판단은 분명히 인간의 이해와 세계 역사를 초월하여 현존하는 실재입니다(11:33b). 바울은 로마서 11장 34절에서 LXX 이사야 40장 13절을 인용함으로써 이 같은 사실을 확증하고 있습니다. 로마서 11장 35절도 같은 맥락에서 LXX 욥기 41장 11절을 인용하고 있습니다.

4. 유대인과 이방인 모두의 구원(9-11장)

20세기 후반부터 학자들은 바울의 다른 서신들과 마찬가지로 로마서를 1세기 기독교라는 맥락 속에서 해석해야 한다는 사실을 인식하기 시작하였습니다. 우리는 이제 로마서를 시간을 초월하는 신학적 문서가 아니라, 이방인을 향한 바울의 선교라는 맥락 속에서 이해해야 합니다. 여기서 율법의 목적(7장)에 대해 질문이 제기되고, 특별히 하나님의 선민인 유대인들(3:1-9; 9:1-11:36)과의 언약을 지키심에 있어서 하나님의 신실하심과 그의 의로우심에 대한 질문이 가장 날카롭게 제기됩니다. 율법과 언약의 문제와 관련하여 제기되고 있는 질문이 유대인의 구원과 이방인의 구원의 문제입니다. 바울은 이 문제를 어떻게 해결하였습니까?

그리스도인들은 "내가 어떻게 구원을 얻을 수 있을까?"라는 근본적인 물음에 대한 대답을 찾기 위해서 로마서를 읽으려고 하는 반면에, 바울은 로마서 전체를 통해 유대인과 이방인 모두를 오직 믿음에 근거해서만 구원하시려는 하나님과 하나님의 의에 대해서 집중적인 관심을 나타내고 있습니다. 바울은 유대인으로서 믿을 수 없는 주장을 하고 있습니다. 즉 하나님은 비록 이방인들이 하나님의 선민인 유대인에 속하지 않았을지라도(창 17:9-16) 그들을 자신의 백성으로 받아들인다는 사실입니다. 그래서 바울은 유대인을 향한 하나님의 언약이 파기되었는지 (9:6), 또는 하나님은 자신의 백성을 버리셨는지(11:1) 하는 문제를 취급하고 있습니다.

바울은 논쟁적인 방식(2:1-16)으로 독자에게 이 질문을 제기하게 하면서 그에 대한 자신의 대답을 독자에게 주고 있습니다. 로마서의 다른 부분에서도 바울이 동일한 방법을 사용하여, 독자로 하여금 바울이 말한 내용의 논리적 귀결로 보이는 질문을 제기하게 한 후에, 자신의 대답을 제시합니다(3:9; 6:1, 15; 7:7, 13; 9:14; 11:1, 11). 유대인은 과거에 하나님의 선택으로 선민이 되었고 미래에도 하나님과의 관계가 지속될 것이라는 유대인의 특권에 대한 문제를 바울이 제기하는데, 이 문제에 대한 대답은 9-11장에 가서야 주어집니다.

로마서 9-11장은 그 내용에 있어서 하나의 완전한 단락을 이루고 있으며, 3장 1-9절의 사상을 다시 거론한다는 점에서 중요합니다. 여기서 바울은 하나님의 택하신 백성인 이스라엘의 불신앙 문제를 다룹니다. 이스라엘이 그리스도를 믿는 것을 받아들이지 않는 것은 일시적인 일이며, 복음이 우선 이방 세계에 전해지도록 하기 위한 하나님의 비밀스러운 경륜이라고 바울은 선언합니다. 믿지 않던 이스라엘은 이방인에게 베풀어 준 하나님의 축복을 보고 질투심을 느껴 결국에는 불신앙에서 돌아올 것이라는 점입니다. 여기서 중요한 사실은 하나님은 유대인과 이방인 모두에게 동일하게 자비를 베푸신다는 것입니다. 로마서 9장은 흔히 하나님께서 어떤 사람은 구원으로, 어떤 사람은 구원받지 못하게 미리 예정하셨다는 것을 나타낸다는 식의 이중 예정론의 관점에서 해석되어 왔습니다. 그러나 전체적인 맥락에서 파악해 볼 때, 로마서 9장은 개인에 대한 관심이 아니라 민족 개념으로서의 유대인과 이방인에 대한 관심을 드러내고 있습니다. 만일 유대인이나 이방인 모두가 믿음으로 하나님의 백성이 된다면, 믿지 않는 이스라엘은 더 이상 하나님의 구원 계획에 참여하지 못합니까? 그렇지 않습니다. 그들의 불신앙은 일시적이며, 결국은 이방인과 유대인 모두를 위한 구원에 이르게 됩니다 (11:11-12).

로마서 11장 1절에서 바울이 독자에게 제기한 물음(cf. 3:1)은 로마서 10장의 마지막 구절을 포함해 로마서 9-10장의 논리적 결론처럼 보입니다. 그러나 바울은 하나님이 유대인을 버리셨다는 결론에 반대합니다. 바울은, 하나님이 남은 자를 주전 9세기 엘리야의 시대에 구원하셨던 것과 마찬가지로, 지금도 남은 자를 구원하신다고 주장합니다. 그의 주장이 로마서 11장 1절에 강조되어 있습니다. "나도 이스라엘인이요 아브라함의 씨에서 난 자요 베냐민 지파라." 이러한 표현을 통해서 바울은 그 자신이 유대인으로서 하나님이 언약의 백성인 유대인을 버리셨다는 사실을 받아들일 수 없었다(cf. 빌 3:5)는 점을 분명히 말하고 있습니다.

바울은 로마서 9장 1절부터 11장 36절까지에서 이방인들에게 "유대인의 상황을 이해해 줄 것"을 호소하고 있습니다. 여기서 우리가 분명하게 인식하고 있어야 할 사실은 로마서 9-11장의 독자는 이방인 그리스도인들이라는 점입니다. 바울은 유대인이 복음을 배척하였지만, 궁극적으로 그들도 구원을 받게 될 것이라는 사실을 이방인 그리스도인들에게 상기시키고 있습니다. 유대인과의 관련성 속에서 생각해 볼 때, 바울은 이방인들이 구원을 받게 된 것은 유대인들이 복음을 배척하였기 때문이라고 설명하고 있습니다. 이와 마찬가지로, 유대인은 이방인들이 복음에 참여하게 된 것을 질투함으로써 다시 구원의 길에 이르게 된다는 것이 하나님의 신비한 비밀입니다. 그러므로 로마서 9-11장에서 바울이 말하고자 하는 가장 핵심적인 사실은 하나님의 구원의 신비에 관한 것인데, 곧 신비한 비밀은 종말론적인 마지막 때에 유대인과 이방인 모두 구원받는다는 점입니다. 곧 하나님의 구원의 신비한 비밀은 종말의 때에 모든 민족이 구원을 받는 데 있습니다.

하나님의 구원 복음이 완성되는 날은 언제일까요? 바울에 의하면, 이방인들을 포함한 모든 유대인들이 하나님의 구원의 복음에 동참하는 날입니다. 이방인이 복음을 듣게 된 것은 유대인이 복음을 배척하여, 이방인에게 복음이 전달되었기 때문입니다. 다시 유대인이 복음을 듣게 된 것은 이방인에게 복음이 전달되자 유대인이 질투하여, 결국에는 유대인까지 복음의 길에 돌아오게 되었기 때문입니다. 그러므로 바울에 의하면, 하나님의 궁극적인 구원은 이방인과 유대인 모두 구원의 길에 들어설 때 완성된다는 것입니다.

그리스도인의 윤리생활(12:1-21)

내용요약

12:1-2

'그러므로'를 주목하십시오: 다음에 계속되는 내용이 그 이전의 것과 논리적인 연속성 속에 있다는 뜻입니다(1-11장: 교리편, 12-15장: 윤리편). 우리는 구원은 하나님의 은혜로 말미암아 이루어집니다. 즉 하나님께서 믿음을 주셔서 예수를 영접하게 하시고 하나님의 백성이 되게 하십니다. 그러므로 우리는 값없이 주신 은혜로 말미암아 구원의 축복을 누릴 수 있게 된 것을 감사해야 합니다. 무엇보다도 하나님께 대한 감사는 예배로써 결정적으로 표현됩니다. 예배시에 우리가 드려야 할 예물은 다름 아닌 우리의 '몸(전인. total man)' 입니다.

12:3-8

하나님의 은혜로 구원받은 우리는 지혜롭게 생각하여(3), 하나님의 영광을 위한 삶을 살아야 합니다. 하나님께서는 믿음의 분량대로 우리에게 각각의 은사(선물)를 주셨습니다. 따라서 우리가 어떤 특수한 직책이나 재능을 가졌다면, 그것을 주안에서 선용하여 지체(members)로서 합당한 조화를 이루어야 합니다.

12:9-13

교회 안에서 믿음의 공동체에게 행하여야 할 기본적이고도 중요한 사랑의 실천들을 명시하고 있습니다.

12:14-21

마찬가지로 세상 사람들에 대한 사랑도 중요합니다. 여기서 바울은 주님의 가르침과 매우 밀접하게 연결되어 있음을 알 수 있습니다. 평화를 위해 힘쓰는 자들이 되라는 권면입니다(Peace-Maker).

1. 예배의 참 뜻(12:1-2)

이 부분부터 시작하는 로마서의 새로운 부분을 생각하기에 앞서서 본문 첫 마디인 '그러므로'를 주목하십시오. 이는 다음에 계속되는 내용이 그 이전 것과 논리적인 연속성 속에 있다는 뜻입니다(1-11장: 교회편, 12-15장: 윤리편). 간략하게 말씀을 요약하자면 1-11장에서 사도 바울은 "우리의 구원은 하나님의 은혜로 말미암아 이루어진다. 즉 하나님께서 우리에게 믿음을 주셔서 예수 그리스도를 영접하게 하시고 하나님의 백성이 되게 하신다"는 사실을 자세하게 설명하였습니다. "그러므로(Therefore), 우리는 값없이 주신 은혜로 말미암아 구원의 축복을 누릴 수 있게 된 것을 감사해야하며 무엇보다도 하나님께 대한 감사는 예배로써 결정적으로 표현된다"고 말합니다. 이것이 12장부터 시작되는 윤리편의 서론입니다.

바울의 윤리에 있어서 그 근본적 원리는 하나님께 대한 응답입니다. 왜 매 주일 교회에 출석하고 있습니까? 그 이유는 하나님께 대한 응답에 있습니다. 하나님께서 나를 사랑해 주시고 내게 베풀어주신 은혜가 넓고도 크신 데 어떻게 그것에 보답해야 할 것인가? 여기에 대한 응답으로 우리는 매 주일 교회를 출석합니다. 그러므로 교회 출석은 신자로서 하나님께 내보이는 첫 번째 윤리적 행동입니다. 따라서 교회출석을 등한시한다면 하나님께 대한 기본적인 응답부터 잘못된 것이라고 진단할 수 있습니다.

그러면 교회에 와서 무엇을 합니까? 그 대답은 분명합니다. "하나님께 예배를 드립니다." 예배는 거룩한 것입니다. 인간이 이 세상에서 하나님께 드릴 수 있는 가장 진실하고 위대한 행위가 곧 하나님께 드리는 예배입니다. 교회 안에 많은 할 일과 부서가 있습니다. 그 모든 기능 중에서 어느 것 하나도 소홀히 할 것 없겠으나 그러나 아무리 중요한 것일지라도 예배와 비길 수 있는 것은 없습니다. 예배는 유기체 안에 있는 심장과 같습니다. 교회의 다른 기능들이 일시적으로 중단될 수는 있어도 심장과 같은 예배는 결코 중단될 수 없습니다. 만일 교회 안에 예배가 중단된다면 곧 그 교회는 죽어 버리게 됩니다.

M. Luther는 "기독교 예배는 하나님을 바르게 섬기는 가장 구체적인 행동이다"라고 말했습니다. 잘 기억하십시오. 신자가 예배를 통해서 하나님께 내보이는 행위야말로 하나님을 바르게 섬기는 가장 아름다운 표현이며 하나님을 가장 기쁘시게 해드리는 일이라는 사실입니다.

때때로 신앙생활을 하면서 '예배가 우선인가 봉사가 우선인가' 잘 판단하지 못하는 성도들을 만날 수 있습니다. 흔히 봉사하는 데 열중하다보면 예배시간을 넘기면서까지 매달리는 분들을 만납니다. 심지어는 예배시간 중에도 허둥대며 뛰어나가기도 하며 열심히 무슨 이야기인지는 모르나 두 세 분씩 이야기를 주고받는 경우도 많습니다. 그러나 예수께서는 우리의 우선순위가 무엇이 되어야 할지 분명하게 가르쳐 주셨습니다. 누가복음 10장 38-42절을 기억하십니까?

여기 마르다가 예수를 자기 집에 영접해 드린 것을 볼 수 있습니다 (She opened her home to him). 그런데 마르다는 일하는 데 온통 마음이 분주하여 온 정신을 일에 빼앗기고 있습니다. 손님을 청해놓고 방 안에 우두커니 놔두고 이 일 저 일 처리하고 준비하는데 분주한 주인을 대하는 것만큼 안쓰러울 때가 없습니다. 마침 마르다의 집에 그 동생 마리아가 있어서 예수 앞에 다가앉아 말씀을 듣고 있었습니다. 이것을 본 마르다가 예수께 말합니다. "주여 내 동생이 나 혼자 일하게 두는 것을 생각지 아니하시나이까 저를 명하사 나를 도와주라 하소서." 이 말을 가만히 살펴보면 마르다는 자기 동생에 대해서 뿐만 아니라 예수께 대해서도 못마땅하게 생각하고 있는 것이 분명합니다. "어찌 예수께서 그렇게 생각이 짧으시고 사려 깊지 못하신가?"하는 식입니다. 이때 예수께서 뭐하고 말씀하십니까? "마르다야, 마르다야! 네가 많은 일로 염려하고 근심하나 그러나 몇 가지만 하든지 혹 한가지만이라도 족하니라 마리아는 이 좋은 편을 택하였으니 빼앗기지 아니하리라."

예배야말로 하나님께 드릴 수 있는 인간 최대의 봉사인 것을 가르치는 말씀이십니다. 우리의 우선 순위는 무엇입니까? 하나님의 말씀을 사랑하는 것이며 하나님과 영적으로 사귐을 갖는 일입니다. 예수의 교훈에 비추어 볼 때 예배는 인간이 가장 우선적으로 취해야 할 가장 영광스러운 행위인 것입니다. 인간이 하나님을 만나기 위해서 세상 염려나 물질에 매달리는 것은 합당치 못합니다. 세상적인 표준이나 가치관은 하나님을 만나는 데 아무런 도움도 되지 못합니다. 다만 우리가 한 가지 예배를 통해서 나아갈 때 하나님을 만나 뵐 수 있습니다.

성도가 예배를 통해서 하나님을 만날 수 있는 것은 이미 하나님의 약속에 근거한 것입니다. 예수께서 친히 하신 말씀을 기억하십시다. "두 세 사람이 내 이름으로 모인 곳에는 나도 그들 중에 있느니라"(마 18:20). 바울도 "내가 은혜 베풀 때에 너를 듣고 구원의 날에 너를 도왔다 하셨으니 보라 지금은 은혜 받을 만한 때요 보라 지금은 구원의 날이로다"(고후 6:2-3)라고 고백하였습니다. 성도가 경건하게 드리는 예배에 하나님께서 오셔서 임재하시고 각 사람을 만나주시고 필요한 은혜를 풍성하게 채워주시는 것은 놀라운 약속입니다. 하나님께서는 예배

중에 우리 곁에 오시고 우리를 만나 주십니다. 예배 중에 임재 하시는 하나님은 우리 속에 구속의 은혜를 새롭게 해 주시고 우리 안에 뜨거운 믿음을 불러 일으켜 그 아들 예수 그리스도를 구주로 고백하게 하시며 성령께서 인도하시도록 모든 삶과 인생의 계획을 떠맡기도록 하십니다.

그러므로 예배를 드린다는 참 뜻은 성 삼위일체 하나님께 우리의 몸과 마음을 헌신하는 것을 의미합니다. 다시 말씀드립니다. 예배는 오직 하나님께만 영광을 돌리고 오직 하나님 한 분에게만 헌신과 충성을 다 짐하는 성도의 거룩한 행위입니다. 이것을 필자가 강조하는 이유는 앞으로 로마서 13장에서 국가와 정치 문제와 관련될 때 성도의 궁극적 신앙자세를 보다 확고하게 세우기 위해서입니다.

그럼 참된 예배에 대한 가르침을 본문을 직접 살펴보면서 상고하도록 하겠습니다.

1) 예배는 드리는 것

흔히들 '예배보러 간다'고 말하는데 엄밀히 말해서 '예배드리러 간다'고 표현해야 합니다. 예배는 결코 구경이나 감상하기 위해서 모이는 것이 아닙니다. 예배의 가장 기본적인 출발은 하나님께 대한 최대의 존경과 경외의 마음가짐입니다. 예수께서 말씀하셨습니다. "네 마음을 다하고 목숨을 다하고 뜻을 다하여 주 너의 하나님을 사랑하라"(마 22:37). 진정으로 하나님을 사랑하는 마음이 예배의 출발점입니다. 하나님을 사랑하는 마음 없이 하나님을 만날 수 없고 하나님께 예배를 드릴 수 없습니다. 하나님을 사랑하는 성도만이 하나님께 절하며 합당한 영광을 돌려 드릴 수 있습니다. 그러므로 우리가 하나님께 예배를 드린다는 것은 내 것을 주장하지 않는다는 말이며 내 마음과 내 사랑과 내

계획을 드려서 하나님의 처분대로 쓰여지기를 기다린다는 말입니다.

2) 산 제물

그러므로 바울은 본문에 '산 제물(a living sacrifice)'을 드리라고 말씀하십니다. 이 예배는 유대인처럼 제사 때에 죽은 동물을 드리는 것과는 근본적으로 다릅니다. 유대인들은 자신들의 죄를 대신할 동물들을 취하여 그것들을 제물로 제단에 드렸습니다. 그러나 우리가 드릴 진정한 제사는 바로 우리 하나 하나가 자기 자신을 직접 제물로서 하나님께 드리는 것입니다. 동물 대신에 이 시간 자신을 제물로 하나님께 바치고 계십니까? 그럴 때 참된 예배가 됩니다. 이것을 일컬어서 바울은 '영적 예배'라고 소개합니다. 예수께서는 우리가 드려야 할 영적인 예배에 대해서 이렇게 말씀하십니다.

> "아버지께 참으로 예배하는 자들은 신령과 진정으로 예배할 때가 오나니 곧 이때라 아버지께서는 이렇게 자기에게 예배하는 자들을 찾으시느니라 하나님은 영이시니 예배하는 자가 신령[영]과 진정[진리]으로 예배할지니라"(요 4:23-24)

이 시간 우리가 우리의 것이라고 부르는 것들을 생각해 보십시다. 우리의 의복, 집, 자동차, 직장, 가정, 취미생활, 물질…. 이 모든 것들은 우리가 이 세상을 살아가는 데 필요한 것들입니다. 그런데 다시 생각해 보면 지금 우리가 가진 모든 것들은 결코 우리가 세상에 태어날 때 가지고 온 것들이 아닙니다. 그러면 그 모든 것들이 어디서 났습니까? 하나님께서 주신 것들입니다. 모든 것이 하나님의 것입니다. 만일 우리가 예배를 드리면서 자기 자신 이외에 다른 것으로 제물을 대신하고 약간의 물질을 헌금으로 드리는 것으로 만족한다면 예배의 참 뜻과는 거리가 먼 신앙생활을 하는 것입니다. 예배 시 물질만 드리면 아직 우리는 아무것도 드린 것이 아닙니다. 우리가 드려야 할 제물은 우리 자신입니다. 우리가 가진 것을 본래 하나님의 것인데 그러므로 하나님께서 기뻐하시는 예배로 드려야 합니다. 우리가 하나님의 제단 앞에 봉헌해야 할 제물은 바로 나 자신, 내 영혼과 내 삶입니다.

3) 거룩한 변화

예배가 성도에게 안겨주는 놀라운 선물은 다름 아닌 '변화된 삶'입니다. 예배를 통해서 하나님께 접근하여 영적인 사귐을 가진 성도의 삶은 놀라운 변화가 일어납니다. 죄악된 삶이 청산되고 세상을 따라가던 심령이 하늘을 향하여 새로운 눈을 뜨게 됩니다. 완악하던 영혼이 구속의 은총을 노래하며 회개와 중생의 길을 체험하게 됩니다. 깔뱅은 말했습니다. "하나님의 구속의 은혜가 뚫고 들어가지 못할 완악한 심령은 없다." 예배를 통하여 성령을 체험하게 되면 완악한 심령이 변하여 새 사람이 되는 기적이 일어나게 됩니다.

> **"그런즉 누구든지 그리스도 안에 있으면 새로운 피조물이라 이전 것은 지나갔으니 보라 새것이 되었도다"**(고후 5:17)

변화된 삶은 성도의 아름다운 신앙생활로 나타나기 마련입니다. 중생을 체험하고 변화된 삶을 체험한 성도들이 그 전처럼 살아 갈 수는 없습니다. 성령께서 그 마음속에 기쁨과 감사를 허락해주시기 때문에 자연적으로 넘치는 은혜 가운데 성도의 아름다운 삶을 살아가게 됩니다. 오직 변화된 성도들만이 하나님의 뜻을 분별할 수 있습니다. 무엇이 하나님의 선하신 뜻인가? 무엇이 하나님의 기뻐하시는 뜻인가? 무엇이 하나님의 온전하신 뜻인가? 하나님의 뜻은 성도에게 분명히 나타나 있습니다.

우리는 예배를 통해서 하나님을 만나고 체험하고 깊이 사귀어야 합니다. 또 예배를 통해서 구속의 은총을 맛보고 세상을 변화시킬 수 있는 능력을 공급받아야 합니다. 그러므로 예배는 우리 생활 속에 최우선하는 것이며 언제나 최고의 정점이 되어야 합니다. 예배를 소홀히 하면 능력도 없고 기쁨도 감사도 잃어버립니다. 예배를 소중히 여기는 성도는 항상 하나님의 은혜가 그 위에 머물러 있습니다.

2. 주신 은혜 감당하는 지혜(12:3-8)

우리 성도들은 예수 믿기 전과 그 후에 생각하고 행동하는 데 있어서 분명한 차이가 있습니다. 예수 믿기 전에는 내 생각과 계획만을 중시하고 내 힘으로 모든 일을 해왔다고 생각합니다. 그러나 예수 믿고 난 후에는 ‘모든 것을 은혜로’ 간주합니다. 전에는 자랑과 교만이 빠져 있었다면 이제 예수를 알고 난 이후로는 무익한 존재가 전적으로 하나님의 은혜로 말미암아 보람있게 사용되는 것을 깨닫고 감사하는 성도로 살아갑니다.

사도 바울은 이 은혜에 입각해서 성도가 교회생활을 어떻게 해야 할 것인지 본문 3절에서 자세하게 권면하고 있습니다.

"네게 주신 은혜로 말미암아 너희 중 각 사람에게 말하노니 마땅히 생각할 그 이상의 생각을 품지 말고 오직 하나님께서 각 사람에게 나눠주신 믿음의 분량대로 지혜롭게 생각하라"(12:3)

　여기서 바울은 '은사'와 '믿음의 분량'을 거의 동일한 의미로 사용하고 있습니다. 하나님께서 우리에게 거저 주신 '은혜'와 '믿음'은 인간으로서 가히 측량할 수 없습니다. 그러나 그것을 깨닫고 누리는 성도의 위치나 신앙 정도는 얼마든지 측량할 수 있습니다. 하나님의 은혜와 믿음은 본질상 차이가 없지만 그것은 간직하는 인간의 마음가짐과 신앙생활은 분명히 차이가 있습니다. 이것을 바울은 은혜의 분량 혹은 믿음의 분량이라고 표현하고 있습니다.

　분명히 하나님께서 각 사람에게 나눠주신 믿음의 분량이 다 다릅니다. 어떤 이는 다섯 달란트를, 어떤 이는 두 달란트를, 어떤 이는 한 달란트를 받은 것과 같습니다(마 25:14-30). 여기서 강조점은 능력의 많음과 적음이 아니라 하나님께서 베푸시는 은혜를 감당할 수 있는 믿음의 분량을 따라서 각각 필요한 직분을 주셨다는 사실입니다. 그러므로 많이 받았다고 과대시하거나 교만할 수 없습니다. 또 적게 받았다고 열등감을 갖거나 비굴할 필요가 없습니다. 중요한 것은 각자 받은 바 본분을 소중히 여기고 그것을 겸손하게 지키려는 마음이 중요합니다. 내게 허락된 것이 작다고 다른 사람이 받은 은사를 시기하거나, 내게 좀 더 다른 은사가 주어지지 않는다고 불평하거나 초조해서도 안 됩니다. 나는 내게 주신 은사만 감사하고 그것을 기쁨으로 받아 간직하는 자세만 있으면 됩니다. 그리고 할 수 있는 대로 내게 주신 은사를 잘 활용하고 계발해 나가는 지혜가 있어야 합니다. 이것이 바로 '주신 은혜를 감당하는 지혜'를 가진 성도의 모습입니다.

예수의 비유 중에 다섯 달란트 받은 이는 힘써 수고하여 다섯 달란트를 남겼고 두 달란트 받은 이도 힘써 수고하여 두 달란트를 더 남겼습니다. 이때 주인의 칭찬과 상급은 두 사람에게 똑같았습니다. 하나님께서 우리에게 원하시는 것은 양의 크고 작음이 아니라 하나님 앞에서 주신 은혜를 감당하기 위해 얼마나 수고했고 지혜롭게 행동하였는가 하는 사실입니다. 그러므로 한 달란트 받은 자는 책망 받을 수밖에 없었습니다. 본문에서 바울은 또 한 번 언급하고 있습니다.

"우리에게 주신 은혜대로 받은 은사가 각각 다르다"(6a절)

여기서 '은혜'는 '거저 주시는 사랑' 혹은 '값없이 주시는 자비'를 뜻합니다. '은사'는 '은혜를 따라 주시는 선물'을 뜻합니다. 어쨌든 사도 바울이 강조하고자 하는 것은 허락하신 분은 전지전능하신 하나님이시라는 말씀입니다. 바울은 인간이 가진 모든 것이 다 하나님께로부터 온 것을 기억해야 한다고 강조하고 있습니다. 특히 은혜의 개념은, 인간이 노력하고 수고한다고 해서 얻어질 수 없는 것입니다. 즉 오직 하나님께서 인간에게 주신 선물이란 뜻입니다. 예를 들면 음악을 좋아하는 것과 재능을 가진 음악가가 되는 것은 분명한 차이가 있습니다. 필자는 노래를 부르는 것을 아주 좋아합니다. 장거리 드라이브를 할 때면 차 안에서 흥겨운 노래를 부르며 운전합니다. 주위의 방해가 없는 곳이나 높은 산에 오를 때면 노래 부릅니다. 그러나 필자는 분명히 알고 있습니다. 아무리 필자가 노래 연습을 하고 성악 훈련을 한다고 할지라도 결코 세계적인 성악가인 플라시도 도밍고나 마리아 칼라스와 같은 인재는 될 수 없습니다. 그분들에게 주신 하나님의 은사가 필자와 다르기 때문입니다. 그러므로 우리가 자신의 은사를 잊고서 왜 나는 음악가와 같은 재능이 없는가 하고 불평하며 낙심하는 것은 올바른 신앙인의 자세가 아닙니다. 분명히 기억하세요. 하나님께서 우리에게 주신 은사가 각각 다릅니다.

집에서 자라나는 아이들을 볼 때 하나님의 은사가 각각 다른 것을 실감할 때가 많습니다. 우리 집 막내는 음에 대한 감각을 타고 난 것 같습니다. 말을 배우기도 전에 음정을 정확하게 짚으며 흥얼흥얼 따라 부르기를 좋아하더니 이젠 제법 찬송가도 따라 부릅니다. 그리고 만드는 일을 좋아하고 자기가 만든 그림이나 공작물들을 벽에 붙여 놓기를 좋아합니다. 나는 떼기에 바쁘지요. 그런데 둘째는 음정이 불안하고 노래를 따라 부르기보다는 손을 머리에 올리거나 허리에 대고 율동 하는 것을 좋아합니다. 또 책을 어찌나 좋아하는지 눈만 뜨면 책을 들고 수시로 읽어달라고 성화하며 심지어 밥상에 오르면서도 책을 들고 오고 잠자리에까지 책을 들고 갈 정도입니다.

그러므로 우리에게 중요한 것은 하나님께서 주신 은사가 무엇인지 그것을 잘 깨닫고 올바르게 사용하도록 자녀를 양육하는 자세가 있어야 합니다.

사도 바울이 본문에서 나열하고 있는 은사들이 무엇입니까?

1) 예언의 은사

흔히 '예언'을 잘못 이해합니다. 앞날을 미리 내다보고 점치는 일로 생각하는데 그것은 '예언'의 한 부분에 해당합니다. 구약적인 개념에서 예언은 'navi'로서 하나님께서 맡겨주신 일은 과거일이건 현재 일이건 장래 일이건 구별 없이 모두 선포하는 것을 가리킵니다. 바울이 하나님의 말씀에 관한 은사를 제일 처음에 놓고 있는 것을 중시해야 할 것입니다. 우리가 다 예언의 은사를 받아야 합니다. 바울의 말을 기억하십니까? "나는 너희가 다 방언 말하기를 원하나 특별히 예언하기를 원하노라"(고전 14:5a).

여기서 예언한다는 말의 뜻이 무엇입니까? 하나님께서 맡겨주신 모든 말씀을 바르게 말한다는 뜻입니다. 그리스도를 통해 내게 주신 복음의 말씀을 받은 그대로 나가서 세상 사람들에게 그 말씀을 전하는 것이 곧 예언의 기능입니다. 그래서 바울은 믿음의 분수대로 예언하고 권면합니다. 믿음은 하나님께서 주신 말씀을 간직할 수 있는 마음의 그릇을 말하기 때문에 오직 예언은 믿음의 분량에 따라 좌우된다는 뜻이지요.

2) 섬기는 은사

바울이 이 은사를 두 번째로 놓은 것은 깊은 뜻이 있습니다. 하나님께서 맡겨 주신 예언의 말씀을 올바르게 감당하는 성도의 신앙적 자세는 섬김에서 우러나와야 합니다. 세상 사람들처럼 '말의 폭력'을 휘두르는 것이 아닙니다. 예수께서 세상에 오신 것은 섬김을 받으려 함이 아니라 도리어 섬기려고 오셨다고 했습니다. 교회 봉사는 섬김에서 출발하는 것입니다. 누가 가장 봉사를 잘 하는 분인가? 누가 알던 모르던 자기 자리에서 묵묵히 섬기는 분이 가장 진실한 봉사를 하는 분입니다.

3) 가르치는 은사

기독교는 성경말씀에 근거한 신앙입니다. 성경을 떠나서 우리의 믿음이 성립될 수 없습니다. 그러므로 성령을 부지런히 가르치고 배우는 일이 없이 교회를 올바르게 성장시킬 수 없습니다. 개인의 신앙생활도 마찬가지입니다.

4) 권위하는 은사

'권위' 란 말은 '권고', '권면', '위로' 라는 뜻입니다. 다른 사람을 위로하고 힘을 북돋고 용기를 주는 일을 가리킵니다. 서로 불평하고 헐뜯는 교회는 갈라서지만 서로 위로하고 권면 하는 교회는 든든해집니다. '비 온 뒤에 땅이 굳어진다' 는 말이 있습니다. 시련과 역경을 당할 수 있지만 잘 참고 서로 위로하면서 극복하면 전보다 더 굳건해진다는 교훈입니다.

5) 구제하는 은사

구제하는 일은 교회가 세상에 아름다운 빛을 발하는 행위입니다. 구제를 잘하는 교회는 지역 사회에서 칭찬을 받습니다. 이유는 구제하고 어려운 이를 돌아보는 데 앞장을 섰기 때문입니다. 구제하는 이가 가져야 될 마음은 성실과 진실입니다.

6) 다스리는 은사

청중을 이끄는 지도자가 갖추어야 할 성품 중에서 사도 바울은 열심을 꼽고 있습니다. 부지런히 일해야 한다고 권면합니다. 다스림을 잘 못해서 공동체가 허물어지는 경우가 많습니다.

7) 긍휼을 베푸는 은사

‘긍휼’은 ‘자비’를 가리킵니다. 사도 바울은 자비를 베풀되 즐거운 마음으로 할 것을 권면하고 있습니다. 즐거운 마음으로 하는 것은 억지나 마지못해서 하는 것과는 근본적으로 다릅니다. 내게 자비를 청하는 불쌍한 심령을 만날 때마다 상대방의 입장에 서서 충심으로 그를 이해하고 즐거운 마음으로 베푸는 자비야말로 신앙인이 생활 속에서 맺어야할 아름다운 열매입니다. “너희 관용을 모든 사람에게 알게 하라. 주께서 가까우시니라”(빌 4:5).

이상으로 사도 바울이 언급한 7가지 은사는 한 가지 뚜렷한 목적을 위해 언급되고 있습니다. 그것은 그리스도의 몸을 세우는 데 있는 것입니다. 여기서 바울은 재미있는 비유법을 활용하고 있습니다. 즉 교회를 유기체의 몸에 비유하고 있는 것입니다. 본문 4절, 5절 말씀을 보세요.

> “우리가 한 몸에 많은 지체를 가졌으나 모든 지체가 같은 직분을 가진 것이 아니니 이와 같이 우리 많은 사람이 그리스도 안에서 한 몸이 되어 서로 지체가 되었느니라”(4-5; cf. 고전 12:12-13)

그리스도의 몸 된 교회는 각 지체마다 감당해야 할 각각 다른 은사와 믿음의 분량이 있는 것입니다. 목표는 한 가지, 곧 주님의 몸을 세우는 일입니다. 지체로서 우리 하나 하나에게 주신 은혜를 잘 감당하는 지혜로운 청지기들이 되십시오.

3. 사랑의 공동체(12:9-13)

　사도 바울은 그리스도인의 삶과 윤리에 있어서 근본 원리가 되는 '사랑'에 대해서 교훈하고 있습니다. 기독교 복음의 시작은 사랑에 있습니다. "하나님은 사랑이시니라", "하나님은 당신을 사랑하십니다." 성탄절의 참 뜻은 인간을 사랑하셔서 친히 이 땅에 오신 하나님의 크신 은총을 기리는 것입니다. 성도가 신앙생활을 잘 해야겠다고 마음속으로 다짐하는 근거도 사랑에 있습니다. 교회에서 무슨 직분을 받았든지 그 직분을 잘 감당하는 동기도 사랑에 있습니다. 주님께서 날 위해 이토록 사랑하셨고 자신의 모든 것을 내어 주셨는데 나 어찌 가만히 앉아만 있겠는가? 그 크신 사랑에 응답하고 질그릇 같은 내가 주님께서 즐겨 쓰시는 그릇이 되도록 기꺼이 드리고 사랑으로 응답해야 하는 것은 기독교 윤리의 근본 원리입니다.

　원문에 보면 3가지의 단어로 사랑이 나타나 있습니다.

1) 아가페(9절)

　이것은 하나님께서 인간에게 보여주신 사랑을 가리킵니다. 아가페 사랑은 진실한 것입니다. 하나님께서는 우리에게 진실한 사랑을 보여 주셨습니다. 그러므로 그 사랑엔 거짓이 없습니다. 그 사랑엔 해함도 없고 다함도 없습니다. 오늘날 사랑이 얼마나 변질되었습니까? 가룟 유다가 자기 스승 예수에게 입맞춤의 표식으로 원수에게 넘겨주는 거짓된 사랑이 너무나도 팽배해 있습니다. 금년 들어서 강간이 급증하였다는 뉴스를 들었습니다. 오늘날 사이비 사랑, 타락된 사랑 놀음 때문에 얼마나 많은 사람들이 더욱 더 슬픔과 비탄에 잠겨 있습니까? 우리는 진실한 사랑, 헌신적인 사랑, 아가페의 사랑에 귀를 기울여야 합니다. 사도 요한은 이러한 사랑을 본받아야 할 것을 권면하고 있습니다. "자녀들아 우리가 말과 혀로만 사랑하지 말고 오직 행함과 진실함으로 하자"(요일 3:18). 진실한 사랑은 하나님의 뜻을 실천합니다. 세상이 불신으로 가득 차 있지만 그래도 교회가 베푸는 사랑만은 세상이 계속해서 기다리고 또 굳게 믿고 있음을 알 수 있습니다.

교도소에 방문하는 인사들 중에 교도소에 필요한 많은 물건들과 선물을 가져오는 개인들이 많습니다. 그런데 교도소 측에서는 한결같이 부담스러워합니다. 혹시 그것들을 빌미로 해서 특별면회나 어떤 요청을 하려는 것 아닌가? 나중에 보면 열이면 열, 다 지난 호의를 생각해서 선처해 달라고 말하기가 일쑤입니다. 그러니 자연적으로 지난 번 선물은 뇌물이 되고 마는 것이지요. 그러나 교회에서 오시는 분들은 두 손들고 환영합니다. 뒤끝이 깨끗하다는 것이지요. 교회에서 방문해서 선물을 나눠주면 직원과 재소자 모두 좋아합니다. 거짓이 없는 사랑을 베풀기 때문입니다. 우리가 진실한 사랑을 베풀면 그리스도의 사랑이 그들에게 전달될 줄로 믿습니다.

2) 필로스(10a절)

이것은 인간적인 사랑인데 친구와 친구간에 형제와 형제간의 사랑을 뜻합니다.

> "누구든지 하나님을 사랑하노라 하고 그 형제를 미워하면 이는 거짓말하는 자니 보는 바 그 형제를 사랑치 아니하는 자가 보지 못하는 바 하나님을 사랑할 수 없느니라. 우리가 이 계명을 주께 받았나니 하나님을 사랑하는

3) 필로스토르고스(10b절)

우리말로는 '우애' 라는 말로 번역되었는데 이것은 가족간의 사랑을 뜻합니다. 사실 성도들은 그리스도 안에서 한 가족입니다. 그러므로 베드로 사도는 이렇게 권면합니다. "너희가 진리를 순종함으로 너희 영혼을 깨끗하게 하여 거짓이 없이 형제를 사랑하기에 이르렀으니 마음으로 뜨겁게 피차 사랑하라"(벧전 1:22). 서로 마음이 나뉘고 생각이 갈리는 것은 온전한 사랑이라고 말할 수 없습니다. 사랑하면 하나가 되어야 합니다.

옛 한자말에 "하해불택세류(河海不擇細流)"라는 말이 있습니다. 이것이 어느 대학의 교수 휴게실에 걸려 있었는데 휴식을 하면서 이 현판을 볼 때마다 깊은 상념에 빠지게 됩니다. 이 말은 "바다나 큰 강은 작은 시냇물을 가리지 않는다"는 뜻입니다. 바다 같이 넓은 물에 실개천이 더러우면 어떻고, 도랑물이 깨끗하면 어떻고, 작은 냇물이면 어떻고, 큰 냇물이면 어떤가요? 다 흡수하여서 바다를 이루는 것이니, 바다가 되려면 물의 종류를 따지지 말아야 한다는 뜻입니다. 또 다른 의미는 바다는 사소한 물에 신경을 쓰지 않는다는 말입니다. 워낙 큰 물이니까 자질구레한 것을 일일이 따지지 않고 다 포용합니다. 문제삼을 것을 일일이 따지지 않고 다 포용합니다. 도대체 문제삼을 것이 없습니다. 모기가 뭐라고 하든 코끼리는 태연한 것과 같습니다. 태풍이 불어도 태산이 흔들리지 않는 자신감과 같다고 할까요? 바다는 한없이 넓은 가슴을 가지고 있어서 아무 것이나 받아들입니다. 또 바다는 항상 출렁거리기에 이미 들어온 물을 전체적으로 용해하여서 새로운 바다로 생성하는 창조력이 있다는 점입니다. 세류(細流)가 일단 바다에 들어오면 이미 바다일 뿐 더 이상 실개천은 아닙니다. 바다에는 들어온 것을 자기 것으로 만드는 힘이 있습니다. 중심이 강하기 때문에 아무 것이나 소화하여 무서운 힘을 발휘한다는 말입니다.

우리의 신앙 생활에 비추어 보면서 위의 것을 설명하면 이러합니다.

첫째로, 흡수력을 가지라는 것입니다. 신앙 생활을 하려면 어느 것이나 하나님의 섭리가 들어 있으니 겸손하게 받아들여야 합니다. '티끌 모아 태산'이며, '첫 술에 배부르지 않다'는 속담을 상기하십시오. 작은 일에 충성한다는 말은 작은 일에도 하나님의 창조 아닌 것이 없다는 수용 자세를 가지라는 말과 같다고 하겠습니다.

둘째로, 포용력을 가지라는 것입니다. 든든한 신앙을 가지고, 너무 감정에 흔들리지 않으며 모든 일에 관용과 사랑으로 나가면 하나님의 축복을 받을 것입니다. 지나고 나면 후회가 될 것을 당시는 못 참아서, 얼마나 속상했고 손해보았으며 가까운 사람을 잃었던가요? 신자는 스폰지와 같이 흡수력이 강해야 할 것입니다. 바다 같은 넓은 마음을 가지십시오.

셋째는, 소화력을 가지라는 것입니다. 나의 가슴속에 받아들인 후에는 나의 피가 되고 살이 되는 소화력을 말합니다. 신앙이 들어왔으면 그것이 몸에 녹아서 행동으로 나타나야 하는데 '신앙 따로 행동 따로'라면 어찌 되겠습니까? 설익은 신앙인이 되지 말아야 할 것입니다.

이상 세 가지를 한 마디로 말하면 자신감이라고 하겠습니다. 바다는 시냇물을 가리지 않습니다. 큰 신앙인은 사소한 일을 가리지 않습니다.

'아가페'라는 하나님의 큰 사랑의 바다가 인간적인 모든 것을 용해하듯이, 자질구레한 것에 휩싸이지 말고 사랑의 큰 원리를 항상 염두에 두고 실천하는 데 힘씁시다. 이런 사랑의 원리를 바탕으로 성도가 힘써

야할 구체적인 실천사항들을 생각해 보십시다.

① 존경하기를 서로 먼저 하라

남을 존경한다는 것은 아름다운 일입니다. 생활 속에 느끼는 것은 온유한 성품을 가진 분들이 남을 존경하는 일에 앞장서는 것을 볼 수 있습니다. 겸손한 분들의 모습을 가만히 보면 매사 남을 앞세웁니다. "오직 겸손한 마음으로 각각 자기보다 남을 낮게 여기고"(빌 2:3b), "이와 같이 장로들에게 순복하고 다 서로 겸손으로 허리를 동이라. 하나님이 교만한 자를 대적하시되 겸손한 자들에게 은혜를 주시느니라"(벧전 5:5). 흔히 다툼은 다른 사람보다 자신을 더 위에 놓고자 할 때 생깁니다. 그러므로 성령은 겸손하라, 자신을 낮추라고 끝없이 권면하는 것입니다. 이것이 사랑이기 때문입니다.

② 주를 섬기라

"부지런하여 게으르지 말고 열심을 품고 주를 섬기라"(12:11)

성도의 생활은 부지런해야 합니다. 어떤 부인을 전도한 성도가 있는데 주일 아침마다 그 집에 가서 애들 목욕시켜주고 설거지도 해주면서 서둘러서 교회로 인도했답니다. 그래서 그 부인이 생각하기를 '자기 집안 일도 바쁠 텐데 일부러 내 집에까지 와서 수고한다. 참으로 부지런하다. 예수 믿으면 저렇게 부지런해지고 기쁨이 넘치는가 보다' 해서 신앙생활을 시작했다는 이야기가 있습니다. 사실 주일날 늦잠을 자고 싶은 마음이 들지요. 그러나 늦잠 자고 밀린 일부터 해야겠다 싶으면 제대로 신앙생활이 어렵고 주일 성수도 어렵습니다. 만사를 뒤로하고 부지

런히 신앙생활을 할 때, 전보다 더 건강하고 모든 일을 보다 잘 감당할
수 있을 줄 믿습니다. 이것이 사랑의 표현입니다.

③ 경건과 기도생활에 힘쓰라

성도가 세상을 돌아보면 실망하고 낙심할 수밖에 없습니다. 그러나
보이는 세상은 잠깐입니다. 아침에 있다가 사라지는 안개와 같고 이슬
과 같은 것이 세상사 아닙니까? 고린도후서 4장에서도 나오듯이,

> "그러므로 우리가 낙심하지 아니하노니 겉 사람은 부패하나 우리의 속은
> 날로 새롭도다. 우리의 잠시 받는 환난의 경한 것이 지극히 크고 영원한
> 영광의 중한 것을 우리에게 이루게 함이니 우리의 돌아보는 것은 보이는
> 것이 아니요 보이지 않는 것이니 보이는 것은 잠깐이요 보이지 않는 것은
> 영원함이라"(고후 4:16-17)

성도는 세상에서 고난과 환난을 당하더라도 하나님의 영광을 바라보
며 소망 중에 즐거워해야 합니다(5:2). 사도 바울은 소망이 성도를 부
끄럽게 하지 않는다고 했습니다(5:3). 세상의 소망은 때때로 부끄럽게
할 때가 많습니다. 한국에서 자녀를 서울대 들어갈 실력이 있다고 자랑
한 부모들이 막상 실패하자 부끄럽게 되고 결국 그것 때문에 반드시 서
울대에만 보내려고 부모들이 나서서 재수, 3수 시키는 것 볼 때 안타깝
기 그지없습니다. 그러나 하늘의 영원한 나라에 소망을 둔 자는 결코 부
끄럼을 당하지 않습니다. 왜냐하면, "환난은 인내를 인내는 연단을 연
단은 소망을 이루기" 때문입니다(5:3-4).

성도가 환난을 당할 때 해야 할 일이 있습니다. 그것은 소망 중에 즐
거워하며 기도에 항상 힘쓰는 일입니다. 기도하면 모든 시련과 환난을

극복할 수 있습니다. 경건과 기도생활은 사랑의 표현입니다.

④ 대접하기를 힘쓰라

예수의 가르침은 '먼저 행하라'는 데 그 초점이 있습니다.

> "무엇이든지 남에게 대접을 받고자 함대로 너희도 남을 대접하라"(마7:
> 12)
> "누구든지 제자의 이름으로 이 소자 중에 하나에게 냉수 한 그릇이라도 주
> 는 자는 내가 진실로 너희에게 이르노니 그 사람이 결단코 상을 잃지 아니
> 하리라"(마 10:42)
> "형제 사랑하기를 계속하고 손님 대접하기를 잊지 말라 이로써 부지중에
> 천사들을 대접한 이들이 있었느니라"(히 13:1-2; cf. 창 18:3-아브라함; 잠
> 19:2-롯)

사랑은 하나님과의 올바른 관계에 있을 때 생활 속에 뿌리를 내릴 수 있습니다. 십자가의 사랑을 깊이 체험한 성도는 구체적인 생활 속에 그 사랑을 행동으로 옮기고 싶은 강한 충동을 느낍니다. 주님께서 나를 이처럼 극진히 사랑하셨는데 내 어찌 가만히 앉아만 있을 수 있겠는가? 주님의 사랑에 감동하며 넘치는 은혜에 감사하며 기쁨에 충만하여 저절로 우리의 발길이 옮겨질 때 우리는 거짓 없는 사랑을 할 수 있을 줄로 압니다.

4. 선으로 악을 이기라(12:14-21)

『행복』과『잠 못 이루는 밤을 위하여』의 저자로 우리에게 잘 알려져

있는 스위스의 사상가 칼 힐티(1833-1909)가 세상을 떠난 후에 그의 묘비에 이런 글이 적혀 있어 오늘날까지 전해진다고 합니다: "사랑은 모든 것을 이긴다(amor omnia vincit)." 그는 백림 대학의 법학교수였지만 종교·도덕의 많은 저술을 남겼습니다. 그는 인간의 삶에 3가지 질서가 있다고 말한 적이 있습니다.

첫째, 힘의 질서입니다. 폭력이나 물리력으로 모든 것을 해결하려고 합니다. 링컨의 말과 같이 이것은 그 승리의 기간이 짧습니다. 둘째, 법의 질서입니다. 법이나 조문을 가지고 모든 것을 해결하려고 합니다. 이것은 냉랭하고 인간미가 없습니다. 셋째, 사랑의 질서입니다. 사랑의 힘으로 모든 것을 해결하려고 합니다. 이것이 가장 높은 차원이요, 또 우리의 최고의 이상입니다.

바울은 사랑의 근본원리에 대해서 귀중한 교훈을 주고 있습니다. 사랑은 모든 것을 이깁니다. 사랑은 폭력을 이기고 증오를 이기고 원수까지고 이깁니다. 사도 바울은 본문의 가장 마지막 말을 마치면서 '선으로 악을 이기라'고 권면하고 있습니다.

간디는 "폭력은 동물의 법칙이요, 비폭력은 인간의 법칙"이란 말을 한 적이 있습니다. 힘이나 법, 혹은 폭력보다는 사랑의 방법으로 대하는 것이 가장 성도다운 길입니다. 사도 바울은 그의 삶 속에서 이러한 사랑의 원리를 깊이 체험한 것이 분명합니다. 우리가 이 같은 사랑을 실천하기 위하여 바울의 체험을 깊이 나누어야 합니다.

1) 인간적 본능을 통제하라

대개 인간의 본능은 작용이 있으면 반작용으로 반응하기 마련입니다. '눈은 눈으로 이는 이로' 이것이 인간이 심리 작용입니다. 사회가 덜 성숙될수록 본능에 따라 좌우됩니다. 개인도 마찬가지입니다. 인격이 덜 성숙된 사람일수록 기분과 상황, 본능에 따라 좌우됩니다. 그러나 하나님께서는 성도들이 본능에 좌우되는 것을 원치 않으십니다.

"너희를 핍박하는 자를 축복하라. 축복하고 저주하지 말라"(14절)

보통 인간의 경우 핍박이 있을 때 어떻게 합니까? 자신에게 대항할 힘이 있으면 이를 악물고 대들지 않겠습니까? 그러나 대항할 힘이 없을 때는 어떻게 하겠습니까? 엎드려서 욕이라도 실컷 할 것입니다. 또 제3자에게 도움을 청하고 저 못된 원수를 없애달라며 저주할 것입니다. 이것이 인간의 본능입니다. 그러나 성서는 인간적 본능에 좌우되어서는 안 된다고 권면 합니다.

왜 우리가 사랑하지 못하는가? 본능에 따라 좌우되기 때문입니다. 가끔 동네 아이들이 집에 놀러와서 싸우는 것을 봅니다. 왜 그런가 가만히 주시해보면 뻔해요. 서로 자기 본능에 이끌리기 때문입니다. 누가 놀고 있는 것을 빼앗으면 이내 달려가 빼앗습니다. 어쩌다 한 대 때리면 같이 때립니다. 결국 둘 다 울어버립니다. 그러나 엄마하고는 싸우지 않습니다. 엄마가 다 받아주거든요. 가끔 터무니없이 떼를 쓰며 울며 달라붙어도 엄마가 끌어안고 얼굴을 비비면 간지럽다고 이내 웃어버립니다.

"아무에게도 악으로 악을 갚지 말고 모든 사람 앞에서 선한 일을 도모하라"(17절)

성서의 가르침 가운데 절정은 적극적인 윤리를 제시하는 데 있습니다.

아무리 메마른 땅도 깊이 파면 반드시 맑은 샘물이 나옵니다. 아무리 악한 사람일지라도 그의 가슴 속 깊은 곳에는 반드시 양심이 작용합니다. 온 천하가 두려워하는 살인강도나 흉악범도 그 마음 깊은 곳에 인간의 맑은 양심이 엄연히 존재하고 있습니다. 인간은 선한 행동이나 정성에 감동하는 동물입니다. 한두 번 선을 행한 것으로 실망하지 말고 끝까지 사랑하고 선한 일을 도모할 때 그 마음이 움직이지 않는 사람은 없습니다.

"사형수 고재봉 - 1963. 10. 19일. 새벽 2시. 이덕주 중령 일가족 6명을 도끼로 몰살시킨 살인마." 신문기사의 한 대목입니다. 사건의 발단은 사소함에서 비롯되었습니다. 부대장 박 중령의 사택에 자주 가서 사역을 했는데 어느 날 서재에서 작은 물건 하나들고 나오다 가정부에게 들켜서 모든 도난사건의 책임을 뒤집어쓰자 화가 난 고재봉이 옆에 있던 도끼를 들고 죽이겠다고 위협한 것이 그만 살인 미수혐의로 박 중령에 의해 고발되어 육군교도소에서 7개월형을 받았습니다. 석방 후에 박 중령의 가정에 돌아와 원수를 갚겠다고 한 것이 그만 박 중령은 다른 곳으로 전속을 가고 그 사택에 다른 가족이 들어와 살고 있는 것을 모르고 이덕주 중령의 가족을 몰살하고 말았습니다. 사형언도를 받고 수감 중에도 도저히 교화가 안 되는 인간 쓰레기 고재봉은 사방을 시찰하던 교도소장의 안경을 손가락으로 깨뜨려 '눈깔 파먹는 지옥의 연황대장'이란 별명까지 얻었습니다. 그를 누가 회개시켰는가? 교도소 관계자들의 이야기에 의하면 새문안 교회의 모 권사님이라고 합니다. 아무리 고재봉이 욕설을 퍼부어도 그 철장 앞에 엎드려 눈물로 기도하고 저 사람 죄를 용서해 달라고 기도하던 권사님 모습에 감동되어 회개하고 신자가 되었답니다. 그가 마지막 형장의 이슬로 사라질 때 찬송가를 부르면서 갔답니다. "인애하신 구세주여 내말 들으사 죄인 오라 하실 때에 날 부르소서."

2) 원수갚는 것은 하나님께 속한 일이다

"내 사랑하는 자들아 너희가 친히 원수를 갚지 말고 진노하심에 맡기라 기록되었으되 원수 갚는 것이 내게 있으니 내가 갚으리라고 주께서 말씀하시니라"(19절)

때때로 살다보면 억울하고 어처구니없는 일을 당할 수가 있습니다. 그 때에 성서가 들려주는 말씀은 우리가 우리 자신을 변호할 필요가 없다고 권면 하십니다. 아무리 상대방이 오해하고 더 나아가 내게 손해를 끼치고 핍박을 가한다 할지라도 정작 나 자신이 아무런 결함이 없고 정당하다면 하나님께서 보호해 주시고 구해 주실 것입니다. 물론 하나님의 시간과 방법은 인간의 생각과는 전혀 다른 차원에 있습니다. 그러나 하나님께서는 당신의 자녀들이 부당하게 고난 당하도록 내버려두시지 않습니다. 중요한 것은 우리 마음의 중심이 문제입니다. 이러한 실례를 우리는 사무엘하 16장에서 찾을 수 있습니다.

다윗의 생애 동안에 가장 비극적인 일은 그의 아들 압살롬이 일어나 왕권을 차지하려고 모반하고 아버지의 생명을 노리던 때일 것입니다. 아들에게 쫓겨서 도망 길에 오른 다윗과 그 일행이 바후림에 이를 때였습니다. 거기서 시므이(사울의 집 족속: 베냐민 지파 게라의 아들)가 나오더니 막 다윗을 향하여 돌을 던지며 저주를 퍼붓지 않았습니까? "피를 흘린 자여 비루한 자여 가거라. 사울의 족속의 모든 피를 여호와께서 네게로 돌리셨도다. 그 대신에 네가 왕이 되었으나 여호와께서 나라를 네 아들 압살롬의 손에 붙이셨도다. 보라 너는 피를 흘린 자인고로 화를 자취하였느니라”(삼하 16:4-8). 이때 다윗을 보좌하던 그루야의 아들 아비새가 화가 나서 왕께 간청합니다. “이 죽은 개가 어찌 내 주 왕을 저주하리이까. 청컨대 나로 건너가서 저의 머리를 베게 하소서”(삼하 16:9). 이 얼마나 솔직한 심정입니까? 비록 그 아들이 반란을 일으켜 정처 없이 도망치는 신세가 된 다윗 왕이지만, 혹시 다윗을 만난 사람들이 그를 왕으로 알아보지 못하고 이런 실수를 했다면 그나마 이해가 되겠지만 이건 숫제 대놓고 욕설을 퍼붓고 저주하고 있습니다. 그 상황을 가만히 살펴보면 당시 다윗의 측근에 있던 신하들이 더 이상 참을 수 없다고 길길이 뛰고 있는 것을 볼 수 있습니다. 그러나 당사자인 다윗 왕이 그들을 만류하며 무어라고 말합니까? “내 몸에서 난 아들도 내 생명을 해하려 하거든 하물며 이 베냐민 사람이랴? 여호와께서 저에게 명하신 것이니 저로 저주하게 버려 두라”(삼하 16:11).

정말 다윗은 선한 왕입니다. 다윗은 그에게 닥친 비참한 상황뿐만 아니라 그에게 돌려지는 그 모든 수모와 저주를 참아내면서 “혹시 하나님의 뜻을 깨닫게 되지 않겠는가” 생각하며 이렇게 말을 맺습니다. “혹시 여호와께서 나의 원통함을 감찰하시리니 오늘날 그 저주 까닭에 선으로 내게 갚아 주시리라”(삼하 16:12). 그리고 길을 재촉하여 산비탈로 내려갑니다. 그런데도 시므이는 그 일행을 끝까지 따라가면서 “저주하고 저들을 향하여 돌을 던지며 티끌을 날렸습니다”(삼하 16:14).

원수 갚는 것은 하나님께 속한 일입니다. 다윗은 신앙 위에 굳게 서 있던 선왕입니다. 후에 압살롬이 상수리나무에 머리채가 걸려 공중에 매달리게 되었을 때 다윗의 군대장 요압이 그를 처치하게 됩니다(삼하 18장). 그 소식을 전해들은 다윗은 심히 마음이 아파 문두로 올라가서 얼굴을 가리우고 큰 소리로 울었습니다. "내 아들 압살롬아 내 아들 내 아들 압살롬아 내가 너를 대신하여 죽었더면, 압살롬 내 아들아 내 아들아"(삼하 18:33; 19:4).

그 후 왕정에 복귀하기 위해 요단에 이르게 되어 나룻배를 타고 예루살렘으로 향하려 할 때 전에 피난길에서 다윗을 저주하던 시므이를 만나게 됩니다. 시므이는 코가 땅에 닿도록 빌며 사죄를 청하게 됩니다 (왕하 19:19-20). 이때 다윗은 그를 죽이지 않고 살려 둡니다.

때때로 마귀 사단은 우리로 하여금 이웃을 용서하지 못하도록 우리의 마음을 강퍅하게 만듭니다. 그러나 우리는 분명히 알아야 합니다. 원수 갚는 일은 오직 하나님 손에 달려 있습니다. 그러므로 우리는 "할 수 있는 대로 모든 사람과 더불어 평화해야"(12:18)하겠습니다. 사도 바울은 한 걸음 더 나아가서 적극적으로 행할 길을 가르치고 있습니다. "네 원수가 주리거든 먹이고 목마르거든 마시우라. 그리함으로 네가 숯불을 그 머리에 쌓아 놓으리라"(12:20). 이것 역시 바울의 체험에서 우러나온 말씀입니다. 이것은 실제적인 체험입니다. 사랑의 사도 손양원 목사님처럼 자기 아들들을 죽인 원수를 끝까지 사랑하며 그를 선대하고 친히 법정에 탄원하여 그를 석방시키게 되었을 때 그 못된 심령이 움직여서 그리스도의 사랑을 체험하고 양자 된 사실을 우리는 잘 알고 있습니다. 그리므로 20절 말씀은 우리가 원수를 향하여 선한 일을 도모할 때 그가 스스로 깨닫고 얼굴을 붉히며 평화의 자리로 나아오게 될 것이란 뜻입니다. 문제는 원수가 궁핍한 것을 깨닫지 못하고 그 필요를 채워 주지 못하는 데 있습니다. 원수가 정신적으로 물질적으로 곤궁에 처할수록 더욱더 그 마음이 강퍅해 질 것은 뻔한 일입니다. 그러나 우리가 그리스도의 뜨거운 사랑으로 그들의 곤궁에 민감하게 대처하고 그 필요를 적극적으로 채울 때에 그 사랑의 행위는 그들에게 수치감과 죄책감을 불러일으킬 것입니다.

3) 자기 마음을 통제하라

"사람을 가장 감동시키는 것은 그의 가슴속에서 나오는 말이다."
– 괴테

우리를 감동시키는 것은 가슴 깊은 곳에서 우러나오는 말과 행동입니다. 입에서 나오는 말, 머리에서 나오는 말은 우리에게 깊은 감동을 자아내지 못합니다. 심장에서 우러나오는 말, 폐부 깊은 곳에서 솟구치는 소리, 오랜 삶의 여정 속에서 우러나는 말들이 우리에게 큰 감명과 용기를 줍니다.

사도 바울은 삶의 체험 속에서 우러나는 말씀으로 우리에게 권면하고 있습니다. "즐거워하는 자들로 함께 즐거워하고 우는 자들로 함께 울라. 서로 마음을 같이 하며 높은 데 마음을 두지 말고 도리어 낮은 데 처하며 스스로 지혜 있는 체 말라"(12:15-16). 세계를 제패한 알렉산더 대제가 승리를 축하하며 취한 장군들을 위로하기 위해 파티를 열었다고 하지요. 그때 오른팔과 같이 사용하던 신하가 그만 술이 거나하게 취하여 실수를 하게 됩니다. 술김에 알렉산더의 사랑하는 아내의 손목을 잡았다고 하지 않습니까? 이것을 참지 못한 알렉산더 대제는 일어나 칼을 빼서 그 신하의 목을 그만 쳐버리고 말았습니다. 세계는 제패하였지만 자기 마음을 통제하지 못한 것입니다. "산중의 적은 파하기 쉽지만 심중의 적은 파하기 힘들다." 인간의 수양이 얼마나 어려운가를 간파한 명언입니다. 밭에 김을 매지 않으면 잡초가 무성하듯이 우리의 마음도 내버려두면 악의 잡초가 무성해집니다. 적은 밖에 있는 것이 아니라 자기 마음속에 있습니다. 자기 마음을 극복하고 극기하지 못하면서 다른 사람과 올바른 인간관계를 맺을 리가 만무합니다.

영국시인 프리올은 "행복한 사람이 되고 싶거든 남을 기쁘게 하는 것을 배워라"고 말한 적이 있습니다. 행복의 비결은 다른 데 있는 것이 아닙니다. 그저 김 삿갓처럼 산천초목이 훤히 비치는 멀건 흰 죽사발을 들이켜도 자기 마음(뱃속)이 편해야 행복한 것입니다. '고장난명(孤掌難鳴)'이란 말도 있듯이 한 손으로는 소리를 낼 수 없습니다. 두 손이 마주칠 때 소리가 납니다. 행복이라는 아름다운 소리를 내기 위해서는 나의 마음을 이웃에게 너그럽게 내보여야 합니다. 내가 내 마음대로 행동하고 내 이기적 욕망에 따라 움직일 때 우리는 절대로 남을 기쁘게 할 수 없습니다. 남을 기쁘게 하려면 상대방이 무엇을 생각하고 무엇을 바라고 있는지 바로 알고서 넓은 이해력과 따뜻한 관심 그리고 인내와 겸손의 덕을 가지고 있어야 합니다.

완전한 사랑(13:1-14)

내용요약

13:1-7

이 구절은 12장 1-2절과 13장 11-14절의 context 안에서 이해해야 합니다. 즉 본문은 종말론적 context 안에서 이해해야 합니다. 바울이 여기서 언급한 것은 국가와 정부의 구별이나 악정(惡政)의 경우에 대해서가 아니라, 종말을 대망하고 있는 기독자에게 사랑의 실례로서 국가에 대한 복종을 말하고 있는 것입니다. 여기에 하나님은 왕중왕, 즉 역사의 주관자로 소개되어 있습니다. 모든 권세는 하나님께로부터 온 것입니다. 하나님께서 주신 권세의 역할은 '하나님의 사자'(4a, b절) 또는 '하나님의 일꾼'(6b절)이란 표현에 나타나 있습니다. '사자' 혹은 '일꾼'이란 단어는 희랍어로 디아코노스란 단어로, 둘 다 '일꾼'을 의미합니다. 즉 하나님께서 맡기신 선한 일에 힘쓰는 자들이란 뜻입니다. 또 그들에게 쥐어진 '칼'로 상징되는 내용은, 세상 질서를 바로잡을 직책이 그들에게 부여되어 있음을 말하는 것입니다.

13:8-10

신자는 사랑의 부채를 안고 있습니다. 왜냐하면 그들은 하나님 앞에서 탕감 받은 존재들이기 때문입니다. 마태복음 22장 37-40절에서 예수께서는 십계명을 요약해 주셨습니다. 즉 1-4 계명은 하나님 사랑으로 요약될 수 있고, 5-10계명은 이웃 사랑으로 요약될 수 있습니다. 사도 바울은 로마서 12장 1-2절과 13장 8-10절에서 예수의 가르침을 그대로 따르고 있습니다. 그러므로 사랑은 율법의 완성(마침)입니다(10b절).

13:11-14

이 구절은 종말의 긴박성을 표현한 것으로서 어거스틴의 회심에 결정적인 역할을 한 것으로 유명합니다(어거스틴의 참회록 8:12, 23을 보십시오). 인간에게 중요한 것은 '때'를 분별하여 아는 것입니다(전 3:1-8). 여기서 '때'란 말로 사용된 희랍어 카이로스란 단어는 하나님의 특정한 시기를 뜻합니다. 그러면 여기서 '잠'이란 무엇을 상징한 말씀일까요? 요컨대 현세와 육욕에 빠지는 것을 말합니다. 그러므로 잠에서 깨어난다는 말씀은 이것들로부터 깨어난다는 뜻입니다.

1. 교회와 국가(13:1-7)

모든 그리스도인들이 자신들이 살고 있는 국가와의 관계를 어떻게 가질 것인지는 반드시 정리해야 하는 중요한 문제입니다. 성경에는 부분적으로 여러 곳에서 성도와 국가와의 관계된 사건을 취급하고 있으나 본문에서처럼 직접적으로 국가와 그리스도인의 관계를 명료하게 말씀하신 곳은 없습니다. 여기 1-7절에 나타난 내용을 간추려 보면, 모든 권세는 하나님께로부터 난 것으로서 관원들은 법의 집행자로 하나님의 사자가 된다고 하셨습니다(3-4절). 관원들은 선행자를 칭찬하고 악행자를 벌하는 하나님의 일꾼이라고 하셨습니다(6절). 성도는 억지로 하지 말고 양심을 인하여 권세에 굴복해야 한다는 것 등입니다(5절). 그런데 우리가 이 말씀을 잘못 이해하면 엄청난 잘못을 저지를 수 있는 난해한 구절이기도 합니다.

예를 들어, 일제 강점기에 기독교 박해가 일어나서 모든 교회는 일본의 천황 앞에 참배하라고 명령을 내렸습니다. 이것은 분명 잠자는 신앙인들에 대한 시련의 바람이었습니다. 이 신사참배 바람이 불자 교회는 술렁이고 신자들은 양분되기 시작했습니다. '유일하신 하나님께만 경배하고 신사참배는 우상숭배이므로 목숨을 걸고 거절해야 한다'는 사람들과 '신사참배는 국가의식이니 우상은 아니다'라고 주장하는 이들 사이에 교회는 어수선했는데 이때 일본 경찰의 강력한 탄압에 못 이겨 안식교, 로마 카톨릭, 감리교 등 줄줄이 신사 참배를 결의했습니다. 장로교 총회도 1938년 9월 9일 치욕의 신사참배를 결의했으며 이에 반대하던 주기철, 이기선, 김선두 목사 등 여러 성도가 투옥되었습니다. 그것이 27회 총회였습니다. 이처럼 성도와 국가의식 사이에는 일치될 수 없는 일들이 일어나게 마련입니다. 그러나 본문은 그런 엄청난 일을 저지하는 데 도움을 주는 말씀이 결코 아닙니다. 우리는 분명 하늘 시민입니다. 빌립보서 3장 20절에 있는 말씀 그대로입니다. 그러면서 또한 우리가 육을 가지고 사는 한, 세상 나라의 국민임에 틀림없습니다. 그러면 그리스도인으로서 국가에 대한 옳은 관계는 어떻게 가져야 할까요?

본문은 마치 하나님이 세상의 권세자의 편을 들고 있는 것처럼 들려집니다. 권세자는 하나님이 세우신 하나님의 사자요 일꾼으로서 일하는 자이니 그들에게 굴복하고 복종하라는 이 말씀이 우리로서는 도저히 이해될 수 없는 말씀이지 않습니까?

우린 보통 하나님의 사자라고 하면 목사를 연상합니다. 그리고 하나님의 일꾼이라고 하면 교회에서 봉사하는 신자를 연상합니다. 그런데 사도 바울은 본문에서 권세자도 역시 하나님의 사자요 일꾼이라고 언급을 하고 있습니다. 물론 권세자가 신자인 경우만을 말하는 것이 아니라 불신자인 경우에도 그는 하나님이 세우신 하나님의 사자요 일꾼이라는 것입니다. 그러므로 권세자에게 복종하는 것이 당연하다고 말합니다.

여기서 일단 우리가 생각할 것은 하나님의 사자, 또는 일꾼이라는 용어에 대해서입니다. 본문을 보면 분명 하나님의 사자 또는 일꾼이라는 용어는 신자에게만 국한된 것이 아님을 알 수 있습니다. 이것이 우리들의 생각과 다른 점입니다.

우린 흔히 하나님의 사자나 일꾼이라면 하나님을 위해서 일하는 사람으로 여깁니다. 하나님을 위해서 일하는 사람이라는 생각을 가지고 있기 때문에 불신자를 하나님의 사자나 일꾼이라는 호칭하는 것에 대해서 이해하기가 쉽지 않은 것입니다.

하지만 중요한 것은 하나님의 사자란 하나님이 하나님의 일을 위해서 세우신 자란 뜻입니다. 그리고 일꾼 역시 같은 의미입니다. 하나님의 일을 위해서 세우신 자입니다. 그런데 하나님의 일을 위해서 세운 자를 꼭 신자에게만 국한 지을 수 없는 것이지 않습니까?

하나님의 사자는 그가 하나님을 위해서 일을 하느냐 마느냐, 또는 믿는 자냐 믿지 않는 자냐 라는 조건을 따져서 결정되는 것이 아니라, 하나님이 세우셨다는 것 하나만으로 하나님의 사자인 것입니다. 즉 역할을 의미하는 것입니다. 역할이기 때문에 믿는 자, 믿지 않는 자의 구분이 없는 것입니다. 하나님은 믿지 않는 자를 세워서도 하나님의 일을 하시기 때문입니다.

이스라엘이 불신앙으로 나아갈 때 하나님은 이방인을 세워서 이스라엘을 징계하시고 가르치십니다. 그렇다면 그때 이방인은 분명 하나님이 쓰시는 일꾼입니다. 즉 이스라엘의 죄악을 징계하시기 위해서 이스라엘에게 보내신 하나님의 사자인 것입니다. 물론 이방인은 그것을 모릅니다. 자신들이 하나님에게 쓰여지고 있음을 전혀 모른 채 단지 이스라엘을 공격하고 그들을 압제할 뿐입니다. 모든 일이 하나님에 의해서 되어진 것임을 모르고 이스라엘을 짓밟은 자신들의 힘을 자랑하게 되는 것입니다. 그래서 그들도 심판을 면할 수 없는 것입니다.

다시 말해서 하나님이 이스라엘을 징계하시기 위해서 이방인을 쓰실 때 그들은 여호와의 사자로서 일꾼으로서 존재한다는 것입니다. 물론 구원과 전혀 상관이 없는 것입니다. 하나님이 쓰시고 하나님에 의해서 쓰여진다는 차원에서 하나님의 사자이고 일꾼이라는 것을 이해한다면 왜 권세자에게 복종하고 굴복하라고 하는지 이해할 수 있는 것입니다.

권세자란 하나님이 세우신 자입니다. 1절에서도 "각 사람은 위에 있는 권세들에게 굴복하라 권세는 하나님께로 나지 않음이 없나니 모든 권세는 다 하나님의 정하신 바라"고 말씀합니다. 즉 세상의 모든 권세는 하나님으로부터 왔다는 것입니다. 노무현 대통령을 하나님이 세우신 것이지, 자신의 능력으로 된 것도 아니고 선거 수완이 좋아서 된 것도 아닙니다.

이렇게 하나님이 세우신 권세자이기 때문에 그에게 복종하라는 것입니다. 2절에 보면 "그러므로 권세를 거스리는 자는 하나님의 명을 거스름이니 거스르는 자들은 심판을 자취하리라"고 말합니다. 그렇다면 신자가 권세자에게 복종해야 할 이유가 무엇입니까?

이것을 이해하려면 왜 하나님이 세상에 권세자를 세우시는가를 알아야 합니다. 하나님이 권세자를 세우신다면 분명 그 이유가 있을 것입니다. 3-4절에 보면,

"관원들은 선한 일에 대하여 두려움이 되지 않고 악한 일에 대하여 되나니 네가 권세를 두려워하지 아니하려느냐 선을 행하라 그리하면 그에게 칭찬을 받으리라 그는 하나님의 사자가 되어 네게 선을 이루는 자니라 그러나 네가 악을 행하거든 두려워하라 그가 공연히 칼을 가지지 아니하였으니 곧 하나님의 사자가 되어 악을 행하는 자에게 진노하심을 위하여 보응하는 자니라"(13:3-4)

고 말합니다.

여기서 관원을 사람들의 선과 악을 징계할 권한이 있는 경찰로 이해해 봅시다. 사람들이 경찰을 두려워 할 때는 죄를 범했을 때입니다. 경찰은 선에 대해서는 두려움이 되지 않습니다. 즉 선한 일을 하며 악한 일을 행하지 않은 사람에게 경찰은 전혀 두려움의 대상이 될 수 없다는

것입니다. 결국 하나님이 우리에게 경찰을 세우신 것은 우리의 악함을 징계하기 위한 것으로 이해할 수 있는 것입니다. 즉 신자를 선으로 인도하기 위해서 경찰을 있게 하셨다는 것입니다. 이런 의미에서 권세자를 세우신 것은 바로 하나님의 백성을 위한 것이라고 말할 수 있습니다.

따라서 신자는 우리들의 선과 악을 징계하는 도구로 세움 받은 경찰을 볼 때 단지 경찰이란 직업을 가진 사람으로 볼 것이 아니라 하나님이 나의 악함을 징계하기 위해서 세우신 하나님의 사자로 보라는 것입니다. 그럴 때 우리는 악함이 있을 때 경찰을 두려워하는 것이 아니라 바로 우리의 악을 징계하시는 하나님을 두려워하게 되는 것입니다. 이런 의미에서 권세자에게 복종하라는 것입니다. 왜냐하면 그것이 바로 하나님의 뜻에 복종하는 것이기 때문입니다. 6절에서,

> **"너희가 공세를 바치는 것도 이를 인함이라 저희가 하나님의 일꾼이 되어 바로 이 일에 항상 힘쓰느니라"**(13:6)

고 말씀하는 것은 같은 차원에서 이해를 해야 합니다. 공세, 즉 세금은 국가에 바칩니다. 그리고 세금을 바치게 하도록 하기 위해서 세무서 직원이 있습니다. 그들에게 복종하라는 것도 신자를 위해서 그들이 세워졌기 때문입니다.

세금이란 돈입니다. 결국 세금을 바치기를 싫어한다거나 세무서 직원을 싫어한다거나 세금을 속인다면 이 모두는 결국 돈을 사랑하는 결과입니다. 따라서 세무서 직원은 우리가 과연 돈을 사랑하는지 아니면 하나님을 사랑하는지를 드러내는 도구로서 세워진 하나님의 일꾼이라고 볼 수 있습니다. 그렇기 때문에 신자는 국가에 충성하는 차원에서 세금을 바치는 것이 아니라 오직 하나님만 사랑하는 신자로서 국가에 세

금을 바친다는 것입니다.

세상의 모든 것은 신자를 돕기 위해서 세워진 것입니다. 우리가 악한 자라고 여기는 사람들도 우리의 믿음을 위해서 하나님이 세우신 일꾼들입니다. 그런데 우리가 하나님이 세우셨다는 것을 생각하지 않고 세상만을 바라보기 때문에 불평과 불만이 사라지지 않는 것입니다. 물가에 대한 불만이나, 세금에 대한 불만, 그 외 여러 가지 국가의 정책에 대한 불만들이 왜 나오는 것입니까? 그리고 왜 그러한 정책에 무조건 순종하지 않으려고 하는 것입니까? 그것은 그 배후에 하나님이 계시고 하나님이 신자들을 돕기 위해서 그들을 일꾼으로 세우셨음을 잊어버렸기 때문입니다.

물가가 올라가면 우리는 '이렇게 물가가 비싸서 어떻게 사느냐?'고 한숨을 쉬며 정부를 원망을 합니다. 그러면 그것은 결국 그 동안 믿음으로 산 것이 아니라 정부가 물가를 낮췄기 때문에 살아온 것이 되지 않습니까? 이렇게 볼 때 하나님은 권세자를 세워서 그들로 하여금 물가를 올리게 해서 우리가 무엇으로 살았는가를 묻고 있는 것입니다. 그래서 권세자들이 하나님의 일꾼입니다.

권세자에게 순종하라는 것은, 단지 그들의 권세에 복종하라는 것이 아닙니다. 권세자를 세우신 하나님의 뜻에 순종하라는 것입니다. 그래서 신자는 권세 잡은 자를 두려워 할 이유가 없습니다. 왜냐하면 그들은 하나님의 백성을 돕기 위해서 세우신 하나님의 도구에 불과하기 때문입니다. 신자가 두려워 할 분은 처음부터 끝까지 하나님입니다. 권세를 세우시고 거두시기도 하시는 하나님이 두려움의 대상이지 결코 세상의 권세나 힘이 두려움이 되어서는 안 됩니다. 이런 이유로 신자는 권세를 경배하지 않습니다.

권세가 부여된 것은 단지 역할이지 힘이 주어진 것이 아닙니다. 우리가 어떤 권세를 가지고 있든 이 점을 잊으면 안 됩니다. 우리는 권세를 주신 분을 찬양하고 그분에게 영광을 돌리는 것이지 권세자에게 영광을 돌릴 이유는 없습니다. 그런데 세상은 권세자를 세우신 하나님을 보지 못하고 단지 권세를 가지고 있는 사람을 바라보고 삽니다. 그리고 그 사람에게 영광을 돌립니다. 이것이 바로 세상이 심판 받을 수밖에 없는 증거입니다.

하나님이 우리 주위에 세우신 권세자, 그리고 그가 누구라 할지라도 우리를 돕기 위해서 하나님이 세우신 일꾼입니다. 그래서 우리는 사람을 보지 않고 그 배후에 계신 하나님을 보게 되는 것입니다. 하나님은 신자가 그리스도를 증거 하는 삶을 살아가기를 원하십니다. 그리고 그 삶을 위해서 권세자를 세웠습니다. 이것이 우리가 그리스도를 증거 하는 증인으로 살아가도록 하기 위한 하나님의 일입니다. 이러한 하나님의 일을 이해한다면 세상을 바라보는 눈이 조금은 달라지지 않겠습니까?

이상의 내용을 다음과 같이 정리를 해봅시다.

1) 권세에 대한 이해

"모든 권세는 다 하나님의 정하신 바라."(13:1)

이 말씀의 뜻은 세상 국가의 모든 권세가 하나님 권세와 동일하다는 말이 아닙니다. 하나님은 세상 모든 국가를 세우시고 폐하시는 주권자이십니다. 그러므로 국가와 그 나라의 국법을 하나님 주권 안에서 허락하신 것입니다. 이에 따라 모든 국민은 그 나라의 법을 지키므로 질서와 보호와 안전을 유지하게 하시는 것입니다. 그러므로 여기서 말하는 권세라는 말은, 곧 법을 의미하는 것입니다. 어느 나라든지 그 국가를 다스리며 질서와 평안을 위해서는 기본적인 법이 있어서 그 법이 곧 권세이며 질서의 틀이 됩니다.

2) 국법과 신앙 양심의 관계

우리 그리스도인들이라도 기본적으로 국민의 의무인 공세와 국세를 바치고 또 나라에서 지시하는 일반적인 행정에는 따라야 합니다. 그런데 문제가 될 수 있는 면이 간혹 있으니 그것은 우리의 신앙양심을 손상하며 하나님 계명에 어긋나는 일을 지시할 때는 그것을 순종해서는 안 됩니다. 앞에서도 언급한 대로 일본 천황에게 경배하는 것(신사참배)이 가하냐 불가하냐 하는 것은 아무리 국가가 강요하고 교단적으로 결의를 했다해도 그 국법은 순종해서는 안 됩니다. 이 일은 하나님의 백성에 대한 시련이기 때문에 핍박과 환란을 당할 각오가 있어야 할 것입니다. 느부갓네살 왕의 명령이 신앙양심에 어긋날 때 다니엘과 그의 세 친구는 목숨을 내놓고 그 명령을 불복했던 일이 바로 그것입니다. 다시 말해서 하나님의 주권 아래 있는 나라들이 나름대로 국가질서를 위해 정한 일반적인 행정지시나 법률은 성도들도 지켜야 할 것이지만 하나님의 주권에 도전하는 무례한 법은 자신의 신앙양심에 따라 불복할 수 있다는 말씀입니다. 우리 한국에도 순교적 신앙으로 악법에 대항하여 옥살이를 한 분들이 많은데 이들이 신앙의 승리자들입니다.

3) 국법과 하나님 섭리

"그는 하나님의 사자가 되어 선을 이루느니라"(13:4)

믿는 사람들이 잘못 생각하고 국가의 법령을 무조건 거부하면 안 됩니다. 어떤 이는 주민등록증 발부를 거부했는데, 그것이 사단의 인 맞는 표 곧 666이라고 잘못 생각한 것입니다. 그러나 이런 사고 방식은 불건전한 신비주의의 발상입니다. 또한 어떤 그리스도인은 별스럽게 자기 주관대로 신앙을 변질하는 이들도 있습니다. 세상을 등지고 기도원에서 살며 남편도 아내도 자식도 가정도 버리고 무슨 도사나 된 듯이 자기 기분에 도취된 사람들도 많은데 이들은 하나님의 뜻을 역행하는 자들입니다. 누가복음 2장 1-7절에 마리아가 잉태하여 아기를 낳을 때가 되었는데 하필이면 이때에 가이사 아구스도가 명을 내려 천하로 호적을 하라고 했습니다. 이는 국법이었습니다. 황제가 내린 명령인데 하나님의 예언은 이 국법으로 인해 성취되었으니 예수께서 갈릴리 나사렛에서 나셨다면 성경의 예언은 맞지 않을 뻔했습니다. 그러므로 가이사 아구스도는 자신이 그 명을 왜 내렸는지 몰라도 하나님께서는 미가 선지의 예언을 응하게 하시려고 그 국법을 거룩하신 섭리에 사용하신 것입니다. 우리는 올바른 국가관을 가지고 세상에서 빛을 발하는 하나님의 자녀가 되어야겠습니다.

2. 사랑은 율법의 완성 (13:8-10)

기독교는 은혜의 종교입니다. 우리는 하나님의 은혜 때문에 구원을 받게 되었고 이 은혜 때문에 하나님의 자녀가 된 것입니다. 우리의 신앙이란 은혜로 시작해서 은혜로 끝이 나는 것입니다. 그러기에 성도들은 은혜를 많이 받으면 받을수록 더 좋습니다. 그것이 우리 신앙의 재산이요 축복이기 때문입니다. 그러나 우리가 진짜로 은혜를 받으면 하나님 앞에서 빚진 자의 마음을 갖게 됩니다. 은혜를 많이 받으면 받을수록 채무자의 심정을 갖게 되는 것입니다. 그렇지 않으면 은혜를 잘못 받거나 은혜를 헛되이 받는 것입니다.

그런데 많은 사람들이 은혜 받는 것을 착각하고 있습니다. 은혜를 공짜로 받고 거저 받는 것이라고 해서 은혜를 영적 엔죠이의 대상으로 착각을 합니다. 은혜 받는 것을 영적으로 즐기는 것으로만 알고 있습니다. 그래서 많은 사람들이 소비성 은혜만을 좋아합니다. 일회용 카타르시스적인 은혜를 추구하고 엔죠이 대상의 은혜만 좋아합니다. 한마디로 은혜를 헛되이 받습니다. 그래서 바울은 고린도후서 6장 1절에서 너희가 은혜를 받을 때에 은혜를 헛되이 받지 말라고 당부하고 있습니다.

무엇이 은혜를 헛되게 받는 것입니까? 소비성 은혜를 사모하는 것, 일회용 종이컵 은혜를 받는 것입니다. 은혜를 엔죠이 대상으로 한번 즐기고 버리는 식으로 받는 것입니다. 그러나 진짜로 우리가 하나님의 은혜를 받는 것은 은혜를 빚으로 받는 것입니다. 한번 받고 소비하고, 한번 즐기고 버리는 것이 아니라 참된 은혜는 언제나 우리에게 빚으로 와서 빚으로 남게 되며 우리를 언제나 빚진 자가 되게 합니다. 그러므로 우리가 은혜를 더 깊이 받으면 받을수록, 은혜를 더 많이 받으면 받을수록 주님 앞에 더 큰 빚쟁이임을 깨닫게 되는 것입니다.

1) 우리는 하나님의 사랑에 빚을 진 사람입니다.

하나님의 사랑을 얼마나 알고 계십니까? 그리고 그 사랑을 얼마나 경험해 보셨습니까? 물론 이 세상에도 사랑은 있습니다. 그래서 우리는 이 세상 이야기를 들으면 가슴이 설렙니다. 감동을 받고 흥분을 합니다. 사랑은 참으로 아름다운 것이고 달콤한 것이고 감동을 주는 것이기 때문입니다.

하나님은 우리를 사랑하시되 하나밖에 없는 당신의 외아들을 주시기까지 사랑해 주셨습니다. 영원하신 하나님께서 우리를 너무나 너무나 사랑하셔서, 죄에 빠져 죽을 우리를 그냥 보실 수가 없어서, 영원한 지옥 불에 빠서 죽을 수밖에 없는 우리를 구원해 수시기 위하여 하나밖에 없는 독생자 예수 그리스도를 이 땅에 보내 주시기까지 우리를 사랑하셨습니다. 그리고 그 아들을 우리를 위해 십자가에 죽이시기까지 사랑했습니다.

옛날에 어떤 사람이 자식이 여덟인데 형님이 아들을 못 낳아서 아들 하나를 양자로 보내야 했다고 합니다. 그런데 어떤 놈을 보낼까 하고 고심을 하는데 도무지 결정을 못하겠더랍니다. 큰 아들은 큰 아들이니까 못 보내겠고, 둘째 놈은 너무 풍채가 좋고 잘나서 못 주겠고, 셋째 놈은 너무 머리가 영리해서 아까워서 못 주겠고, 넷째 놈은 어렸을 때부터 너무 몸이 약해서 불쌍해서 못 보내겠고, 가장 못난 다섯째가 있는데 그놈을 보낼까 하니까 아들 중에 가장 못난 놈이라 그놈은 더 불쌍해서 못 보내겠고, 여섯째를 보낼까했더니 이놈 낳고 나서 얼마나 형편이 쪼들렸든지 어릴 때 너무 못 먹여서 미안해서 못 보내겠고, 일곱째를 보내려니 이놈은 너무 어려서 못 보내겠고, 여덟째 막내를 보내려니까 이놈은 막내라 못 보내겠고. 이런 식으로 생각하니까 한 놈도 못 주겠더랍니다.

그것도 나보다 부자인 형님에게 주는데도 말입니다. 그런데 하나님께서 어떻게 하나밖에 없는 내 자식을 어떻게 금수나 버러지 같은 죄인을 위해 보내주시고 십자가에 죽게 할 수 있느냐, 이 말입니다.

바로 이것이 우리를 향한 하나님의 사랑입니다. 지금도 하나님은 여전히 우리에게 사랑이십니다. 우리가 잘나서가 아니라, 우리가 똑똑해서가 아니라 그냥 무조건 우리를 사랑해 주셨습니다. 무조건 우리를 사랑하는 것이 하나님의 행복이요, 영광이요, 보람이시기 때문입니다. 오히려 하나님은 우리가 연약할수록 더 사랑합니다. 부족하고 넘어지고 실패하고 실수할수록 우리를 더 사랑합니다.

사랑이라는 말이 나오면 뭔가 부담이 되는 것이 사실입니다. 왜냐하면 사랑을 하고 있다고 스스로에 대해서 자신할 수 없기 때문입니다. 우리는 사랑을 말할 때 '네 이웃을 네 몸과 같이 사랑하라' 는 주님의 말씀을 떠올리게 됩니다. 그리고 사랑에 대한 모든 자신감을 잃어버립니다. 도저히 이웃을 내 몸처럼 사랑할 수 없다는 것을 잘 알고 있기 때문입니다. 그래서 이웃을 몸처럼 사랑하라는 말씀에 대해서는 단지 성경으로만 받아들일 뿐, 우리의 삶과는 연관이 없는 것으로 여겨버리고 다만 사랑을 어느 정도 성의를 보여주는 것으로 그쳐 버리는 경우가 많습니다.

사실 항상 내가 중심이고 자기 자신을 우선으로 생각하고 살아가는 우리로서는 그냥 이웃을 사랑하라는 것이 아니라 내 몸처럼 사랑하라는 말씀에 대해서 부담을 가질 수밖에 없습니다. 하지만 이것은 내 쪽에서 이웃을 위해서 뭔가 해야 하고 도와주는 것이 있어야 한다는 것에 매어 있는 결과라고 말할 수 있습니다. 이 말은 우리 자신의 희생이 없는 사랑을 말함으로써 사랑에 대한 부담감을 덜기 위해서가 아닙니다. 다만 사랑이라는 것이 무엇인가에 대해서 말씀을 드리려고 하는 것입니다.

8절에 보면, "피차 사랑의 빚 외에는 아무에게든지 아무 빚도 지지 말라 남을 사랑하는 자는 율법을 다 이루었느니라"고 말합니다. 로마서 1장 14절을 보면 사도 바울이, "헬라인이나 야만이나 지혜 있는 자나 어리석은 자에게 다 내가 빚진 자라"는 말을 합니다. 사도 바울은 자신이 모든 사람에 대해서 빚을 졌다는 생각을 가지고 있습니다. 그 이유는 자신이 그리스도에게 부름을 입은 것은 다른 모든 사람에게 그리스도의 사랑을 증거 하도록 하기 위해서임을 알았기 때문입니다. 다시 말해서 바울 자신이 구원받을 만해서가 아니라 이방인을 구원하고자 하는 하나님의 뜻 때문에 자신이 그리스도를 알게 되었다는 것입니다. 즉 이방인이 아니었다면 자신이 부름받을 이유가 없다는 것입니다. 그래서 모든 자에게 빚을 졌다는 말을 합니다. 다시 말해서 자신은 복음을 전해야 할 책임이 있는 자라는 것입니다.

8절에서도 사랑의 빚 외에는 아무에게도 빚을 지지 말라고 하신 것은, 신자란 서로가 사랑에 대해서 책임을 져야 할 자로 부름을 받았다는 것입니다. 사랑하는 자로 살아갈 책임을 진 자이지 사랑받아야 할 자로 부름받은 것이 아닌 것입니다.

그렇다면 신자된 자는 교회에서 '누가 나를 사랑 안 해준다' 는 것에 대해서 섭섭해할 이유가 없습니다. 중요한 것은 '내가 이웃을 사랑하지 못 한다' 는 사실입니다. 내가 이웃을 사랑하지 못한다는 것으로 안타까워해야지 이웃이 나를 사랑하지 않는다는 것에 대해서 안타까워하고 섭섭해한다면 사랑의 빚을 진 자라 말할 수 없는 것입니다.

만약 우리가 사랑을 받고자 한다면, 과연 우리가 사랑을 받을만한 자격이 있는지 생각해 보십시오. 사랑을 받는다는 것은 사랑을 준 적이 있기 때문에 그 빚을 받는다는 의미로 이해할 수 있습니다. 그렇다면 우리가 사랑을 받아낼 만큼 사랑을 했습니까? 사랑을 한 적도 없으면서 사랑을 해주기를 원한다면 그것은 억지라고 말할 수도 있습니다.

수많은 사람들이 교회에서 사랑을 받고자 하지만, 그것은 자기 중심적인 생각입니다. 사랑받아야 할 책임이 있는 것이 아니라 사랑해야 할 책임이 있는 자임을 잊어버리고 있는 것입니다.

그런데 사랑을 하지도 않았음에도 불구하고 무조건적으로 사랑하신 분이 있습니다. 그분이 그리스도입니다. 우리가 그리스도를 사랑한 적이 없는데, 그리스도는 우리에게 사랑을 베푸셨습니다. 그것도 자신의 몸과 같이 사랑하셨습니다. 그래서 우리를 위해서 자기 몸을 아낌없이 내어놓으신 것이 아닙니까? 그렇다면 우린 모두 그리스도에게 사랑의 빚을 진 자들이 아니겠습니까? 빚을 졌다면 갚는 것이 마땅합니다. 그런데 문제는 사랑의 빚을 갚는 방법입니다.

그리스도가 사랑하신 그 사랑에 보답한다고 할 때 많은 사람은 교회를 위해서 열심히 봉사하는 것을 예수에 대한 보답으로 생각합니다. 기도하고 전도하고 성경 보는 것도 그리스도의 사랑에 대한 보답으로 이해하기도 합니다.

그러면 그리스도 앞에서 사랑에 빚진 자로 살아가는 것은 어떤 것입니까? 그것이 바로 이웃을 자기 몸처럼 사랑하라는 말씀인 것입니다.

구약에는 수많은 계명이 있습니다. 그리고 유대인들은 그 계명들을 하나하나 지키기 위해서 애를 썼습니다. 그런데 예수께서 오셔서 이렇게 많은 계명을 단 하나로 모아 버립니다. 사랑입니다.

"하나님을 사랑하고 네 이웃을 네 몸과 같이 사랑하라"(막 12:30-31)

이 계명 안에 구약의 수많은 계명이 들어 있다는 것입니다. 그래서 8절에서, "남을 사랑하는 자는 율법을 다 이루었느니라"고 말씀을 하는 것입니다. 9-10절의 "간음하지 말라, 살인하지 말라, 도적질하지 말라,

탐내지 말라 한 것과 그 외에 다른 계명이 있을지라도 네 이웃을 네 자신과 같이 사랑하라 하신 그 말씀 가운데 다 들었느니라 사랑은 이웃에게 악을 행치 아니하나니 그러므로 사랑은 율법의 완성이니라"는 말씀에서도 역시 모든 계명은 사랑 안에 포함되어 있음을 가르치고 있지 않습니까?

따라서 우리는 하나님의 계명을 세분화해서는 안 됩니다. 안식일을 지켜야 합니다. 도둑질하지 말아야 합니다. 간음하지 말아야 합니다. 살인하지 말아야 합니다. 이렇게 하나하나 계명을 세분해서 지켜야 할 이유가 없는 것입니다. 왜냐하면 이 모든 것은 사랑 안에 포함되어 있기 때문입니다. 그렇다면 도둑질하지 말라는 계명을 지키라고 강조하지 않아도 사랑이 있으면 그 계명은 지켜지는 것이고, 간음하지 말라는 계명을 지키라는 말을 안 해도 사랑이 있으면 자연히 그 계명은 지켜지는 것입니다.

하나님께서 계명을 주신 이유는 계명을 잘 지키게 해서 하나님의 백성으로 만들겠다는 의도가 전혀 없으셨습니다. 계명이 목적하는 것은 사랑을 아는 자가 되게 하는 것이었습니다. 인간에게 있는 사랑 아닌 사랑이 아니라 하나님에게만 있는 사랑을 아는 자가 되게 하시기 위해서 계명을 주신 것입니다.

이스라엘에게 계명이 주어진 배경은 그들이 애굽에서 인도함을 받고 나온 것에 있습니다. 그들이 애굽에서 살아나고, 홍해에서 생명을 건질 수 있었던 것은 모두가 어린양의 희생의 피 때문입니다. 이스라엘이 살아날 가치가 있었던 것이 아닙니다. 이스라엘을 살릴 수 있는 생명의 능력은 어린양의 피에 있었던 것입니다. 그래서 하나님은 이스라엘이 바로 이것을 영원히 잊지 않도록 하기 위해서 계명을 주신 것입니다. 계명을 말씀하시기 전에 '나는 너희를 애굽에서 인도하여 낸 여호와다' 라고 말씀을 하신 것도 계명이 이스라엘이 애굽에서 나온 것과 무관하지 않음을 계시하고 있는 것입니다.

이스라엘은 계명을 통해서 자신들이 결코 살아날 가치가 있는 자가 아님을 새롭게 인식을 해야 합니다. 홍해에서 하나님에 의해서 죽임을 당한 애굽 군사들과 이스라엘이 전혀 다를 바가 없는 자임을 잊어서는 안 되는 것입니다. 그것을 잊어버리면 자연히 어린양의 가치가 사라지게 됩니다. 어린양의 가치는 죽어 마땅한 자를 살리는 것에 있기 때문입니다. 그런데 이스라엘이 자신들을 죽어 마땅한 자로 보지 않는다면 그들이 아무리 유월절을 지킨들 그것은 단지 의식일 뿐 이스라엘 안에 어린양의 피가 소중하고 가치 있는 것으로 존재할 수는 없는 것입니다.

그러나 그들이 계명을 통해서 하나님의 사랑을 알고 살아간다면 자신들은 누구에게도 사랑 받을 자격이 없음을 알 것이고, 그럼에도 불구하고 사랑하는 아들을 내어놓으시기까지 사랑하신 하나님의 사랑에 대해서 감사하게 될 것입니다. 그리고 진심으로 하나님의 사랑을 알게 되었다면 그 증거는 이웃을 통해서 보여지게 되는 것입니다.

이웃을 사랑하라는 말씀은 이웃에게 돈을 주고 도와주라는 뜻이 아닙니다. 물론 사랑의 결과로 돈을 나누게 될 수도 있고, 어려울 때 도와주게 될 수도 있습니다. 그러나 그것은 어디까지나 사랑의 결과일 뿐 사랑 자체는 아닙니다.

이웃을 내 몸처럼 사랑하라는 것은, 조건 없이 사랑하라는 뜻으로 이해할 수도 있습니다. 사람이 자신을 사랑하는 것에 조건이 있습니까? 자신에 대해서는 모든 것을 이해하려고 하고, 뭐든지 아끼지 않으려고 하지 않습니까? 예수의 이웃 사랑이 그랬습니다. 예수의 사랑은 조건이 없는 것이었습니다. 악에 대해서 악으로 갚는 것이 아니었습니다. 자신을 아낌없이 내어놓으시는 사랑이었습니다. 이러한 예수의 사랑으로 이웃을 대하는 것이 내 몸처럼 사랑하는 사랑인 것입니다.

이웃이 내게 악을 행하여도 악으로 갚지 않는 것입니다. 주님이 나에게 그렇게 하셨기 때문입니다. 결국 주님의 사랑을 아는 자는 이웃에 대해서 그 사랑이 증거 될 수밖에 없습니다. 사랑에 지배되어 살아가기 때문입니다. 사랑을 해야 할 자와 할 수 없는 자로 구분할 수도 없습니다. 만약 주님이 우리에 대해서 그런 구분을 하셨다면 우리 중 누구도 구원 얻을 자는 없습니다. 이러한 주님의 사랑을 안다면 그 역시 이웃에 대해서 구분을 하지 않게 됩니다. 이렇게 살아가는 것이 율법을 이루는 삶입니다.

신자에게 중요한 것은 주님의 사랑을 아느냐 입니다. 주님의 사랑을 가슴 깊이 알게 된 자는 그 사랑으로 살아갑니다. 이웃을 대할 때에도 주님의 사랑으로 대하게 됩니다. 이것이 이웃 사랑이고 율법을 완성한 삶입니다.

예나 지금이나 하나님의 은혜를 헛되이 받지 않는 자는 언제나 하나님 앞에서 빚진 자의 의식을 갖습니다. 언제나 하나님 앞에서 빚진 자로 살아갑니다. 그렇다면 우리는 그 빚을 어떻게 갚을 수 있을까요? 과연 그 빚을 갚을 수 있는 길이 있단 말입니까?

사도 바울은 그 빚을 갚는 것을 전도로 생각했습니다. 은혜는 하나님께 받고 빚은 하나님께 졌는데 전도대상자인 헬라인과 로마인에게 빚을 진 것으로 고백하고 있습니다. 전도를 통해 하나님께 빚을 갚는 것으로 표현하고 있는 것입니다. 그래서 그는 언제나 복음을 전하지 않으면 화가 임한다고 생각했습니다. 그래서 죽도록 복음을 전파했습니다. 그의 육신은 사실상 하고 싶지는 않았지만 억지로라도 복음을 전할 때가 있었습니다. 그는 하나님께 진 빚을 갚으려고 온갖 고난을 받으며 몸부림을 치며 전도했습니다. 그럼에도 불구하고 바울은 하나님의 빚을 갚기

는커녕 그러면 그럴수록 그에겐 더 빚진 자의 마음이 생깁니다. 디모데
전서 1장을 보면, "나는 죄인중의 괴수라"는 말씀이 있습니다.

하나님의 은혜와 사랑의 빚은 평생 갚아도 갚을 수 없는 것으로 생각
합니다. 그런데 알고 보니 이 빚은 억압과 구속의 빚이 아니었습니다.
이 빚이야말로 참된 자유와 기쁨 속에서 짊어진 감격스러운 빚이었습니
다. 그래서 바울은 언제나 이 빚으로 말미암아 참된 자유와 기쁨 속에서
짊어진 감격스러운 삶을 살았습니다. 바울은 이 사실을 깨달았습니다.
빚진 자의 의식을 가지면 가질수록 더욱 감격과 행복한 삶을 살게 된다
는 사실을 말입니다. 그러기에 그는 언제나 빚진 자의 마음으로 살려고
하였던 것입니다.

3. 주 예수 그리스도로 옷 입자(13:11-14)

바울은 "또한 너희가 이 시기를 알거니와 자다가 깰 때가 벌써 되었
으니"라고 말하고 있습니다. 그렇습니다. 21세기를 맞은 우리에게 무엇
보다 중요한 것은 이 시대를 바로 볼 줄 아는 눈을 가지는 것입니다. 이
렇게 그리스도인들이 모든 사람들보다 먼저 깨어 일어나 시대를 바로
볼 수 있을 때, 그 시대의 선구자가 되어 21세기를 하나님의 말씀으로
바로 이끌어 갈 수 있습니다. 이것이 바로 이 시대를 살아가는 기독교인
들의 진정한 역할입니다. 기독교인들은 세상 사람들이 세워 놓은 정치
나 이념, 조류나 유행을 그냥 따라가는 것이 아니라 오히려 깨어 일어나
시대를 앞서 보며 시대를 이끌어 가고 지배하는 위치에 서야 하는 것입
니다. 이것이 바로 하나님의 사람들인 것입니다.

본문은 아우구스티누스의 회심에 결정적인 역할을 한 구절로서 아주

유명한 것입니다.

"너희가 이 시기를 알거니와 자다가 깰 때가 벌써 되었으니"(13:11)
"밤이 깊고 낮이 가까웠으니"(13:12a)

바울은 현재의 상황을 '밤'으로 규정 짓습니다. 바울이 말하는 시간은 시계가 가리키는 시간이 아닙니다. 인간 종말이 다가 왔다고 경종을 울리고 있습니다. 여기서 '때'로 사용된 희랍어 카이로스는 하나님의 특정한 시기를 뜻합니다.

우리가 살고 있는 시대는 이미 역사의 밤이 깊어져 그 마지막 때가 얼마 남지 않은 시점에 서 있습니다. 인간이 재량껏 쓸 수 있는 시간이 더 이상 남아 있지 않습니다. 여기서 말하는 밤은 어두움을 가리키고 인간의 타락상과 죄와 멸망을 상징합니다.

어두움의 속성은 밝은 빛을 싫어합니다. 어둠에 익숙해진 인간도 마찬가지입니다. 어둠 속에 살아가는 사람은 빛으로 나아오기를 싫어합니다. 담 밑에 있는 돌 하나를 들쳐보면 그 밑에서 오랫동안 숨어서 살던 벌레들과 곤충들이 숨을 곳을 찾아서 필사적으로 도망치는 것을 볼 수 있습니다. 이들은 밝은 태양을 무서워합니다. 본능적으로 어두운 곳에만 익숙해져서 빛으로 발견되는 것을 싫어합니다.

이와 같이 최후에 그리스도의 심판대 앞에서 뚜껑이 다 열리고 모든 비밀들이 다 벗겨질 것입니다. 그 때 마음 속 응달에 비밀히 감추어져 있던 모든 어둠의 일들이 견디지 못하고 다 백주에 폭로가 될 것입니다. 성경을 보면 그때 사람들은 어두움을 견디지 못하여 산아 무너져라, 바윗돌아 나를 가리워라 할 것이라고 했습니다. 사람들의 마음속에는 폭로되는 것이 두려운 비밀들이 있습니다. 심리학자들에 의하면 이러한 심리가 무의식적으로 다른 사람의 비밀을 폭로하는 것으로 자신을 보호하고자 하는 보상심리로 작용한다고 합니다. 자신의 어두운 행실과 과오는 비밀에 부쳐지기를 바라는 심리적 방어의식이나 불안한 잠재의식이 다른 사람의 비밀을 폭로하는 데 열중하거나 혹은 타인의 비리를 보고 격분하는 이상행동을 유발한다고 합니다. 남의 죄악과 어두운 행실에 대하여 대담하게 폭로하기를 좋아하는 사람은 자기의 거짓된 것과 어두운 것과 비밀한 것들이 폭로되지 않는다는 가정 하에서만 그렇게 할 수 있는 것입니다.

"그러므로 우리가 어두움의 일을 벗고 빛의 갑옷을 입자"(13:12b)
"낮에와 같이 단정히 행하라"(13:13)

바울은 어떤 행위가 성도들에게 불합당한 어두움의 행실인지 3가지로 권면하고 있습니다.

1) 방탕과 술취함

이것은 개인적인 훈련의 부족에서 오는 어두운 행실들입니다. 방탕은 그리스도인들에게 주어지는 여가 시간을 나쁜 활동에 가담하는 기회로 사용할 때 따르게 됩니다. 또 무절제한 파티나 낭비, 지나친 소비 등을 가리킵니다. 분명히 바울은 방탕을 죄로 규정하고 있습니다. 옛날 우리 어른들은 쌀 한 톨 허비하는 것을 보고 엄히 꾸짖지 않았습니까! 미국 문화가 물질적으로 너무 풍요로우니까 사실 낭비를 예사로 합니다. 그러나 아직도 단돈 50불로 한 달 생계를 꾸려 가는 불쌍한 이웃들이 우리 주위에 많다는 사실을 기억해야 합니다.

술 취하지 말라는 말씀은 성도의 삶이 알콜이나 약물 등에 지배되어서는 안 된다는 점을 교훈하고 있습니다.

2) 음란과 호색

이것은 개인적인 도덕심의 부족에서 오는 어두운 행실들입니다. 우리 사회는 성적으로 점점 개방되는 추세에 있습니다. 많은 법률들이 이젠 간통죄를 폐지하는 경향에 있습니다. 그러나 하나님께서는 성도들이 그러한 함정에 빠지는 것을 원치 아니하십니다.

마돈나의 뮤직비디오에 〈Justify me!〉라는 것이 있는데, 동성애와 oral sex와 group sex를 담고 있어서 M-TV에서조차 방영을 금지할 정도였습니다. 미국 남가주의 라구나 비치라는 아름다운 도시는 인구(주민)의 2만 5천명 중에서 주민 25%가 에이즈 환자(6,500여 명)라고 합니다.

현대인은 점점 더 육욕과 욕망의 노예로 전락되어 가고 있습니다.

"정욕을 위하여 육신의 일을 도모하지 말라"(13:14)

3) 쟁투와 시기

이것은 대인관계에 있어서 사랑의 부족에서 오는 어두운 행실들입니다. 인간 사이에 사랑이 식었을 때 싸움과 갈등들이 일어났습니다.

다이나마이트를 발견한 노벨은 그 후 20년 동안 다이나마이트 때문에 쓰러진 수많은 사람의 혼백을 위로하기 위해서 노벨 평화상을 제정했습니다. 그러나 아직도 지상에는 평화가 없습니다. 일본 나가사키와

히로시마에 원자 폭탄이 투하되기 바로 직전인 1945년 7월 16일 5시 30분에 뉴 멕시코 사막에서 태양의 천 배가 되는 섬광을 발하면서 최초의 원자탄이 폭발되었습니다. 그때 미국 의회에서 오펜 하이머 박사가 이 무서운 무기에 대해서 설명했을 때 의원들은 "그것을 막을 무기는 없는가"라고 물었습니다. 그 때 하이머 박사는 "그것은 오직 평화라는 무기"라고 대답했습니다.

그러나 아직도 인류는 평화란 무기를 가지고 있지 못합니다. 21세기 민주주의를 대변한다는 미국도, 노벨 평화상을 받은 소련의 고르바초프도, 평화란 무기를 가지고 있지 못했습니다. UN총회도 평화라는 무기를 가지고 있지 못합니다.

러셀은 『나는 왜 크리스챤이 아닌가』라는 책을 썼습니다. 거기서 그는 인류가 3가지 문제를 해결해야 한다고 말했습니다. 첫째 전쟁억제요, 둘째 힘의 균형이요, 셋째 인구문제입니다. 그는 이 문제 해결을 위해서 인류가 합심 협력해야 한다고 역설했습니다. 그러나 정치나 과학의 힘으로 불가능하다고 했습니다. 한 가지 단순하고 구식적인 방법이 있는데 그것은 아주 유치한 방법이라고 평가하면서, 그것은 오직 예수 그리스도의 사랑 밖에 없다고 했습니다. 토인비는 인류 문맹이 다시 치료되고 구원받을 수 있는 열쇠는 그리스도의 사랑에 있다고 확신했습니다. 그래서 바울은 "오직 주 예수 그리스도를 힘 입으라"고 말씀하고 있습니다.

아우구스티누스를 위시한 많은 신앙인들이 바로 이 말씀으로 인해서 변화를 체험하였습니다. 이제 얼마 남지 않은 종말까지 인류를 위해 남아 있는 유일의 희망은 오직 예수 그리스도에게 있습니다.

암에 걸린 어떤 성도 이야기가 있습니다. 주위 사람들과 부인도 그가 3개월만 있으면 죽을 것을 알고 있었지만 환자에게는 그 사실을 알리지 않았습니다. 그러나 그는 그들의 이야기를 엿들었습니다. 그리고 자기의 죽음을 준비하기 시작했습니다. 그는 3개월 동안 그리스도의 깊은 은혜를 체험하고 많은 사람들을 만나고 심방하면서 그들에게 위로를 주었습니다. 이것을 지켜보고 있던 가족들은 저 사람이 자기가 죽을 날이 임박한 줄도 모르고 저런다고 몰래 울었습니다. 그렇지만 그 사람은 자기가 죽는다는 것을 다 알면서도 그렇게 했습니다.

이것이 주 예수 그리스도로 옷 입은 성도의 삶입니다. 이것이 주님께서 주장하시는 성도의 삶입니다. 모든 교육자, 정치가, 종교가들이 결국 성공하고 잘되고 나면 자신의 수고와 노력의 대가라며 자기를 드러내며 자랑합니다. 그러나 우리는 옷을 바꾸어 입어야 합니다. 즉 나를 드러내고 자랑하는 내 의(義)의 옷은 벗어버리고 오직 그리스도로 옷 입어야 합니다. 빛의 갑옷을 입어야 합니다. 선악과를 따먹기 전에 아담과 하와는 벌거벗었으나 부끄러운 줄 몰랐습니다. 왜냐하면 그들은 하나님의 사랑을 입고 있었기 때문입니다. 하나님의 안식을 입고 있었기 때문입니다. 그러나 하나님의 언약을 어기고 하나님을 배반했을 때 그들은 하나님의 사랑 대신 증오의 옷을 입게 되었습니다. 하나님의 안식과 평안 대신 두려움의 옷을 입게 된 것입니다. 이것이 오늘날 인간들의 모습인 것입니다. 그러나 하나님은 두려움으로 떨고 있는 아담과 하와에게 오셔서 그들의 무화과 잎사귀 옷 대신 가죽옷을 지어 입혀 주셨습니다. 그리고 노아의 시대에 이르러 하나님은 인간에게 은혜의 옷을 입혀 주셨습니다. 그리고 그후 아브라함에게는 의의 옷을 입혀 주신 것입니다. 후에 모세에게 율법의 옷을 입혀 주신 것입니다. 그리고 마지막으로 신약에 와서 예수는 우리 인간들에게 새 옷, 곧 빛의 갑옷인 예수 그리스도로 옷 입혀 주신 것입니다.

그리스도를 본받아(14:1-15:13)

내용요약

14:1-9

1절에서 바울은 우선 강한 자들에게 말합니다. '받아 들이라' 는 것은 '심판하지 말라' 와 대조되는 것으로 14장 3절과 15장 7절에서도 반복되고 있습니다. 왜냐하면, 그리스도께서 모두를 위해서 죽었다가 다시 사셨기 때문입니다(9절). 식물(2-3절)과 하인(4절), 그리고 날(5절)에 대한 표상은 무의미한 판단을 피하라는 권면을 위해서 사용되었습니다. 중요한 것은 '주(主)'를 위하는 일입니다(6-8절).

14:10-23

심판자는 오직 한 분 하나님이십니다. 그러므로 강한 자가 약한 자를 심판하는 것은 하나님의 자리에 올라 그 권한을 침해하는 것입니다. 그런데, 바울은 형제를 판단하지 말아야 할 것과 아울러, 형제 앞에 부딪힐 것과 거칠 것을 두지 말라고도 권면 합니다(13b절). 즉 식물, 특히 마시는 것(술)으로 형제를 근심케 하지 말라고 권면합니다(15절). 왜냐하면 신자는 형제로 하여금 거리끼게 하는 일을 하지 않고(21절), 덕을 세우는 일에 힘써야 하기 때문입니다(19절; 15:2). 실제로 하나님께서

주신 모든 것은 선합니다(14b, 20b절). 다만 그것을 대하는 마음가짐
이 문제입니다(14ac, 20c절). 그러므로 우리에게 요구되는 것은, 부끄
럼 없는 믿음을 간직하고 행하는 일입니다(22-23절). 그 때에 진정한
하나님 나라를 차지할 수 있을 것입니다(17절).

15:1-7

여기서 바울은 더 이상 강한 자와 약한 자 사이의 갈등에 대해 직접
적인 언급을 하지 않습니다. 그리스도인의 삶은 '자신을 기쁘게 할' 것
이 아니라 '이웃을 기쁘게 하는 데' 그 의미가 있습니다. 이 원칙은 이
미 고린도전서 13장 5b절에서 '자신의 유익을 구하지 않는' 사랑이란
표현에서도 드러난 것입니다. 무엇보다도 이러한 삶의 자세는 이미 그
리스도께서 보여주셨다는 데 큰 의의가 있습니다(3a절). 예수께서는
하나님에게 돌아갈 비방을 자신이 받으심으로(3b절), 신자에게 인내의
본을 보이셨고(4-5절), 하나님께서 영광을 돌리셨습니다(6-7절). 그러
므로 그리스도께서 우리를 받아들이심으로써 하나님께 영광을 돌리신
것처럼(7절), 우리도 연약한 자를 받아 들여서 하나님께 영광을 돌려야
할 것입니다(1-2절).

15:8-13

여기에서 유대인과 이방인의 문제가 거론되는데, 충돌보다는 조화와
일치에 역점을 두고 있습니다. 양자 사이에서 중계자는 그리스도입니
다. 곧 그리스도께서 할례받은 종(a servant to the circumcised)이 되
심으로써 유대 조상들에게 주신 약속을 확증하실 뿐만 아니라 하나님의
신실성을 보여 주셨고(8절), 이방인에게는 하나님의 자비로 말미암아
그를 영화롭게 하였다는 사실입니다(9a절). 그러므로 이방인은 즐거워

하고 찬양합니다(9b-12절). 이는 하나님께서 성령의 능력으로 이루신 역사입니다(13절).

1. 그리스도를 위하여(14:1-9)

바울은 아주 확고하고도 명확한 논리로써 성도들의 신앙생활에 꼭 필요한 윤리적 가르침을 주고 있습니다. 14장과 15장을 동시에 읽을 때 사도 바울은 로마 교인들을 아주 구체적으로 두 부류로 나누어서 권면하고 있는 것을 볼 수 있습니다. 하나는 '믿음이 연약한 자' 와 '강한 자' 입니다.

> "믿음이 연약한 자를 너희가 받되 그의 의심하는 바를 비판하지 말라"
> (14:1)
> "우리 강한 자가 마땅히 연약한 자의 약점을 담당하고 자기를 기쁘게 하지
> 아니할 것이라"(15:1)

사도 바울의 관점은 믿음이 연약한 자와 강한 자를 단순히 구분하려는 데 있는 것이 아닙니다. 바울은 "받아들이라", "비판하지 말라"(cf. 14:3; 15:7)고 1절에서 실제적으로 권면하고 있습니다. 보통 세상 사람들은 다 금기사항들을 가지고 있습니다. 예를 들어 며느리를 얻는데 말띠 해에 태어난 처녀를 며느리로 받지 않는다든지, 아침에 주걱이 부러진다거나 사발이 깨어지면 그날 하루 일체 바깥출입을 끊는다든지, 식전에 거지가 구걸하면 집 앞마당에 소금을 뿌린다든지, 아침 출근길에 눈 먼 맹인이나 여자가 앞길을 가로질러 먼저가면 재수 없다든지, 사방 벽에 발라둔 부적이 바람에 떨어지거나 몸에 지닌 노리개 끝이 갑자

기 끊어진다든지 등등. 수많은 금기 사항들 때문에 가릴 것을 가리고 피할 것은 피하는 것이 보통 세상 사람들입니다. 사도 바울의 신앙관에 의하면 이 모든 사설과 금기사항들은 다 부질 없는 짓이라고 단 한마디로 거부합니다. 문제는 무엇이 인생에게 중요한 것이고 성도의 신앙생활에 있어서 참으로 합당한 것이냐 이것입니다. 사도 바울은 당시 로마 기독교인들에게 문제가 되었을 것으로 미루어 짐작되는 3가지 표상들을 거론하면서 성도들의 신앙생활에서 정말 문제시해야 할 것이 무엇인지 구체적으로 권면하고 있습니다.

1) 음식 문제

당시 로마 기독교인들 간에 음식 문제에 관해서 의견의 불일치로 말미암아 심한 불협화음을 일으킨 사람들이 많았습니다. 그 다툼의 요점은 2절에 나타나 있습니다. 그들 중에 어떤 이들은 '모든 것'을 먹어도 된다, 우리는 그런 믿음이 있다고 주장했습니다. 반면 어떤 신자들은 '채소'만 먹도록 허락되었다고 주장했습니다. 이 견해가 서로 엇갈리고 팽팽했기 때문에 아마도 로마 교회 내에 큰 위기감을 조성하였던 것이 분명합니다. 바울은 여기에서 명기하고 있지는 않지만 그 쟁점은 우상에게 제물로 바쳐졌던 고기에 관한 문제였던 것 같습니다. 고린도전서 8장에 가보면 분명히 우상 제물로 바쳐졌던 고기가 언급되기도 합니다 (고전 8:1, 4, 7, 10, 13).

여기서 우리가 역사적 배경을 이해할 때 본문에 대한 올바른 지식을 얻을 수 있다고 봅니다. 바울 당시 세계에 있었던 이교도들은 제사를 드릴 때 짐승의 바람직하지 못한 부분은 불태워 버리고 나머지 개인적 소비와 일반에게 판매하기 위해 우량한 부분은 남겨 두었다는 기록이 보입니다. 그러니 당시 이교인들의 종교와 제사가 얼마나 부패하고 타락했는가를 볼 수 있습니다. 신께 제사 드린 제물은 보잘 것 없는 부분이고 좋은 것들은 다 자기가 빼돌리거나 시장에 내다 팔았습니다. 그래서 제사용 고기를 구입할 수 있는 시장은 자연히 이교도 사원 근처 혹은 당당히 사원 내부에 위치하고 있었습니다. 결국 제사장들이 장사치들을 겸한 것이나 진배없습니다. 그러나 많은 로마 교회 성도들 마음속에는 그 제사고기와 우상숭배 사이에 일정한 연관이 있으므로 그 고기를 구입하는 일 자체가 결과적으로 이방 종교행사에 참여하는 격이 된다고 생각하기에 이르게 되었습니다. 그래서 서로 "먹는 것도 괜찮다, 안 된다"하면서 옥신각신 했습니다. 여기에 대해서 사도 바울은 "먹어도 좋다, 안 된다"라는 첨예한 관심에 대해서는 "No comment!"하고서 단지 "서로 비판하지 말고 판단하지 말라"고 권면 하고 있습니다. 또 로마서 14장 3절 말씀을 보면, "먹는 자는 먹지 않는 자를 업신여기지 말고, 먹지 못하는 자는 먹는 자를 판단하지 말라"고 말씀하고 계십니다.

바울의 관심은 먹느냐 먹지 못하느냐 하는 문제에 있지 않았습니다. 다만 논쟁으로 인해서 야기되는 문제에 관심이 있었고 금기사항을 놓고 서로 격돌할 때 잊기 쉬운 중요한 관심사항을 성도들에게 일깨워주려는 근본적인 문제에 관심을 두고 있었습니다. 그러므로 근본적으로 바울은 이렇게 말씀합니다.

"이는 하나님이 저를 받으셨음이니라"(14:3b)

2) 하인 문제

서로 가까이 지내다 보니까 남의 수하에 있는 하인들로 인해서 문제가 야기되었던 모양입니다. 그래서 서로 판단하고 제재를 가하고 반박하고 반론을 제기하고. 그야말로 혼란이 야기되었던 것이 분명합니다. 여기에 대해서도 사도 바울의 관점은 남의 하인들을 간섭하는 것이 옳다 그르다 하는 관점을 떠나서 근본적인 문제로 돌아가 이렇게 권면합니다.

"이는 저를 세우시는 권능이 주께 있음이니라"(14:4b)

3) 날짜 문제

이것은 심각하게 제기된 문제였습니다. 어떤 그리스도인들은 '이 날은 저 날보다 낫게 여긴' 반면에 또 어떤 신자들은 '모든 날을 같게 여겼습니다(14:5). 여기에서도 바울이 언급하지는 않았지만 그 날 가운데 하나는 토요일, 즉 유대인의 안식일이었던 것이 분명합니다. 강력한 유대 배경에서 개종한 그리스도인들은 일요일, 즉 주일을 특별한 날로 생각하였을 것입니다. 그렇다면 누가 날짜를 가장 잘 지키느냐 하는 문제로 인해서 서로 마음이 갈라지고 감정이 상했을 것이 분명한 일 아닙니까? 여기에 대해서도 사도 바울의 관점이, "안식일이 중하다, 주일이 중하다" 하는 문제를 떠나서 근본적인 문제로 돌아가서 이렇게 권면하고 있습니다.

"각각 자기 마음에 확정할지니라"(14:6)

사도 바울의 관심은 단 한 가지 신앙적인 근본 문제에 있었던 것이 틀림없습니다. 바울은 갈등과 다툼을 근본적으로 극복 할 수 있는 한 가지 분명한 신앙적 표준을 제시하고 있습니다. 그 해답이 6-9절까지입니다! 오직 "그리스도를 위하여!" 이 한 마디가 모든 분쟁과 다툼과 갈등을 그만 그치고 온 성도들로 하여금 하나님께서 위로부터 부르신 거룩한 부름의 뜻을 깨닫고 신앙의 주요, 구원의 주이신 예수 그리스도를 위한 성도의 삶에 전념할 것을 단호하게 권면하고 있는 것입니다. 중요한 것은 로마서 14장에도 나오듯이 그리스도 주(主)를 위하는 일입니다.

> **"우리가 살아도 주를 위하여 살고 죽어도 주를 위하여 죽나니 그러므로 사나 죽으나 우리가 주의 것이로다"(14:8)**

에릭 프롬은 『자유로부터의 도피』라는 책에서 이렇게 말했습니다.

"자유는 무엇으로부터의 자유와 무엇을 행한 자유가 있다. 현대는 광범위한 무엇으로부터 해방된 자유를 가지고 있다. 즉 빈곤으로부터의 자유, 무지로부터의 해방, 정치적 억압으로부터의 자유 등. 그러나 아무리 인간을 무엇으로부터 해방시켜 놓아도 자유를 향유하는 방향이 잘못되었기 때문에 거기서 여러 가지 정신병적인 현상이 나타났다. 아직까지 대치될 만한 자유의 방향은 나타나 있지 않다."

여기에 바로 현대인의 고민이 있는 것입니다. 현대인이 나아가야 할 올바른 방향이 무엇입니까? 본문에서 사도 바울은 조금도 주저함 없이 담대하게 제시하고 있습니다. 그것은 오직 예수 그리스도이십니다. 오직 그리스도를 위한 것이 인생의 방향이며 목표입니다.

바울의 권면처럼 '그리스도를 위하여' 인생의 방향을 설정하십시오. 문제는 먹느냐 안 먹느냐 하는 음식문제가 아닙니다(물질). 간섭하느냐

안 하느냐 하는 문제가 아닙니다(인간문제). 이 날을 지키느냐 저 날을
지키느냐 하는 날짜 문제가 아닙니다(가치문제). 인생의 궁극적인 문제
는 오직 그리스도를 위하느냐 아니냐 하는 데 달려있습니다. 나의 삶이
그리스도를 위한 방향으로 정립되어 있으면 구원과 영생이요, 그렇지
않으면 멸망과 심판밖에 없습니다.

2. 신앙생활의 대명제(14:10-23)

1991년 1월 16일에 중동전쟁이 발발할 때였습니다. 쿠웨이트를 무
력 침공한 이라크를 응징하기 위하여 미국을 중심으로 한 다국적 연합
군이 새벽에 바그다드를 공습함으로써 전쟁이 시작되었습니다. 이라크
는 맥 한번 못쓰고 있다가 하루 지난 다음날 이스라엘의 수도 텔아비브
에 미사일을 발사함으로써 중동전쟁은 새로운 양상을 보였습니다. 그
때 사태를 주시하는 우리 기독교 시각에서는 혹시 계시록 16장 16절에
나타난 아마겟돈 전쟁이 되어 인류의 종말을 재촉하지나 않을까 하여
영적인 각성을 촉구하였습니다.

본문에서 사도 바울은 서로 적대시하고 대적하며 심판하지 말라고
권면하고 있습니다. 우리는 본문에서 신앙생활에 긴요한 대 명제 몇 가
지를 간추려 볼 수 있습니다.

1) 심판자는 오직 한 분 하나님이시다

인간 위에 인간 없고 인간 아래에 인간 없습니다. 만일 인간이 심판
하면 그것은 곧 하나님 대신 심판장의 자리에 앉게 되는 것입니다. 특히

바울은 형제를 판단하지 말라고 권면하고 있습니다. 바울의 구체적이
권면을 들어봅시다.

(1) 네 형제를 업신여기지 말라(10절)

지금 로마교회의 문제는 강한 자와 약한 자 사이에서 심한 갈등과 다
툼이 야기되고 있는 것입니다. 우리의 문제도 아주 유사합니다. 우리들
이 흔히 듣는 말투가 있습니다. "저런 게 뭘 한다고 그래." "어림 반 푼
어치도 없다." "너 같은 게 천국 간다고? 그럼 지옥 갈 사람 하나도 없
겠네."

'업신여기다'는 말의 '엑수데네오'는 '경멸하다, 얕잡아 보다
(despise, disdain)'란 말입니다. 참으로, 우리는 인간적으로 이러기가
너무 쉽습니다. 조금만 옷차림이 허술하고 행동에 빈틈이 있으면 금새
내리깔고 눈 아래 놓고 보기가(look down) 일쑤입니다. 바울의 권면은
도무지 그렇게 하지 말라는 것입니다. 바울은 업신여기는 대신에 '서로
존경하고 우애하고 형제 사랑하기를 먼저 하라'(cf. 12:10)고 권면하고
있습니다. 그러나 만일 형제를 업신여기고 멸시하면 하나님의 심판대
앞에 서서 같은 멸시를 당하게 될 것입니다(cf. 14:10b).

여기서 바울의 권면이 얼마나 엄격하고 무서운지 기억하십시오.

"모든 혀가 하나님께 자백하리라"(11b절)
"우리 각인이 자기 일을 하나님께 직고하리라"(12절)

그 때에 일어날 일들에 대해서 바울이 명확하게 가르치고 있는 교훈
을 잊지 마세요. 하나님의 심판이 시작될 때에 어떤 일이 일어날 것이라

고 했습니까? '너 왜 이런 일 했느냐? 너 정말 이런 일 안 했느냐?' 이렇게 따지고 장황하게 시간 걸릴 일이 하나도 없습니다. 그 날이 오면 우리 스스로 죄와 잘못을 다 토설하고 하나님께 자백하고 직고하게 될 것이란 말씀입니다. 다시 말해서 하나님께서 심판하시기도 전에 우리 자신이 각자의 죄와 잘못을 깨닫게 될 것입니다. 그러나 이미 그 때는 돌이킬 아무 희망이 없습니다. 그러므로 그 날이 닥치기 전에 형제를 심판하지 말고 '네 눈 속에 있는 들보를 깨닫고', 근신하라는 권면의 말씀입니다.

(2) 부딪힌 것이나 거칠 것으로 형제 앞에 두지 말라

대개 사람의 심리 중에 "어떻게 하나 보자!" 하는 못된 심리가 있습니다. 그저 남을 골탕먹이고 넘어뜨리고 등쳐먹는 묘한 심리가 사람에게는 있습니다.

어렸을 때 동네의 개구쟁이들이 동네 마당에 구덩이 파고 물을 퍼 붓고 짚으로 가려 놓고서 지나가는 사람 발빠지는 것 구경하는 재미를 즐겼습니다. 하루는 침 놓은 할아버지가 빠져서 모두들 혼이 났습니다.

본문에서 바울은 식물을 가지고 형제를 부딪히게 하거나 거칠게 하지 말라고 권면하고 있습니다. 특히 마시는 것, 여기서는 술(포도주)을 뜻하는데, 바울은 절대 형제를 '네 식물로 망케 하지 말라' (15b절)는 말씀으로 권면합니다. 흔히 우리는 자유로운 생각으로 한잔 정도야 교제나 친교를 위해 필요하다고 생각할 수 있습니다. 술 하는 것이 형제를 파멸시키기야 하겠는가 하고 반문 할 수 있습니다. 그러나 성경을 자세히 보면 15절에, "식물로 인하여 네 형제가 근심하게 되면 이는 네가 사랑으로 행치 아니함이라."

우리가 행동에 있어서 얼마나 조심해야 할 것인지 귀한 교훈으로 새겨야 할 줄 압니다. 지금 우리는 하나님께서 심판하신다는 사실에 대해 생각하고 있습니다. 아무리 내게 못마땅해도 내가 나서서 이렇게 저렇게 가부를 가리게 되면 나도 모르는 사이에 형제를 판단하게 되고 정죄하기가 쉽습니다. 그러므로 언제나 위에 하나님 계신 것을 기억해야 합니다. 바울은 22절 말씀에서, "네게 있는 믿음을 하나님 앞에서 스스로 가지고 있으라 자기의 옳다하는 바로 자기를 책하지 아니하는 자는 복이 있도다."

2) 서로 화평의 일과 덕을 세우기에 힘쓰라

우선 우리의 신앙으로 확인해야 할 일이 있습니다. 그것은 내가 어떻게 말하고 행동해야 교회의 화평과 덕을 세울 수 있겠는가 하는 자기 성찰입니다. 덴마크의 정신적인 지도자 그룬투비 목사님은 "First Man, then Christian!(먼저 인간이 되라. 그 다음에 신자가 되라)"고 말했습니다. 우리에게 아주 절실히 요청되고 있는 깨우침입니다. 모두 자기만 내세우고 자신만 인정받으려고 하는 데서 목소리가 커지고 분쟁이 생기고 교회가 분열되는 아픔이 잇달아 일어납니다.

사도 바울은 "교회의 덕을 세우기 위해서 제사에 드린 고기도 먹지 아니하고 포도주도 마시지 아니하고 무엇이든지 네 형제로 거리끼게 하는 일을 아니함이 아름다우니라"(21절)로 권면하고 있습니다. 정말 내가 진정한 신앙인이고 믿음을 가지고 신앙생활 하는 성도라면 교회의 화평과 덕을 세우기 위해 온 힘을 쏟아야 할 것입니다. 아직도 내 행동을 전체 교회의 덕과 관련지어서 깊이 생활하지 않고 그저 그때 그때의 내 개인적 즐거움과 만족, 이익만을 좇아간다면, 도리어 교회는 그로 인하여 심한 고통을 당하게 될 것입니다. 문제는 내 작은 언행심사가 과연 교회의 화평과 덕을 세우는 데 보탬이 되겠는가 입니다. 오늘 많은 교인들이 이것을 완전히 잊어버리고 자기 좋은 대로 이끌려 지내고 있다는 사실을 지적할 수밖에 없습니다.

본문에서 바울은 하나님 나라가 어떤 성격의 것이라고 말하고 있습니까? 보통 신자들은 상식적으로 하나님 나라를 막연하게 생각합니다. 음, 내가 이담에 죽어서 들어갈 미래의 나라이지?! 그러나 바울의 가르침은 그게 아닙니다! 본문 17절을 보세요.

> **"하나님의 나라는 먹는 것과 마시는 것이 아니요, 오직 성령 안에서 의와 평강과 희락이라"(14:17)**

본문에서 바울은 내가 지금 누리고 있는 하나님 나라에 대해서 가르치고 있는 것입니다.

3) 믿음으로 좇아 하지 아니하는 모든 것이 죄니라

사도 바울은 불교의 유심론(唯心論)과 비슷한 교훈을 주고 있지만 근본적으로 그 뜻을 달리하고 있습니다.

원효대사와 혜초가 인도여행 길에 하루는 남양(경기도)의 어느 굴에서 하룻밤 묵게 되었다지요. 밤에 갈증이 나서 굴속을 더듬어 웬 바가지 물을 먹었는데 잘 자고 일어나 보니 해골바가지였습니다. 그 순간 먹은 것 다 토하고 "마음의 작용이다" 해서 원효는 다 깨달았다며 되돌아갔지요. 그가 신라의 불교를 중흥시켰습니다. 혜초는 인도에 가서 「왕오천축국전」을 기록하였습니다. 원효는 모든 것이 인간의 심리작용에서 기인한다고 역설하였습니다.

그러나 바울은 마음의 작용을 뛰어 넘어 '믿음의 원리'에 깊은 관심을 가지고 있습니다. 마음의 작용은 단지 인간적 차원에만 머물러 있지만 믿음의 원리는 하늘로부터 인간에게 임하는 신적인 능력이 있습니다. 그러므로 마음에서 일어나는 여러 가지 갈등과 분열을 믿음으로 극복하라고 바울은 권면합니다. 그리고 신앙인은 순간적으로 변하는 마음에 따라 행동해서는 안 된다고 권면합니다.

"네게 있는 믿음을 하나님 앞에 스스로 가지고 있으라"(22a절)

성도에게 요구되는 것은 그때 그때의 마음이 아닙니다. 인간은 긴사해서 항상 마음이 바뀌고 기분과 환경에 좌우되기가 쉽습니다. 그러나 마음의 변화에 따라 교회가 좌우된다면 어떻게 하겠습니까? 요즘 교인들은 주일 아침에 기분이 괜찮으면 '교회에나 갈까?'라고 말한다고 그래요. 마음이 편해야 예수도 믿고 교회도 나온답니다.

성도는 신앙생활을 하는 데 있어서 항상 믿음을 앞세워 그 믿음 가지고 이행해야 합니다. 바울은 그 동안 우리가 미쳐 생각하지 못하고 있었던 한 가지 죄를 지적하고 있습니다.

"믿음으로 좇아 하지 아니하는 모든 것이 죄니라"(23b절).

우리는 모두 죄인입니다. 이제 범사 믿음을 좇아 행합시다.

신앙생활의 대명제를 기억하십시오. ① 심판자는 오직 한 분 하나님이시다. ② 서로 화평의 일과 덕을 세우기에 힘쓰라. ③ 믿음으로 좇아 하지 아니하는 모든 것이 죄니라.

3. 그리스도를 본받아(15:1-13)

여기서 사도 바울은 더 이상 강한 자와 약한 자 사이의 갈등에 대해 직접적인 언급을 하지 않습니다. 그러나 한 가지 그리스도인으로서 대인 관계에 있어야 할 한 가지 분명한 원칙을 세우고 있습니다. 그리스도인의 삶은 '자신을 기쁘게 할 것이 아니라', '이웃을 기쁘게 해야 한다'는 사실입니다. 또 고린도전서 13장 5절의 말씀을 보면, "사랑은… 자기의 유익을 구하지 아니하며"라고 말씀하고 계십니다.

'마틴의 예수님'이라는 이야기가 있습니다. 늙은 구두 수선공 마틴은 홀로 살면서 성경을 열심히 읽고 선한 일을 행하려고 항상 노력하였습니다. 어느 날 부유한 바리새인의 집에서 예수 그리스도가 푸대접받는 이야기를 읽고서 비록 오막살이이지만 주 예수가 자기 집을 찾아오시면 좋겠다고 생각했습니다. 어느 날 문 밖에서 눈을 쓸고 있는 노인을 발견하고 그를 들어오게 하여 따뜻한 차를 대접했습니다. 그리고 예수 이야기를 들려주었습니다. 노인이 떠난 지 얼마 후에 마틴은 울부짖는 아기를 데리고 떨며 서 있는 한 가련한 부인을 보았습니다. 그는 곧 불러들여 뜨거운 스프를 마시게 하고 어린애가 춥게 보여 헌 외투를 하나 걸쳐 주었습니다. 저녁때가 되자 어떤 노파가 사과를 팔고 있었는데 한 소년이 와서 몰래 사과 1개를 훔치려는 모습이 창 밖으로 보였습니다. 마틴은 뛰어나가 그 사과값을 치러 주고 그 소년에게 조용히 타일렀습니다. 밤이 되자 그의 집 어두운 모퉁이에서 "마틴, 나를 모르겠소?" 하는 소리가 들려왔습니다. "당신은 누구십니까?" 하고 반문하자 거기엔 눈을 쓸고 있는 노인이 서 있었습니다. 또 그 뒤를 이어서 어린애를 안은 부인이 나타났고 사과 장수 노파와 소년이 나타났다가 사라져 버렸습니다. 그리고는 예수의 모습이 환히 보이고 미소짓더니 "내가 너를 사랑하노라" 하시고는 사라졌습니다. 마틴은 자신이 이웃에게 유익을 끼치고 그들을 기쁘게 한 날에 예수께서 그를 방문해 주셨음을 무척 기뻐하였습니다.

> "우리는 그의 만드신 바라 그리스도 예수 안에서 선한 일을 위하여 지으심을 받은 자니 이 일은 하나님이 전에 예비하사 우리로 그 가운데서 행하게 하려 하심이니라"(엡 2:10)

무엇보다도 이러한 삶의 자세는 이미 예수 그리스도께서 보여주신 것입니다. 분명히 사도 바울은 예수의 가르침과 행동의 본을 따라 살아 갔던 사도임에 분명합니다. 이것이 지혜로운 신앙생활입니다. 무턱대고 신앙생활 하는 것이 아니라 가장 모범적인 신앙생활을 본 받아서 따라 가는 것이 지혜로운 사람입니다. 사도 바울은 예수의 가르침을 받아서 승리하는 신앙생활을 하였습니다.

우리는 본문 속에서 사도 바울이 본받았던 예수 그리스도의 삶의 모습을 3가지로 정리해 볼 수 있습니다.

1) 비방을 당하심

> "그리스도께서 자기를 기쁘게 하지 아니 하셨나니 기록된 바 주를 비방하는 자들의 비방이 내게 미쳤나이다 함과 같으니라"(3절)

여기서 '비방(insults)' 이란 말은 모욕적인 언사나 언동을 말합니다. 예수처럼 비방과 갖은 수모를 다 당하신 분이 또 있을까요?

예수는 대제사장에게 끌려가서 "… 얼굴에 침 뱉으며 주먹으로 치고 혹은 손바닥으로 때리며 가로되 그리스도야 우리에게 선지자 노릇을 해라 너를 친자가 누구냐"(마 26:67-68)라는 모욕을 당하셨습니다. 또 빌라도 관정에 끌려가서, "그의 옷을 벗기고 홍포를 입히며 가시면류관을 엮어 그 머리에 씌우고 갈대를 그 오른손에 들리고 그 앞에서 무릎을 꿇고 희롱하여 가로되 유대인의 왕이여 평안할지어다 하며 그에게 침 뱉고 갈대를 빼앗아 그의 머리를 치더라"(마 27:28-30)는 말씀과 같이 수난을 당하기도 하셨습니다.

심지어 십자가상에 높이 달리셨을 때에도, "지나가는 사람들이 자기 머리를 흔들며 예수를 모욕하며 가로되 성전을 헐고 사흘에 짓는 자여 네가 만일 하나님의 아들이어든 자기를 구원하고 십자가에서 내려오라"(마 27:39-40)는 소리를 듣기도 하였습니다. 여기에 대제사장과 서기관들과 장로들은, "저가 남은 구원하였으되 자기는 구원할 수 없도다 저가 이스라엘의 왕이로다 지금 십자가에서 내려올지어다 그러면 우리가 믿겠노라"(마 27:42)라며 비방을 하기도 하였습니다.

2) 인내

4-5절에서 예수께서는 어떻게 인내해야 할 것을 친히 성도들에게 본으로 보여 주셨습니다.

인내로써 행할 일은 다름 아닌 전도입니다. 일본에서 있었던 일입니다. 일본의 선교현실이 얼마나 어려운지 그 단면을 보여주는 실화입니다. 어느 목사가 예수의 인내의 본을 따라 한 노인을 전도대상자로 정해 놓고서 계속 엽서를 보냈습니다. 처음 3년 동안은 아무 회답도 없었습니다. 그 목사는 다시 3년 동안 꾸준히 계속했습니다. 그리고 다시 봉합

편지도 써 보냈습니다. 그런데도 계속 아무 반응이 없었습니다. 그래도 목사는 단념치 않고 더욱 정중하게 두루마리 종이에 붓글씨로 써서 보냈습니다. 그러나 역시 아무런 반응이 없자 목사는 마침내 그 노인을 직접 찾아 나서기로 했습니다. 그러나 목사는 크게 실망하지 않을 수 없었습니다. 자신이 지금까지 정성 들여 보낸 전도편지는 휴지로, 또 가늘게 꼰 끈이 되어 담뱃대 청소에 쓰여지고 있었던 것입니다. 그 노인은 목사의 인사를 받기가 무섭게 툭 내뱉듯이 말했다. "그것 참 담뱃대 청소에는 두루마리 종이가 아주 좋습니다." 이 말에 예수의 인내의 본을 따르던 목사도 크게 실망하여 분노가 치밀지 않을 수 없었습니다. 그러나 가만히 생각해 보니 그것은 목사 자신의 경솔함과 실수를 내보이는 일밖에 되지 않을 것 같았습니다. 그래서 '우리 주님의 인내는 털 깎는 자 앞에 잠잠한 어린 양과 같으셨는데…. 죄인이 회개하기를 몇천 년도 더 기다려 오셨는데…' 하고 생각하면서 꾹꾹 참고 더욱 더 인내하기로 작정하였습니다. 그리고 전날과 다름없이 계속해서 주님의 사랑을 받아들일 것을 간곡하게 호소하는 편지를 보냈습니다. 얼마가 지난 후에 그 노인은 말쑥한 정장을 한 채 교회에 들어섰습니다. 예배를 마친 후 그 노신사는 지난 7년 동안의 일들을 정중히 사과하고 진심으로 용서를 빌었습니다. 그는 자신의 죄를 회개하고 중생하여 새 사람이 되고 하나님의 자녀가 되었습니다. 그 동안 그 노인은 자기 고집과 오만함으로 인하여 굳게 그의 마음을 닫았었지만, 목사의 인내심 깊은 사랑과 기도로 하나님께 돌아온 것입니다. 야고보서 5장 7절 말씀을 보면, "그러므로 형제들아 주의 강림하시기까지 길이 참으라. 농부가 땅에서 나는 귀한 열매를 바라고 길이 참아 이른 비와 늦은 비를 기다리나니"라고 말씀하면서, 인내하고 참으라고 교훈하고 계십니다.

3) 하나님께 영광을 돌리심

무엇으로 영광을 돌리셨는가? 영광의 새로운 개념은 다음과 같습니다.
① "한 마음과 한 입으로" – 하나됨으로 영광을 돌리신 것(cf. 요 17: 기도)입니다.
②그리스도께서 '우리를 받아' 하나님께 영광을 돌리셨습니다.

죄인인 우리 인간이지만, 하나님의 은혜와 긍휼은 바로 그 죄인 하나 하나에게 임하신 것입니다. 예수 그리스도께서 죄인을 영접하심으로 하나님께 영광을 돌리셨습니다. 그러므로 우리도 "서로 받으라"는 말씀을 따라서, 서로 연약한 자를 받아들이고 격려하고 따뜻하게 맞아들임으로써 하나님께 영광을 돌려야 할 것입니다.

여기서 바울은 예수께서 할례의 수종자가 되셨다고 설명하고 있습니다. 무슨 뜻일까요? 여기서 바울은 유대인과 이방인의 문제가 거론될 때 첨예하게 대립되는 충돌을 피하고 상호 조화하고 일치를 이루는 데 역점을 두고자 합니다. 양자 사이의 중계자는 오직 그리스도이십니다. 곧 그리스도께서 할례 받은 종(a servant to the circumcised)이 되심으로써 유대 조상들에게 주신 약속을 확증할 뿐만 아니라 하나님의 신실성을 보여 주셨고(8절), 이방인에게도 하나님의 자비를 보여주심으로 말미암아 그를 영화롭게 하였다는 사실입니다(9a절). 그러므로 이방인은 즐거워하고 찬양합니다(9b-12절). 이는 하나님께서 성령의 능력으로 이루신 역사입니다(13절).

선교여행의 의의와 열매들(15:14-16:27)

내용요약

15:14-21

모든 중요한 교리들과 실제적인 윤리들을 낱낱이 기록한 사도 바울은 14절에서 수신자들에 대해 갖고 있는 자신의 솔직한 신뢰의 감정을 털어놓습니다. 바울은 신자로서 로마에 있는 성도들이 실천적인 신앙생활을 하고 있다는 사실에 대해서 의심하지 않습니다. 다만 신자의 본분을 상기시키고자 한다고 말합니다(15절). 사실상 사도 바울은 평생 동안, '하나님께서 주신 은혜 때문에 이방인에게 그리스도 예수를 전하는 사역자'가 된 것인데, 이것이야말로 로마 교회의 수신자들에게 좋은 본(本)이 됩니다(16절). 여기서 바울이 평생 힘쓰는 가운데, 그의 사역에 있어서 원칙이 될 만한 내용에 접하게 됩니다: ① 성령의 능력으로 일했고, ② 두루 복음을 전했고, ③ 개척자의 길을 걸었고, ④ 땅 끝까지 복음전도사역을 감당했습니다. 그러므로 바울로 인해서 그리스도의 복음은 보지도 듣지도 못한 자들에게 전해졌습니다.

15:22-23

여기서 우리는 바울의 생기발랄한 꿈과 용솟듯 하는 의욕을 보게 됩니다. 그는 당시 세계의 끝(end)으로 알려졌다는 서바나(spain)로 갈 계획을 가지고 있습니다. 그런데 바울은 로마교회가 보내주기를 바랍니다.(24절) 그러한 일은 지극히 자연스러운 일이었습니다(cf. 고전 16:6, 11; 고후 1:16; 행 15:3; 요삼 1:6). 그러나 바울은 먼저 예루살렘에 올라갈 계획을 밝힙니다. 왜냐하면 마게도냐와 아가야에서 전향한 신자들이 봉헌한 헌금을 전해주어야 하기 때문입니다(고전 16:1-4). 이는 복음의 빚을 진 이방교회가 모교회인 예루살렘 교회에게 할 수 있는 극진한 대접입니다(27절). 이러한 계획을 소상하게 밝힌 사도 바울은 수신자들에게 기도를 부탁하고 있습니다(30절). ① 유대인들로부터 구출됨, ② 봉사하는 일이 용납됨, ③ 기쁨을 얻고 탄식하는 일.

16:1-27

바울은 편지를 마무리지으면서 그의 복음선교사역에 있어서 그 모든 숨어있는 일꾼들에 대한 안부를 전하고 있습니다. 여기서 우리는 그리스도로 말미암아 맺어진 다양한 친교에 대해 놀라게 됩니다. 25-27절의 결론적 찬양은 그의 모든 수고와 노력의 결과까지 하나님께 바치는 숭고한 신앙심을 보여줍니다. Soli Deo Gloria!

1. 사역의 원칙(롬 15:14-21)

아무리 사람이 진실하고 '선함이 가득하다' 할지라도 정말 거짓말 안 하고 살 수 있는 사람이 있을까요? 장사하는 사람 치고 거짓말 안 해 본 사람 있습니까?

미국 사람들은 가만히 보면 소위 '하얀 거짓말(white lie)'을 합니다. 남에게 해를 끼치지 않고 악의가 없는 거짓말을 일컫는 말입니다. 이스라엘의 탈무드에도 이런 형태의 거짓말이 실려 있는데 다음 두 가지 경우에는 거짓말을 하라고 권하고 있습니다. 먼저, 누군가가 이미 사 버린 물건에 대하여 의견을 물어 왔을 때 비록 그것이 나쁘다 할지라고 훌륭한 것이라고 거짓말을 할 것이며, 다음으로 친구가 결혼을 했을 때에는 반드시 "부인께서 굉장한 미인이시군요. 행복하게 사십시오." 하고 거짓말을 하라는 것입니다. 동양에도 예부터 내려오는 하얀 거짓말이 있었습니다. 첫째가 용은(容隱)으로 부모나 스승 또는 상전의 죄를 거짓으로 숨겨주는 것이며, 둘째는 규은(閨隱)으로 여자가 밉더라도 곱다고 말해주는 것이며 셋째는 환은(患隱)으로 불치의 환자에게 소생할 수 있다고 말하는 일이 용납되어 왔습니다. 본문을 보면 사도 바울은 로마교인들을 일컬어서 "스스로 선함이 가득하고 모든 지식이 차서 능히 서로 권하는 자들"(15:14)이라고 평가하고 있습니다. 이 말을 어떻게 들어야 사도 바울의 의중을 올바르게 파악할 수 있겠습니까? 하얀 거짓말입니까? 진담입니까?

지금까지 사도 바울은 로마서를 통해서 기독교의 중요한 구원 교리에 관해서 상세하게 설명을 하였습니다. 그리고 실제적인 윤리 문제에 대해서도 낱낱이 기록하였습니다. 15장에 이르러서는 오직 '그리스도 예수를 본받아' 하나님께 영광을 돌려야 참 그리스도인답다고 권면하였습니다. 이제 로마서를 끝마치고 필을 놓으려는 사도 바울의 심중에 떠오르는 솔직한 감정은 로마교인들에 대해서 너무나도 긍정적이고 기대가 충만하다는 것을 능히 짐작할 수 있습니다. 그래서 바울은 로마교인들에 대한 솔직한 신뢰의 감정을 털어놓았다고 볼 수 있습니다. 그러나 그 이하에서 계속되는 말씀을 자세히 보면 사도 바울은 다시 성도가 갖추고 있어야 할 본분과 근본적인 자세에 대해 분명하게 교훈하고 있습니다. 바울은 자기 자신이 어떻게 평생토록 주님의 몸 되신 교회를 위한 선한 사업을 힘썼는가 하는 '사역의 몇 가지 원칙들'을 제시함으로써 로마교회 성도들이 가지고 있어야 할 바 실천적인 신앙생활을 상기시키고 있습니다. 이제 우리가 3가지로 나누어서 생각하고자 하는 '사도 바울의 사역원칙들'이 있습니다.

1) 두루 복음을 전하였다

"…내가 예루살렘으로부터 두루 행하여 일루리곤까지 그리스도의 복음을 편만하게 전하였노라"(15:19)

분명히 기억하고 계시죠? 사도 바울은 이방인의 사도로서 복음 전도 사역에 충성을 다했습니다. 16절을 보니까 바울은 자신이 이방인의 사도가 된 것이 전적으로 '하나님의 은혜'라고 고백하고 있습니다. 은혜가 무엇입니까?

군대에서 훈련을 받다가 사고로 두 눈을 실명하게 된 한 청년이 있었습니다. 피가 흐르는 두 눈을 진찰하던 군의관이 그 청년에게 말했습니다. "아무래도 두 눈을 뽑아 버려야 할 것 같으네. 이미 시력을 상실했는데 그냥 두고 본들 안구가 움직이면서 신경을 자극할 테니, 평생 큰 고통이 될 것일세." 그러자 그 청년이 몸부림치면서 고래고래 소리를 지릅니다. "차라리 죽게 내버려두세요. 차라리 당장 날 죽이세요!" 하는 수 없이 군의관은 그를 그냥 마취해버렸습니다. 그리고 수술결과가 좋아서 어느덧 그 청년을 눈을 감았던 붕대를 푸는 날이 되었습니다. 군의관이 조심스레 그 청년의 어깨를 어루만지면서 말합니다. "여보게, 청년! 하마터면 더 이상 빛을 보지 못할 뻔했는데 다행히 한 안구 기증자가 나서서, 자네 눈 한 쪽은 볼 수 있게 되었네." 그랬더니 이 청년은 다시 소리를 지릅니다. "아니, 그럼 애꾸눈으로 살란 말입니까? 병신 취급 받으면서 살 바에는 차라리 죽는 것이 났습니다." 군의관은 아무 말 없이 붕대를 풀었습니다. 그 순간 옆에 서 있던 그 청년의 어머니가 손을 덥석 잡으면서 "애야, 어디 눈을 뜨고 좀 보거라." 하며 울먹거리고 있었습니다. 그래서 그 청년은 '밑져야 본전'이라는 생각으로 한 쪽 눈을 살며시 떴습니다. 그러자 희미하게 눈물을 흘리시며 서 계신 얼굴이 한 쪽 눈에 비쳐 왔습니다. 그런데 어머니의 눈 한 짝이 애꾸가 되어 있었습니다. 그때 군의관이 말했습니다. "자네, 어머니 은혜에 대해서 얼마나 생각해 보았나?"

이것이 은혜입니다. 은혜는 무조건적입니다. 사울이 예수 믿는 성도를 핍박하며 잡아 가두기 위해 다메섹 도상을 걷는 중에 부활하신 주님을 만났습니다. 하늘로부터 강하게 내리 쬐는 밝은 빛에 그만 실명한 사울, 그러나 그는 지금까지 박해하던 성도들로부터 그리스도의 깊은 사랑과 은혜를 깨달아 나갑니다. 아나니아의 도움으로 시력을 회복하고 기독교로 개종한 사울은 바울로 그 이름을 바꾸고 '나의 나 된 것은 하나님의 은혜'라고 고백하며 이방인의 사도가 됩니다. 이방인의 사도로서 바울은 주의 영이 인도하는 곳은 그 어디든지 따라 나섰습니다. 그는 죽음도 두려워하지 않았습니다. 바울은 어느 곳이든지 성령께서 인도하시는 곳에 가서 두루 복음을 전하였습니다. 그의 이러한 복음에 대한 의지는 사도행전 20장 22-24절에 잘 나타나 있습니다.

> "보라, 이제 나는 심령에 매임을 받아 예루살렘으로 가는데 거기서 무슨 일을 만날는지 알지 못하노라 오직 성령이 각 성에서 내게 증거 하여 결박과 환란이 나를 기다린다 하시나 나의 달려갈 길과 주 예수께 받은 사명 곧 하나님의 은혜의 복음 증거 하는 일을 마치려 함에는 나의 생명을 조금도 귀한 것으로 여기지 아니하노라"(행 20:22-24)

2) 성령의 능력으로 일했다

> "그리스도께서 이방인들을 순종케 하기 위하여 나로 말미암아 말과 일이며 표적과 기사의 능력이며 성령의 능력으로 역사하신 것 외에는 내가 감히 말하지 아니하노라"(15:18)

대개 내가 '성령을 충만하게 받고' 내가 일하는 식으로 '성령'을 인식합니다. 그러나 바울의 경우는 완전히 다릅니다. 바울 속에 임하신 성령께서 자의로 일하시는 것입니다. 성령의 뜻대로 선교사역을 하신 것입니다. 그러므로 바울의 선교가 아니라 하나님의 선교입니다. 성령께서 직접 행하신 선교입니다.

유명한 찰스 스펄전(C. Spurgeon) 목사는 목사를 지망하는 후보생이 찾아올 때마다 이렇게 권면하였다고 합니다. "할 수만 있다면 목사가 되지 마십시오. 피할 수 있거든 피하여 보십시오. 이것은 아무나 하는 것이 아닙니다. 당신의 마음속에 특별한 하나님의 부르심, 소명이 없다면 이 일을 할 필요가 없습니다. 될 수 있는 한, 하지 마십시오, 그러나 만약 성령께서 당신의 마음을 강권하여 거룩한 사역 가운데로 당신을 소집하고 있다면 어떤 고난과 역경 속에서도 이것은 하나님께서 당신에게 맡겨주신 영광스런 사역인 줄 알고 응답하십시오.”

인간이 아니라 성령께서 목회하시도록 모든 것을 드릴 때 참 하나님의 영광이 드러나게 됩니다. 사도 바울은 성령 안에서 성령께서 이끄신, 전적으로 하나님의 목회였습니다.

3) 개척자의 길을 걸었다

“내가 그리스도의 이름을 부르는 곳에는 복음을 전하지 않기로 힘썼노니 이는 남의 터 위에 건축하지 아니하려함이라”(15:20)

왜 사도 바울은 담임목사는 하지 않고 밤낮 개척교회만 세우는 전도목사로 그 선교사역을 다하였겠습니까? 그 이유는 단 한가지입니다. 21절에 나타나 있습니다. 그러므로 사도 바울이 가는 곳마다 복음의 대로가 뚫렸습니다. 바울로 인해서 그리스도의 복음을 보지도 듣지도 못한 자들이 깨닫고 기독교 복음을 받아들이게 되었습니다.

예수께서 승천하시면서 지상명령으로 남기신 말씀은 곧 ‘복음전파의 사명’ 이었습니다. 사도 바울은 그 명령 그대로 순종하며 평생 이방인의 사도로서 선교사역에 충성을 다하였습니다. 그후 이제 2004년의 세월이 흘러 왔습니다. 그럼에도 불구하고 아직도 이 지구상에는 복음을 단 한번도 들어보지 못한 종족이 사는 지역이 2,000곳이나 된다고 합니다. 통계상으로 지구상의 인구 가운데 최소한 65%는 아직까지 복음화되지 못한 상태에 있습니다. 중국을 방문한 사람들 가운데 어떤 성도는 그 어마어마한 땅덩어리의 크기보다 엄청난 사람들의 숫자에 놀랐다고 합니다. Canton(광주)에서 수천 여대의 자전거 행렬이 모든 도로를 가득 메운 것을 보고서 경이로운 풍경에 그만 넋을 잃었다고 합니다. 중국 선교전문가인 죠나단 챠오 박사는 "전세계 비그리스도인 중에서 1/4은 중국인입니다"라고 말했습니다. 우리는 이러한 사실을 감안할 때 참으로 심령이 안타까와서 금방이라도 복음을 들고 저들에게 달려가고 싶은 열정에 사로잡혀야 할 것입니다. 신학교의 교수 한 분이 평소 지론으로 하시던 말씀이 생각납니다. 그분은 선교학을 가르치시면서 항상 이렇게 말씀하셨습니다. "우리가 선교정책에 실패하는 이유는 사도 바울의 방법을 따르고 있지 않기 때문입니다. 선교사 바울의 정책을 따릅시다!"

사도 바울도 다음과 같이 권면을 하였습니다.

"너는 말씀을 전파하라. 때를 얻든지 못 얻든지 항상 힘쓰라"(딤후 4:2)

이제 우리의 일상생활에서 바울의 선교정신을 본받읍시다. 바울은 투철한 선교정신을 가지고 충성 · 헌신하신 신실한 전도자였습니다. 우리가 "땅 끝까지 이르러 내 증인이 되라" 하신 주님의 말씀대로 매일의 삶 속에서 복음전도자의 사명을 다하게 될 때 하나님의 나라는 그 만큼 앞당겨질 것입니다.

2. 계획하고 기도하는 종(15:22-33)

인간의 삶을, 걸어가는 길에 비유하여 인생길이라고 말합니다. 누구나 자기 삶의 자취를 남기면서 나름대로 인생길을 걸어갑니다. 일제 치하의 구국 운동가였던 남궁 억 선생에 관한 다음의 이야기가 전해지고 있습니다.

남궁 억 선생의 나이가 예순 여덟 살이던 1931년에 서울의 연희전문학교(현 연세대의 전신) 졸업식에서 축사를 하여 달라는 초청을 받았습니다. 그때는 2월이었는데 선생은 일본 사람이 만든 차는 타기 싫다고 하며 강원도 홍천의 '보리울'에서 서울까지 도보로 걸어와서 축사를 하였습니다. 단 위에 선 선생은 무명 바지저고리에 두루마기를 걸치고 발에 미투리를 신고 손에 농립모를 든 차림이었습니다.

"내가 우리 집에서 여러분을 만나려고 '늘재미'라는 높은 고개를 넘을 때 눈길을 걸어 앞서 간 사람의 발자국만 따라가다가 개울 길을 들어서 자세히 살펴보니 길이 아닌 곳으로 발자국이 났기로 나는 그 자국을 따라가지 않고 내가 잘 아는 산길이기 때문에 제 길을 찾아서 생눈을 뚫고 가며 내 발자국을 내 놓아 뒤에 오는 사람은 내 자국을 따라 길을 잘 찾아오도록 하였습니다."

아주 의미 있는 말이라고 생각됩니다. 옛말에 '윗물이 맑아야 아랫물도 맑다'는 속담이 있듯이 먼저 길을 걸어가는 사람의 솔선수범과 책임감이 얼마나 막중한지 재론할 필요가 없는 줄로 압니다.

사도 바울은 '하나님의 은혜'로 말미암아 맡겨진 사도의 직분을 수

행하는 데 있어서 참으로 아름다운 발자취를 후세에 남겨 놓으신 분이십니다. 사도 바울은 문자 그대로 "선한 싸움을 싸우고 달려 갈 길을 마친"(딤후 4:7) 믿음의 사람이었습니다. 사실상 로마서 본문의 마지막 부분에 해당하는 본문말씀에서 사도 바울은 아직도 이루지 못한 일을 성취하고자 하는 생기발랄한 꿈과 간절한 계획에 대해서 3가지로 밝히고 있습니다. 우리는 이것을 통하여 그가 얼마나 '하나님의 선한 사업'에 용 솟듯 하는 의욕과 열정을 가졌었는가 하는 사실을 실감할 수 있습니다.

1) 땅 끝까지 선교

사도 바울의 중심에는 언제나 "예루살렘과 유대와 사마리아와 땅 끝까지"(행 1:8)라는 선교확장 계획이 확고하게 자리잡고 있었습니다. 서바나는 당시 지리상의 땅 끝이었습니다. 지금의 스페인을 가리킵니다. 실제로 사도 바울이 그렇게 먼 서쪽 끝까지 선교여행을 하였는지 그 사실에 대해서 우리는 성경구절을 하나도 가지고 있지 못합니다. 그러나 1세기 로마의 그리스도인 클레멘트가 쓴 서신에 다음과 같은 글이 나타나 있습니다.

"그가 일곱 차례 감금되었으며 추방을 당하기도 하였고 돌에 맞기도 하였으며 동쪽과 서쪽에서 복음을 전파하였고 그리고 그는 그의 믿음의 상급인 귀한 명성을 얻었으며 온 세계에 의를 가르쳤고 그리고 가장 먼 서쪽 지경에 이르렀으며 그 후 그는 관리들 앞에서 증언을 한 후 세상을 떠났다."

2) 성도의 교제

성도간의 사귐은 서로 간직하고 있는 믿음의 가장 솔직한 표현입니다. 갈라디아서 6장 10절을 보면, "그러므로 우리는 기회 있는 대로 모든 이에게 착한 일을 하되 더욱 믿음의 가정들에게 할지니라"라는 말씀으로 성도들간에 착한 일을 나누는 교제를 강조하고 있습니다. 왜 그렇습니까? 그 이유는 에베소서 2장 19절에 나온 것과 같이, "그러므로 이제부터 너희가 외인도 아니요 손도 아니요 오직 성도들과 동일한 시민이요 하나님의 권속이라"이라는 이유이기 때문입니다.

어느 날 베드로 사도가 안디옥에 이르러 이방인 중에서 성도가 된 분들과 한 식탁에 앉아 성도의 교제를 하게 되었습니다. 그때 마침 예루살렘 모교회에서 야고보가 보낸 몇 사람이 그 식탁에 이르게 되었을 때 베드로는 할례자들을 두려워하여 슬그머니 자리를 피하게 됩니다. 그러자 함께 동석했던 바나바도 자리를 피합니다. 이때 바울은 "저희가 복음의 진리를 떠나 바로 행치 아니한다"(갈 2:14)고 책망하며 베드로를 면책하기에 이릅니다. 참으로 대단히 용기 있는 행동입니다. 이것이 바로 예수의 정신입니다. 예수께서는 당시 버림받은 인간들, 즉 세리와 죄인들 병자들의 친구가 되셔서 그들을 극진히 사랑하시며 진정으로 인격적인 대화와 교제를 나누셨습니다. 율법에 무지한 자들이었지만 예수께서는 그들이야말로 분명히 하나님의 사랑이 필요한 대상들이라고 직접 찾아가서 위로하셨던 것입니다. 예수께서 베푸신 '식탁교제'야말로 구체적 사랑 · 죄 용서 · 인간회복의 자리였던 것입니다.

3) 기부금 전달

"마게도냐와 아가야 사람들이 예루살렘 성도 중 가난한 자들을 위하여 기쁘게 얼마를 동정하였습니다"(26절)

'동정'이란 말은 기부금을 가리킵니다. 이것은 고린도전서 16장 1-4절과 고린도후서 9장 2절에 나타난 말씀과 같습니다.

복음을 전해 받은 쪽에서 전한 쪽을 향해서 물질적으로 필요한 것을 기부하는 일이 사도 바울에 의해 아름다운 일로 평가되고 있습니다. 예루살렘 모교회에 있는 가난한 자들을 위해 기부금을 보내는 태도가 두 가지 이유에서 기인되었다고 설명하고 있습니다.

첫째, 기쁜 마음입니다. 이것은 억지로나 인색함으로 하지 않고 자원하는 마음으로 하였다는 뜻입니다. 여기에 대해 사도 바울은 아주 원칙적인 말씀으로 권면한 적도 있습니다. 고린도후서 9장 7절을 보게 되면,

"각각 그 마음에 정한대로 할 것이요 인색함으로나 억지로 하지 말지니 하나님은 즐겨내는 자를 사랑하시느니라"(고후 9:7)

둘째, 빚진 자의 심정입니다. 사실 이방인들은 예루살렘에 있는 유대인 성도들로부터 복음의 신령한 것을 나누어 가지게 되었다는 점입니다. 그러므로 사도 바울은 받은 바 은혜의 빚을 갚기 위해서 이방인 그리스도인들이 기부금을 마련하여 경제적으로 어려운 처지에 있는 예루살렘 성도들을 섬기게 되었다고 지적하고 있습니다.

이제 마지막 계획을 소상하게 밝힌 사도 바울은 수신자들에게 구체적인 기도제목 3가지를 주면서 함께 기도해 줄 것을 간절히 부탁하고 있습니다. 여기서 사도 바울은 "나(바울)를 위하여 기도해 달라"(30b

절)는 표현을 사용하고 있습니다. 원래 원어의 프로쉬코마이는 중간태로서 '내가 나를 위해서 기도한다' 는 문자적인 뜻을 함축하고 있습니다. 그러므로 로마교인들이 순수하게 사도 바울을 위해서 기도를 한다고 할지라도 결과적으로는 자기 자신들을 위한 기도가 된다고 하는 사실입니다. 아주 재미있는 표현입니다.

이제 바울이 요청하는 기도제목을 살펴봅시다.

① 유대인들로부터 구출되기를

사도 바울이 예루살렘으로 올라가기 전 에베소 장로들을 모아 놓고 하는 설교 중에 이런 대목이 있습니다.

"보라 이제 나는 심령에 매임을 받아 예루살렘으로 가는데 저기서 무슨 일을 만날는지 알지 못하노라"(행 20:22)

바울은 그의 비장한 설교가 끝난 다음에 사도행전은 이렇게 전하고 있습니다.

"이 말을 한 후 무릎을 꿇고 저희 모든 사람과 함께 기도하니 다 크게 울며 바울의 목을 안고 입을 맞추고 다시 그 얼굴을 보지 못하리라 한 말을 인하여 더욱 근심하고 배에까지 그를 전송하니라"(행 20:36~38)

② 봉사하는 일이 용납되기를

우리는 사도 바울이 얼마나 세밀하고 깊은 고민에 잠겨 있는가를 확인할 수 있어야 합니다. 혹시 애써 모금하여 가져간 기부금을 예루살렘 교회가 거부하지나 않을까 조바심을 가진 사도의 심중을 헤아릴 수 있

어야 하겠습니다. 인간적인 자존심을 건드려서 공연히 이방교회 성도의
사랑의 행위가 수포로 돌아가지나 않을까 하는 섬세한 배려를 볼 수 있
습니다.

③ 기쁨을 얻고 안식하기 위해

신앙생활에 구원의 확신만 있고 기쁨이나 감격이 없다고 했을 때 그
것이 얼마나 무미건조한 것인지 알아야 하겠습니다. 사도 바울이 얼마
나 솔직한 사람입니까? 그는 자기의 감정을 속이지 않습니다. 복음을
위해 수고하고 전력한 만큼 기쁨을 누리고 감격을 누리며 '평강의 하나
님'께서 주시는 위로와 안식을 간절히 사모하고 있습니다.

우리는 때로 몸을 쉬는 것으로만 쉼을 찾으려고 합니다. 이런 쉼도
매우 필요합니다. 그러나 그리스도인들의 안식, 쉼은 많은 수고를 하는
가운데 오는 쉼이기도 합니다. 복음을 위해 살며 핍박을 받는 가운데서
도 얻어지는 안식입니다. 그 고난이 즐거워지는 가운데서 오는 안식입
니다. 쉼입니다.

사실 열심히 일하시는 분들은 쉬는 때가 오는 것이 기다려질 것입니
다. 인생의 쉼은 우리에게 소중한 것입니다. 우리는 안식의 땅을 향해
나아가는 출애굽 백성들입니다. 천국의 안식의 땅, 그리고 이 땅에서 얻
는 믿음의 안식입니다.

> **"나로 하나님의 뜻을 좇아 기쁨으로 너희에게 나아가 너희와 함께 편히 쉬
> 게 하라"(15:32)**

히브리서 4장 1절을 보면, "그러므로 우리는 두려워할지니 그의 안
식에 들어갈 약속이 남아 있을지라도 너희 중에 혹 미치지 못할 자가 있

을까 함이라"라는 말씀이 있습니다. 이는 우리의 목표는 안식이라고 말씀하고 있는 것입니다.

교회는 진정한 쉼을 주는 인생의 쉼터, 안식공동체입니다. 안식공동체는 '안식의 날'을 가진 교회공동체를 말합니다. 안식의 날, 안식일은 주일을 포함하여 주님께서 주시는 쉼을 말합니다. 평안을 말하는 것이지요. 우리는 주님의 평안과 쉼을 나누는 공동체이어야 합니다. 그렇다면 우리는, 특히 로마서를 그 동안 생각해오면서 어떤 결론을 향해 나아가는 이 때에 믿음과 실천의 중요한 목표로서의 안식을 생각하게 됨은 당연하다고 할 수 있습니다. 안식을 향하여 나아가는 것이 로마서의 큰 목표라고도 할 수 있습니다.

진정한 쉼이 인생의 막다른 고비마다 우리에게 필요한 것은 기노의 힘으로 서로 밀어주는 공동체를 만드는 일입니다. 우리는 서로 기도의 힘으로 밀어주는 공동체가 되어야 합니다. 중보 기도의 공동체입니다. 서로를 위해 기도로 밀어주는 일이 우리에게 결국 큰 안식을 주는 것은 신비한 일입니다. 바울 사도는 이런 기도의 힘을 기대하며 본문 30절에서 다음과 같이 로마교회를 격려하고 있습니다.

"형제들아 내가 우리 주 예수 그리스도로 말미암고 성령의 사랑으로 말미암아 너희를 권하노니 너희 기도에 나와 힘을 같이하여 나를 위하여 하나님께 빌어"(15:30)

"힘을 같이하여"의 헬라어는 '쉬나고니조마이(agony, 고통스러움을 함께 나누는 것)'입니다. 아주 고통스러운 것을 함께 겪으면서 힘을 모아주며 공동의 사역을 하는 것을 의미합니다. 렌스키라는 주석가는 운동경기 중 씨름에 비유했습니다. 마치 씨름을 하듯이 힘을 다해 하는 것입니다. 존 머레이는 "기도는 끈질기고 열심히 하는 것이어야 하며 마치 투쟁(鬪爭)과도 같은 것이다"라고 하였습니다.

이런 의미로 본문을 설명하면 이렇습니다.

"형제들이여, 여러분들께 부탁합니다. 우리의 주 예수 그리스도로 말미암아, 그리고 성령의 사랑으로 말미암아, 나를 위하여 하나님께 기도함으로써 나의 고통스러운 투쟁에 참여해 주십시오."

라는 뜻입니다. 기도로 돕는 것인데 그 동기가 중요하다는 것입니다. 그 동기는 예수님 때문이요 성령의 사랑을 느끼기 때문입니다. 예수 그리스도로 '말미암아', '성령의 사랑으로 말미암아'라고 할 때 '말미암아'는 헬라어로는 '디아'를 쓰는데 수단, 방법을 나타내는 전치사입니다. 여기서는 "주 예수 그리스도와 성령의 사랑으로 말미암아"란 "그것이 동기가 되어서"란 뜻입니다. '성령의 사랑(아가페스 투 프뉴마토스)'은 '성령이 지니고 있는 아가페 사랑', '성령이 성도에게 부어 주시는 아가페 사랑'을 의미하는데 이 사랑으로 마음이 뜨거워져서 견딜 수 없는 열심으로 서로 중보 기도해 주어 밀어주는 일을 하자는 것입니다.

기도의 힘을 통해 세 가지의 쉼이 옵니다
첫째는 불순종의 힘에서 구원받아서 오는 쉼입니다
불순종하는 영이 우리를 잡고 있으면 쉼이 없습니다. 그 세력, 그 힘에서 벗어나면 영적으로 큰 쉼이 옵니다. 바울 사도는 본문 31절에서 육신적으로 이런 불순종하는 세력의 손길에서 구원과 쉼이 오기를 기도해달라고 부탁하고 있습니다.

이것은 바울이 유대에 갔을 때 그를 죽이려는 음모가 있을 것을 알고 하는 말입니다. 바울은 그에게 다가올 결박과 환난을 예상하면서 그런 일이 있어도 구원을 받고 감옥에서 놓임을 받아 복음사역에 지장이 없도록 기도해 줄 것을 부탁했습니다. 사도행전 20장 23절을 보면, "오직 성령이 각 성에서 내게 증거하여 결박과 환난이 나를 기다린다 하시나"는 말씀으로 이러한 사실을 알 수 있습니다.

이런 환난을 예상하면서도 우리는 신앙과 사명의 길을 걸어야 합니다. 따라서 기도해야 하고 기도해 드려야 합니다. 서로 기도할 때 주님은 우리를 붙잡는 불순종의 힘을 이기고 구원받고 쉼을 얻게 하실 것입니다.

둘째는 섬김의 교제가 잘 되는 데서 오는 쉼입니다

서로 섬기려고 할 때 그 섬김을 잘 받아주면 기쁘고 평안과 쉼이 옵니다. 바울에게 또 하나의 기도제목은 예루살렘 성도들이 그의 섬김을, 특히 구제의 섬김을 받아들이는 일이었습니다.

"또 예루살렘에 대한 나의 섬기는 일을 성도들이 받음직하게 하고"(15:31)

다시 말해서 예루살렘 교회의 유대인 성도들이 그들을 위해 마련한 이방 교회의 구제 헌금을 감사함으로 기꺼이 받아들이도록 기도하라는 것입니다. 첫째, 유대 그리스도인들이 비록 예루살렘 공의회에서 이방인들도 하나님의 합당한 자녀가 될 수 있다는 사실이 인정되었지만(행 15:19-29) 그러나 아직도 율법적인 성도들이 실제적으로 이방성도들을 거부감을 갖고 대할 수 있기 때문입니다. 그래서 바울 사도가 이방인들을 끌어들이는 일을 불쾌하고 부자연스럽게 생각할 수 있어서 그 때문에 기도하라는 것입니다. 둘째, 바울 사도가 이방인 사역을 하면서 오해되는 이야기가 퍼지고 있었기 때문입니다. 사도행전 21장 20절과 21절에서 바울이 예루살렘에 갔을 때 제자들이 다음과 같이 이야기를 합니다.

> "저희가 듣고 하나님께 영광을 돌리고 바울 더러 이르되 형제여 그대도 보는 바에 유대인 중에 믿는 자 수만 명이 있으니 다 율법에 열심 있는 자라. 네가 이방에 있는 모든 유대인을 가르치되 모세를 배반하고 아들들에게 할례를 하지 말고 또 규모를 지키지 말라 한다 함을 저희가 들었도다"(행 21:20-21)

이런 오해 때문에 미리 기도를 요청한 것입니다. 우리가 주님의 일을 열심히 하는 사람들이 이런 오해 속에 싸일 수 있다는 사실을 염두에 두어야합니다.

셋째는 보람을 얻는 데서 오는 쉼입니다

일을 마치고 보람이 있으면 쉼이 옵니다. 우리는 한 해를 마무리하면서 보람있는 일들을 찾아볼 필요가 있습니다. 그리고 그 보람을 안고 함께 교제하면서 쉼을 얻는 길을 걸어야합니다. 수고한 사람들에게 이런 보람이 오기도 할 것입니다. 눈물로 씨를 뿌린 사람들에게 기쁨의 곡식 단을 거두고 함께 쉬며 즐거움을 나눌 수 있을 것입니다. 바울은 이런 보람을 안고 로마 교회로 가서 그들과 함께 쉬고자 했습니다. 보람은 우리를 새롭게 합니다. 바울은 이런 안식을 위해 기도해달라고 부탁합니다. 로마서 15장 32절에 나오듯이, "나로 하나님의 뜻을 좇아 기쁨으로 너희에게 나아가 너희와 함께 편히 쉬게 하라." 중요한 것은 주님의 일에 열심히 참여함으로써 보람이 오고 쉼이 온다는 것입니다. 여기서 '편히 쉬게' 하는 말은 헬라어로 '쉰아나파우오마이' 입니다. 이 뜻은 '함께(쉰) 편히 쉬다' 입니다. '정양하다', 영어로는 'to be refreshed' 라고 잘 번역됩니다. 새롭게 힘을 얻는다는 것입니다. 핍박의 세력, 불순종의 힘을 이기고 일어나서 구원받는 것, 그리고 이방인들의 구제를 유대인들이 받아들이면서 서로 교제하는 일, 이런 일은 정말 성도의 하나됨의 모습인 것입니다. 이런 일을 하고 나면 마음에 보람이 오고 하나님의 일에 동참한 그 보람 때문에 쉼이 올 것입니다. 이것은 쉼을 의미하는 것입니다. 그리고 새롭게 출발하는 힘을 얻을 것입니다. 바울 사도는 안식공동체를 이루는 기도를 하면서 이런 쉼, 공동사역 끝에 오는 쉼을 같이 누리고 또 같이 참여하면서 '하나님의 뜻을 좇아 기쁨으로' 서로 만나는 일을 기도한 것입니다. 로마 교회에서 이런 쉼이 있다는 것은 유대인 성도들이 이방인 성도들의 사랑을 받아들이며 고마워하는 그 소식을 전하면서 기뻐하고 안식을 얻는 그런 일을 기도하라는 것입니다. 선교의 역사를 통해서 오는 쉼입니다. 아무리 잠을 자도 배 밑 속의 요나같이 쉼이 없습니다. 박넝쿨을 인해 화를 내면서 성을 바라보며 쉬는 요나처럼 쉼이 없는 것입니다. 그러나 깨닫고 나면, 사랑의 일과 구제의 일에 동참하고 나면 쉼이 옵니다. 큰 보람이 옵니다.

평강의 하나님께서 모두에게 함께 하시는 쉼을 기도해야 합니다. 주님의 일에 참여하면 평강의 하나님이 모두에게 함께 하십니다. 그리고 그 주님의 쉼, 안식, 평강이 '모든 사람' 에게 임할 것입니다. 로마서 15장 33절 말씀을 볼까요.

"평강의 하나님께서 너희 모든 사람과 함께 계실지어다 아멘"(15:33)

여기서 '평강의 하나님'이라고 번역된 헬라어 '호 데오스 테스 에이레네스'는 평안, 고요함의 하나님을 말합니다. 그리고 이 평화는 우리가 하나님께 참여함으로써 오는 평화입니다. 본문의 평화인 '에이레네'는 동사 '에이로'에서 온 것으로 보는데 '에이로'는 참여한다, 함께 한다(to join)는 뜻입니다. 즉 이 평화는 함께 같이 연합하고 하나되고 서로간의 문제가 없는 그런 평화입니다. 죄와 저주의 담이 무너진 평화이며 서로간에 오해가 없는 평화이며 일을 같이 참여하는 그런 평화입니다. 이 평강의 하나님이 함께 하시기를 원하는 축도를 함으로써 진정한 안식은 하나님께 참여하고 하나님께서 우리에게 참여해주시는 그런 일체감에서 온다는 것입니다. 안식은 참여입니다. 보람있는 일에 참여하는 것입니다.

우리 크리스챤에게 있어서 구원은 예수를 믿는 까닭에 거저 받는 선물이지만 그 구원의 기쁨은 헌신하는 자에게만 주어지는 것입니다. 어떤 부인이 예수를 구주로 영접했으나 그 영혼 속에 기쁨이 없었습니다. 그녀에게 인생은 여전히 지루한 것이었고 절망이 있었습니다. 그래서 기독교 상담자를 찾아가 도움을 청했으나 허사였습니다. 그러다가 하루는 기독교 상담자를 만나러 가는데 자기 교회의 목사 차를 타고 가게 되었습니다. 도중에 목사는 몇 군데 병원심방을 하게 되었습니다. 할 수 없이 그녀는 목사와 함께 병원에 계신 몇 분의 노인 성도들을 같이 심방하게 되었습니다. 같이 성경을 읽고 같이 기도하게 되었습니다. 아침 내내 그렇게 시간을 보내자 그 부인은 하늘로 치솟을 듯한 기쁨을 느끼게 되었습니다. 바로 그것입니다. 구원받았다는 사실만으로는 부족합니다. 주를 위해서 헌신하는 생활, 무엇인가 남에게 유익을 주는 생활을 할 때 그 영혼 속에 기쁨이 솟구치는 것입니다. 교회의 여선교회에서 매년 정기적으로 바자회를 하는데 필자는 이것이 교회에 큰 영혼의 기쁨이 된다고 믿습니다. 가사를 돌보느라고 바쁜 속에서도 시간을 내고 정성을 드리고 물질을 드려 헌신하는 가운데 "나도 주를 위해, 주의 몸 된 교회를 위해 무엇인가 이바지한다"는 헌신의 기쁨이 있는 것입니다. 게으르고 쉬고 드러누워 있으면 편할 것 같아도 그렇지 않습니다. 현대인은 "헌신의 기쁨"을 잃어버렸습니다. 이젠 이것을 되찾아야 하겠습니다.

3. 마지막 인사와 권면(16:1-27)

언뜻 보면 정말 이 부분은 단순한 인사에 불과한 것처럼 보입니다. 그러나 우리가 본문을 곰곰이 살펴볼 때 그저 평범한 인사처럼 보이는 말씀들 속에도 보배와 같은 영적 교훈들이 있습니다.

본문을 읽어보면 바울이 선교현장에서 만난 동역자들을 얼마나 귀하게 여기고 사랑했는지를 알게 됩니다. 1, 2절을 보면 바울은 그들에게 믿음의 여인 뵈뵈를 천거하면서 그녀를 성도들의 합당한 예절로 영접하고 무엇이든지 소용되는 바를 도와주도록 부탁하고 있습니다. 그 이유를 "그가 여러 사람과 나의 보호자가 되었음이라"고 했습니다. 그는 자신과 여러 동역자들의 영육간의 필요를 후원해준 뵈뵈의 은혜를 깊이 간직하고 있었던 것입니다. 또 3, 4절을 보면 그리스도 예수 안에서 나의 동역자들인 브리스가와 아굴라에게 문안하라고 하면서 "저희는 내 목숨을 위하여 자기의 목이라도 내어 놓았나니 나뿐 아니라 이방인의 모든 교회도 저희에게 감사하느니라" 하면서 자신을 위해 목숨도 아끼지 않았던 두 사람에게 심령 깊은 곳에서부터 감사의 마음을 전하고 있습니다. 이외에도 5절의 '나의 사랑하는 에배네도', 7절에 '나와 함께 갇혔던 안드로니고와 유니아', 8절에 '주 안에서 내 사랑하는 암블리아', 9절에 '그리스도 안에서 우리의 동역자인 우르바노와 나의 사랑하는 스다구', 12절에 '사랑하는 버시', 그리고 13절에 '그 어머니는 내 어머니라' 는 표현 등은 바울이 얼마나 동역자들을 사랑했는지를 보여줍니다.

그런데 바울의 사랑은 단순히 인간적인 친밀함에 기초한 것이 아니었습니다. 3절에서 바울은 브리스가와 아굴라가 '그리스도 예수 안에서 나의 동역자들' 이라고 했습니다. 8절에서도 '주안에서 내 사랑하는 암블리아' 라고 했고 9절에서도 '그리스도 안에서 우리의 동역자' 라고 했습니다. 또 10절에도 '그리스도 안에서 인정함을 받은' 이란 말이 나오고 11절에 '주 안에 있는 자들', 12, 13에서도 '주 안에서' 라는 말이 세 번이나 반복되고 있습니다. 이처럼 바울은 우리 주 예수 그리스도 안에 있는 동역자들을 사랑했습니다. 바울의 동역자를 위한 사랑의 기초는 예수 그리스도께 대한 사랑이었습니다. 바울은 그리스도를 너무나 사랑했기 때문에 예수 그리스도께서 긍휼을 베푸셔서 주님의 은혜 안에 거하고 주님 안에서 수고하고 주님께 인정을 받은 사람들을 사랑했습니다. 물론 그렇다고 해서 바울이 그 외의 사람들을 사랑하지 않았다는 뜻은 아닙니다. 바울은 유대인이나 이방인을 막론하고 모든 이들을 사랑했습니다. 그러나 그 사랑은 그들을 구원이 필요한 양들로 보고 사랑한 것이지 동역자로 사랑한 것은 아니었습니다. 거듭난 사람에게 거듭나지 않은 사람이 진정한 친구요 동역자가 될 수 있을까요? 불가능합니다. 또 그렇게 해서도 안 됩니다. 바울은 고린도후서 6장 14-16a절에서 다음과 같이 말씀합니다.

"너희는 믿지 않는 자와 멍에를 같이 하지 말라 의와 불법이 어찌 함께 하며 빛과 어두움이 어찌 사귀며 그리스도와 벨리알이 어찌 조화되며 믿는

자와 믿지 않는 자가 어찌 상관하며 하나님의 성전과 우상이 어찌 일치가 되리요"(고후 6:14-16a)

바울이 동역자들을 귀하게 여긴 또 다른 이유를 그의 삶에서 찾아볼 수 있을 것 같습니다. 우리가 잘 알듯이 그는 그리스도의 군사로서 전투하는 삶을 살았습니다. 전투는 외롭고 힘든 것입니다. 바울은 복음을 전하다가 수없이 죽을 고비를 넘겨야했습니다. 고린도후서 11장에서 바울은 이렇게 말했습니다.

"내가 수고를 넘치도록 하고 옥에 갇히기도 더 많이 하고 매도 수없이 맞고 여러 번 죽을 뻔하였으니 유대인들에게 사십에 하나 감한 매를 다섯 번 맞았으며 세 번 태장으로 맞고 한 번 돌로 맞고 세 번 파선하는데 일주야를 깊음에서 지냈으며 여러 번 여행에 강의 위험과 강도의 위험과 동족의 위험과 이방인의 위험과 시내의 위험과 광야의 위험과 바다의 위험과 거짓 형제 중의 위험을 당하고 또 수고하며 애쓰고 여러 번 자지 못하고 주리며 목마르고 여러 번 굶고 춥고 헐벗었노라 이외의 일은 고사하고 오히려 날마다 내 속에 눌리는 일이 있으니 곧 모든 교회를 위하여 염려하는 것이라 누가 약하면 내가 약하지 아니하며 누가 실족하게 되면 내가 애타하지 않더냐"(고후 11:23-29)

이처럼 고독하고 처절한 영적 싸움을 싸울 때 그의 곁에 누가 있었습니까? 그리스도와 그리고 동역자들이 있었습니다. 주님 안에서 동역자가 된 이들은 때로는 옥바라지를 하는 종으로서, 때로는 자유롭지 못한 바울을 대신한 심부름꾼으로서, 때로는 영육간의 궁핍을 채워주는 후원자로서, 또한 때로는 멀고도 험한 선교여행의 동반자로서 항상 바울을 도와주었습니다. 이 때문에 바울은 동역자들이 얼마나 귀한 존재인지를 뼈저리게 느꼈던 것입니다.

바울의 동역자들 중 대표적인 사람들로는 본문에 나온 브리스가와 아굴라, 우르바노 등을 비롯해서 디모데, 디도(고후 8:23), 빌레몬(몬 1:1), 마가, 아리스다고, 데마, 누가(몬 1:24) 등이 있었고 그 외에도 바울과 함께 멍에를 메고 복음 전파에 힘썼던 여인들이 많이 있었습니다(빌 4:3). 이들은 모두 브리스가와 아굴라 부부와 같이 바울의 목숨을 위해 자기의 목을 내어놓고 동역한 전우들이었습니다. 그들은 선교 현장에서 바울이 생명의 위협에 처한 절박한 순간에도 도망가지 않고 바울 곁에서 그를 지키며 주님을 섬겼습니다. 이름과 행적은 그리 널리 알려져 있지 않지만 그들이 복음 역사에 끼친 영향력은 실로 지대한 것이었습니다. 바울은 슈퍼맨이 아닙니다. 그는 우리와 똑같이 연약한 육신을 가진 사람이었습니다. 이런 그가 무수한 난관을 극복하면서 실로 처음으로 이방 땅에 복음을 전하는 사명을 감당할 수 있었던 것은 이처럼 주님을 뜨겁게 사랑하는 동역자들이 있었기 때문입니다. 하나님의 역사는 동역의 역사입니다. 능력이 많은 사람이 모였을지라도 합심과 동역이 되지 않으면 복음 역사는 일어날 수 없습니다. 부족하더라도 마음을 합하여 동역하며, 한 마음과 한 뜻을 이루는 곳에 성령께서 임재하시고 능력의 역사를 이루십니다. 전도서 4장 12절은 말씀합니다.

"한 사람이면 패하겠거니와 두 사람이면 능히 당하나니 삼겹 줄은 쉽게 끊어지지 아니하느니라"(전 4:12)

바울의 동역자 사랑을 살펴보면 또 하나의 특기할 만한 점이 발견되는데 그것은 믿음의 여인들이 많이 등장한다는 것입니다. 본문만 살펴보더라도 뵈뵈(1절), 브리스가(3절), 마리아(6절), 유니아(7절), 드루배나, 드루보사, 버시(12절), 루포의 어머니(13절), 율리아와 네레오의 자매(15절) 등 총 10명이나 되는 여인들이 나옵니다. 이처럼 바울이 여인들을 복음선교의 동역자로 생각했다는 것은 여인들을 천대하던 당시로서는 가히 혁명적인 일이 아닐 수 없었습니다. 유대인의 아침 기도문에 보면 하나님께서 자기를 "이방인이나 종 또는 여자"로 만드시지 않았다는 사실에 대해 매일 아침 감사 기도하는 문장이 들어있었다고 합니다. 또 유대인의 법에서 여자는 사람이 아닌 물건과 같은 존재였습니다. 여자에게는 아무런 법적 권리가 주어지지 않았습니다. 여자의 지위는 임베실리타스(라틴어 imbecilitas로 문자적으로는 '연약함'이라는 뜻)라는 말로 표현되었는데 이 말에서 우리가 사용하는 천치라는 단어가 생기게 되었다고 하니까 그 당시 여인들이 얼마나 부시를 받았는가를 알 수 있습니다. 그런데 바울은 달랐습니다. 그는 예수 그리스도 안에서 모든 여인들을 동등한 인격체로 존중했습니다. 나아가 사랑하는 동역자로서 귀하게 여겼습니다. 여자가 남자의 다스림을 받게 된 것은 죄로 인한 저주로 말미암은 것이었습니다. 그러나 예수 그리스도 안에서 모든 것이 재창조될 때 여인의 지위도 회복되었습니다. 때문에 그리스도 안에서는 남녀의 차별이 있을 수가 없습니다.

그런데 본문에 나온 여인들의 특징이 무엇입니까? 뵈뵈는 여러 사람과 바울의 보호자가 되었습니다. 브리스가는 자신의 목을 내어놓고 바울을 동역했습니다. 마리아는 로마교회 성도들을 위하여 많이 수고했습니다. 드루배나와 드루보사에게는 '주 안에서 수고한'이란 코멘트가 그리고 버시에게는 "주안에서 많이 수고하고 사랑하는"이라는 말이 붙어 있습니다. 이상을 볼 때 바울의 목록에 등장하는 믿음의 여인들의 특징은 한결같이 주안에서 수고하는 여인들입니다. 그 수고가 어떤 수고였는지는 정확히 나와있지 않으나 어찌됐든 주안에서 수고했다는 것은 그

만큼 주님을 사랑했다는 증거요 그렇기 때문에 바울은 그런 여인들을 귀하게 여기고 사랑했습니다. 이 시대 많은 여인들이 남자들의 다스림 받기를 사모하면서 외모를 꾸미는 데 치중합니다. 그러나 주님 보실 때 아름답고 존귀한 여인은 외모가 아름다운 여인이 아니요 그리스도를 사랑하고 그리스도 안에서 많이 수고한 여인입니다.

초기 교회 모습은 현대 교회의 모습들과 조금 달랐습니다. 본문에는 당시 로마 교회의 형태가 가정교회였음을 알려주는 구절이 나옵니다. 5a절을 보십시오. "또 저의 교회에도 문안하라", 이 말은 브리스가와 아굴라의 가정에 여러 성도들이 모였음을 가르쳐줍니다. 고린도전서 16장 19절에도 '저희 집에 있는 교회'라는 말이 나오는 것을 보면 분명히 브리스가와 아굴라는 자기 집을 오픈하여 거기에 성도들이 모이게 했음을 알 수 있습니다. 브리스가와 아굴라의 집만 그렇게 한 것은 결코 아닙니다. 예루살렘 교회는 마가의 집 다락방에서 시작되었습니다(행 1:13). 유럽의 첫 교회인 빌립보 교회는 자주 장사 루디아의 집에서 시작되었습니다(행 16:40). 빌레몬의 집이 골로새 교회였고(몬 1:2), 눔바의 집이 라오디게아 교회였습니다(골 4:15). 바울이 지금 로마서를 쓰고 있는 가이오의 집이 곧 고린도 교회였습니다(16:23).

초기 교회 형태가 가정 교회였음을 발견하는 것은 여러 면에서 우리에게 유익을 줍니다. 첫째로 잘못된 교회관을 바로 잡아줍니다. 교회는 건물이 아닙니다. 형식이나 제도도 필요하지만 그것은 어디까지나 부차적인 요소일 뿐 본질적인 요소는 아닙니다. 성경적으로 교회란 하나님의 은혜로 거듭나서 예수님을 주요 그리스도로 고백하고 그리스도의 몸을 이루게 된 성도들을 가리킵니다(고전 1:2). 거듭난 성도들이야말로 교회의 본질적 요소입니다.

둘째로 초기교회가 가정 교회 형태였음을 이해하는 것은 가정과 교회를 이분하는 오류에서 벗어나게 해줍니다. 많은 사람들이 가정은 가정이고 교회는 교회라고 이분법적으로 생각합니다. 이렇게 되니까 어떤 현상이 벌어지느냐 하면 교회에서는 거룩하게 말씀도 보고 기도도 하는데 집에 가서는 육신의 본성을 좇아 잠자고 TV보고 잔재미를 즐기고 때로는 욕도 하고 부부싸움도 하고 자녀에게 함부로 하는 등 제멋대로 살게 되는 일이 생깁니다. 그러나 거듭난 성도 두 사람이 모여서 가정을 이루게 되면 그 가정은 교회입니다. 교회에서 어떻게 그렇게 함부로 살 수 있습니까? 가정 역시 교회임을 인식하는 사람은 부부가 합심하여 기도하고 말씀 안에서 교제를 나누며 주님을 섬기고 자녀를 그리스도의 말씀으로 양육해서 거듭난 하나님의 자녀가 되도록 돕는 것을 당연하게 생각합니다.

본문에서 초기 가정 교회의 특징 중 빠뜨릴 수 없는 점이 한 가지 있습니다. 그것은 인종, 계층, 성별 면에서 다양하면서도 서로 연합했다는 점입니다. 본문에 등장한 사람들 중에서 아굴라와 브리스가, 바울의 친척으로 거명된 안드로니고와 유니아(7절), 그리고 헤로디온(11절) 등은 모두 유대인들이었습니다. 반면 그 외의 사람들은 이방인들이었음이 분명합니다. 또한 암블리아(8절), 우르바노(9절), 허메(14절), 빌롤로고와 율리아(15절) 등은 그 당시 가장 흔한 노예들의 이름이었습니다. 아마 그들은 노예 계층이었음이 틀림없습니다. 반면 10절에 나오는 아리스도불로라든지, 11절에 나오는 나깃수 등은 상당한 지위와 부를 소유했던 명사들로 알려져 있습니다. 이처럼 그들은 인종과 계층을 뛰어넘었고, 위에서 이미 언급했던 성적인 차별까지도 뛰어넘어서 그리스도 안에서 하나로 연합되어 있었습니다. 그들이 한꺼번에 집회를 했는지는 잘 알 수 없지만 적어도 그들은 서로를 문안하라는 사도의 편지를 읽은 다음에는 서로서로 그리스도의 이름으로 친밀한 교제를 나누었을 것입니다. 그 당시 인종과 계층과 성별 면에서 서로 다른 사람들이 동등하게 존중받으면서 하나가 된 모임은 이 지구 상에서 교회가 유일한 곳이었습니다.

17-19절은 로마서를 마치면서 바울이 마지막으로 당부하는 말씀입니다. 먼저 17절을 보십시오. 바울은 형제들에게 "너희 교훈을 거스려 분쟁을 일으키고 거치게 하는 자들을 살피고 저희에게서 떠나라"고 했습니다. 여기서 저희 교훈을 거스려 분쟁을 일으키는 자들이란 바울이 전하여준 복음을 변질시키고 왜곡시키는 사람들을 말합니다. 그렇게 해서 구원의 은혜를 받은 성도들을 시험하고 넘어지게 하는 사람들을 가리킵니다. 예컨대 하나님의 의를 믿음으로만 구원을 얻는 것인데 행위로써 의롭다 함을 받아야 한다고 주장한다든지, 사소한 문제를 가지고 자기 입장만을 주장하여 판단하거나 혹은 업신여기게 만들어서 분쟁을 일으키는 사람들입니다. 바울은 이들을 살펴보고 이런 이들에게서 아예 떠나라고 말합니다. 그 이유가 무엇입니까? 18절을 보십시오. 그것은 이 같은 자들은 우리 주 그리스도를 섬기지 아니하고 다만 자기의 배만 섬기기 때문입니다. 그들은 공교하고 아첨하는 말로 순진한 자들의 마음을 미혹하지만 실상은 자기의 이기심을 좇아 사는 사람들입니다. 그들이 문제를 일으키는 근본에는 이기심이 있는데, 그것은 구체적으로 자기가 높임받으려는 욕망이라든지 물질적인 이득을 얻고자 하는 것입니다. 우리가 자기를 섬기지 않고 주 그리스도를 섬길 때 모든 거짓 교훈과 분쟁들이 사라지게 됩니다.

19절을 보십시오. 바울은 로마교회 성도들이 복음에 순종하는 것을 듣고 매우 기뻐했습니다. 그러면서 그들이 선한 데 지혜롭고 악한 데 미련하기를 원했습니다. 여기서 악한 데 미련하라는 것은 악에 대해서는 아예 아무 것도 모르는 순진한 어린아이처럼 되라는 것입니다. 사단은 자꾸만 악을 알고 경험하도록 부추기지만 첫 사람의 타락을 통해서 그것이 얼마나 간교한 사단의 속임수인지를 알기에 성도들은 이를 단호히 물리치고 악은 모든 모양이라도 버리는 자세로 악을 멀리해야 합니다. 이기심도 모르고 음란도 모르고 대신 그리스도와 그의 교훈을 풍성하게 아는 사람이야말로 지혜로운 사람입니다.

그런데 우리가 이렇게 살려고 해도 이를 방해하는 세력이 있습니다. 사단입니다. 하지만 바울은 사단에 대한 승리를 어떻게 확신하고 있습니까? 20a절을 다같이 읽어봅시다. "평강의 하나님께서 속히 사단을 너희 발 아래서 상하게 하시리라." 여기서 상하게 한다는 단어는 발 아래 놓고 '짓이긴다' 혹은 '묵사발을 만드는 것'을 말합니다. 사단이 지금 성도들을 여러 모양으로 공격하면서 진리를 좇아 살지 못하게 하고 악을 행하도록 쉼 없이 공격해올지라도, 그래서 우리 주 예수 그리스도를 좇아 사는 것이 어렵게 느껴질지라도 성도들이 확신할 수 있는 것은 결국은 평강의 하나님께서 '속히' 사단을 성도들의 발 아래서 상하게 하실 것이라는 사실입니다. 이것은 창세기 3장 15절에서부터 메시야로 말미암아 이루어질 약속으로 우리에게 주어진 것입니다. 우리가 사단을 발 아래 상하게 하실 평강의 하나님을 의지하여 담대히 나아가 죄악된 분위기를 잘 분별하여 극복하고 영적 전투에서 승리할 수 있기를 기도합니다.

20b절을 보십시오. 사단에 대한 승리의 확신을 말하고 나서 바울은 "우리 주 예수의 은혜가 너희에게 있을지어다" 하고 말합니다. 왜냐하면 사단에 대한 승리는 우리의 혈과 육으로는 불가능하고 오직 우리 주 예수의 은혜가 있을 때 가능하기 때문입니다. 십자가에서 우리 죄를 대신하여 피흘려 돌아가시고 삼일만에 부활하사 사망 권세를 파하시고 장차 다시 오셔서 우리의 몸까지도 구속하셔서 하나님 나라에서 영원히

거하게 하실 우리 주 예수 그리스도의 은혜를 굳게 붙들 때 어떤 사단의 공격도 능히 물리칠 수 있습니다.

21-23절은 바울의 동역자들도 로마교회 성도들에게 문안하는 내용입니다. 그들은 디모데, 누기오, 야손, 소시바더, 더디오, 가이오, 에라스도, 구아도 등입니다. 그리고 나서 바울은 최후의 축도를 하고 있습니다. 25-27절을 봅시다.

> "나의 복음과 예수 그리스도를 전파함은 영세전부터 감취었다가 이제는 나타내신 바 되었으며 영원하신 하나님의 명을 좇아 선지자들의 글로 말미암아 모든 민족으로 믿어 순종케 하시려고 알게 하신 바 그 비밀의 계시를 좇아 된 것이니 이 복음으로 너희를 능히 견고케 하실 지혜로우신 하나님께 예수 그리스도로 말미암아 영광이 세세 무궁토록 있을지어다 아멘"
> (16:25-27)

문장 호흡이 길긴 하지만 이 부분은 매우 중요한 복음의 내용을 함축하고 있습니다.

첫째, 바울이 전파한 내용은 복음과 예수 그리스도입니다. 예수 그리스도의 복음이야말로 이 세상에서 우리가 반드시 전해야만 할 가장 중요한 메시지입니다.

둘째, 복음이 전파되게 하시는 목적은 믿어 순종케 하시려는 것입니다. 예수 그리스도의 복음은 영세 전부터 감취어 있다가 이제 나타내신 바 된 것인데 그것은 영원하신 하나님의 명 곧 복음 전파의 명을 좇아서 된 것입니다. 이렇게 하나님께서 친히 선지자들의 글로 말미암아 복음이 전해지도록 하신 목적은 믿어 순종케 하시고자 함입니다. 예수 그리스도를 믿는 것으로 족하지 않습니다. 그가 참된 성도라면 실제 삶 속에서 예수 그리스도를 순종해야 합니다.

셋째, 복음이 전파되는 범위입니다. 그 범위는 모든 민족 곧 세상 만민입니다. 하나님의 소원은 모든 민족에게 복음이 전파되는 것입니다.

넷째, 복음의 능력입니다. 바울은 이 복음으로 너희를 능히 견고케 하실 것이라고 했습니다. 복음은 우리를 처음 죄에서 구원할 때만 능력 있는 것이 아니라 하나님 나라에 들어가기까지 우리를 견고하게 하는 능력이 있습니다.

다섯째, 지혜로우신 하나님입니다. 죄에 빠졌던 우리 인간들을 예수 그리스도의 복음을 믿고 순종하는 가운데 구원하시고 세상 끝날까지 견고케 하시는 이 모든 역사는 하나님의 지혜로 말미암은 것입니다. 그것은 우리가 측량할 수 없이 깊고 부요한 지혜입니다.

부 록

첫 번째 특강 / M. Luther 의 종교개혁 기념

M. Luther의 로마서 강의

루터는 1515년 10월부터 1516년 9월까지 로마서를 강의하였습니다. 먼저 그 강의의 내용을 살펴보기 전에 두 가지 중요한 사실을 지적하고자 합니다. 첫째, 루터가 바울을 좋아했던 이유는 바울의 문제가 랍비 전통 속에서의 율법주의에 관한 문제였듯이 루터의 문제 역시 스콜라주의 전통 속에서의 율법주의(지적이고 도덕적인)에 관한 문제였기 때문입니다. 둘째, 스콜라적 성서주의(Scholastic Biblicism)가 아니라, 예수 그리스도와 예수 그리스도에 관한 말씀을 성서의 중심으로 보면서 성서를 풀이하였습니다.

루터는 자신이 수행하고자 하는 '로마서 강의'의 목적을 다음과 같이 말하고 있습니다: "본서의 중심적인 내용은 인간의 모든 지혜와 의(義) – 그것이 아무리 사람들 앞에 훌륭하다고 하더라도 – 를 끌어내리고, 더욱 더 송두리째 뽑아 완전히 파괴하고, 죄의 현실을 크게 폭로시키는 데 있습니다." "또한 본서의 목적은 우리의 죄를 드러나게 하고 우리가 하나님 앞에서 아무 것도 아니라는 사실을 폭로시켜 결국 그리스도와 그의 의가 우리 안에 들어오게 하려는 데에 있습니다." 여기에서 루터는 인간의 육적인 의는 아무 것도 아니며, 인간 밖에서 하나님의 의지에 의해 성취된 그리스도의 의가 인간을 의롭게 한다는 입장을 분명히 보여줍니다.

그러면 '로마서 강의'에서 발견하게 되는 3가지의 중심적 주제들을 요약하여 봅시다.

1. 죄론과 인간본성론

루터는 '로마서 강의'에서 어거스틴의 말을 무려 120 회나 인용하고 있습니다. 특히 루터가 인간을 '죄인'이라고 규정할 때, 어거스틴이 말한 죄의 개념을 따릅니다. 그러나 루터가 어거스틴의 용어인 '욕정'(라틴어로 'concupiscentia'이며 영어로 'cincupiscence')이란 말을 사용하고 있으나 그는 어거스틴보다 훨씬 더 과격한 죄의 개념을 제시하였습니다. 즉 하나님의 율법 말씀, 혹은 하나님의 계시된 요구와 명령에 비추어 볼 때, 인간의 죄성이 심화되어 나타난다는 것입니다. 루터는 "죄로 인하여 인간의지의 질(質)이 결핍되었다든가, 죄성의 빛과 기억력이 상실되었다는 것 뿐만 아니라, 몸과 영혼의 모든 능력이 상실되었다는 것을 의미한다"고 말합니다. 곧 루터는 인간의 본성 전체가 죄악에 사로잡혀 있다는 것을 지적하고 있습니다. 이것은 인간의 자유의지가 완전히 죄악의 노예가 되었음을 말합니다. 여기서 노예라는 말은 하나님의 뜻을 수행하지 못하고 죄성에 빠져 있다는 의미에서 사용됩니다. 환언하면 인간의 자유의지에 의한 모든 성취는 하나님의 심판아래 있다는 것입니다. 그러므로 스스로의 구원은 자신의 노력과 성취에 의하여 얻을 수 없는 것입니다.

2. 의인론(義認論)

스스로의 힘이나 업적에 의해 구원이 불가능한 인간을 위해서 새로운 길이 열렸습니다. 곧 복음은 하나님의 의를 계시합니다. 여기서 우리는 두 가지 사실을 인식해야 합니다. 첫째, 그리스도께서 행하신 여러 가지 사역들 중에서 특히 인간의 죄를 대속 하신 십자가의 죽음이 이 하나님의 높으신 뜻을 만족시키셨다는 사실입니다. 바로 이것이 하나님의 의요 이신득의(而信得義)의 근거입니다. 둘째, 이 일에 대한 인간의 응답은 신앙뿐이라는 사실입니다. 우리는 신앙으로 복음의 의(義)를 깨닫고 받아들여, 선택과 결단과 신뢰에 이릅니다. 그런데 이 신앙까지도 말씀을 통해 역사 하시는 성령께서 주십니다. 이러한 의미에서 신앙은 은혜의 말씀에 대한 수동적 반응이라고 할 수 있습니다. 그리고 신앙은 '지적기능'과 '양심'의 조명을 통하여 일어나며 '정서'와 '의지'와도 관련됩니다. 즉 신앙이란 하나님의 율법 혹은 거룩하신 하나님의 존전에서 자기 자신의 죄를 철저하게 깨닫고 좌절과 절망 속에서 복음의 의를 깨달으며(지적작용), 양심이 위로와 안위를 얻고 정서가 안정과 평화를 얻음과 동시에 의지가 자유를 얻어 새로운 선택, 새로운 결단, 그리고 참된 신뢰에 이르는 것을 말합니다.

3. 기독교인의 삶

구원 혹은 의인(義認)은 회개와 성화(聖化)를 가져옵니다. 기독교인은 평생을 통하여 성령의 인도를 따라 죄악을 몰아 냄으로써 끊임없이 성화되어야 합니다. 교회는 기독교인의 병원이요, 그리스도는 우리의 선한 사마리아인으로서 우리는 그를 통해서 평생토록 치료를 받습니다. 이와 관련하여 루터는 다음과 같이 말한 바가 있습니다. "사마리아인이 그 상처 위에 포도주와 기름을 발랐을 때, 그 강도 만난 사람은 당장에 전부 치료된 것이 아니라, 다만 치유되기 시작한 것이다." 환언하면 의인(義認)된 인간은 이미 생명을 건졌으며, 연약한 가운데에 있기는 하나 성령과 그리스도의 지도를 따라 치료되는 과정 속에 있는 것입니다. 그런데 그리스도인의 성화는 이웃과 세상을 위한 것입니다. 즉 사랑을 실천하는 것으로써 일어나야 한다는 것입니다. 율법의 요구와 고발, 저주와 죽음에서 자유를 얻고, 죄의 용서를 통하여 자유를 얻은 기독교인은 좌절과 범죄에 떨어집니다. 이 때에 기독교인은 자신이 '의인(義人)인 동시에 죄인(라틴어 표현은 simul justus et peccator)' 임을 경험하게 됩니다. 그러므로 그리스도인은 살아 있는 한 죄악과 사탄에 대항하여 싸우지 않으면 안 됩니다.

이상과 같이 루터 신학의 주제는 기독교인들에게 위로와 용기, 그리고 자유와 해방을 주는 동시에 죄의 심각성과 하나님의 뜻이 얼마나 높은가를 일깨워 줍니다.

구약성서와 유대교의 배경

cf. 초기 유대교: B.C. 3-2세기
　　후기 유대교: B.C. 2세기 - A.D. 2세기

① 죄 - 하나님과 율법에 대한 불순종이요, 위반입니다. 범법행위로서 법적인 성격을 띱니다. 곧 하나님께서 주신 법(야훼의 법)에 대한 범법행위입니다. 그러므로 죄의 행위는 반드시 하나님의 심판을 초래합니다.

② 또한 죄는 입법자 되시는 하나님의 의지에 대한 반항입니다. 이것은 직접 하나님께 대한 저항으로 나타납니다. 그러므로 반항하는 자를 징벌하시는 것은 하나님 자신의 소관입니다.

③ 다니엘 7장 13절 이하, 제1에녹서 45장과 61장 - 메시야와 인자의 전승에 관한 초기 유대교 묵시문학에 해당하는 구절들입니다. 천상의 인자에게 심판자 및 지배자의 기능이 부여되어 있습니다. 그 이전의 전승에서는 오직 하나님만이 죄에 대한 심판을 할 수 있었는데, 초기 유대교의 묵시 문학에서부터 심판의 권한이 양도되었습니다.

④ 인자가 세상에 오신다는 것은 하나님의 심판이 시작된다는 것을 의미합니다.

⑤ 그러나 죄 용서는 하나님의 심판으로부터의 구출과 석방 사건을 의미합니다. 죄 용서란 최후의 심판을 바라보며 현재 지상에서 인자에

의해 수행되는 선 심판 행위이며 동시에 최후심판으로부터의 선 구조행위입니다.

⑥ 하나님께서 그러한 죄 용서를 행하시는 이유는 그의 계약에 대한 신실성과 인간에 대한 긍휼로 말미암은 것입니다.

cf. 계약(영어 'covenant' =독일어 'bund' =영어의 'testament' 와 같은 의미)

제2이사야(40-55장)와 시편 103편과 같은 전통에서 볼 때에 하나님께서 베푸시는 죄 용서의 참된 근원은 하나님의 인간 사랑에 있습니다. 하나님의 죄용서 행위는 철저히 인간 사랑을 바탕으로 한 용서이기 때문에, 심판을 넘어서 새로운 생명과 새로운 역사를 창조합니다.

신약성서의 배경

① 이전까지의 신약성서에 대한 연구에 있어서, 대체로 공관복음서는 '하나님의 나라' 사상을, 바울 서신은 '하나님의 의' 사상을 간직하고 있다고 구별지었습니다.

② 그러나 현대 성서학은 바울의 신학적 특징으로 알려진 '의' 개념이 공관복음서에도 나타나고 있음을 밝혀주었습니다. 이미 바울 이전에 예수의 메시지와 행위들을 통해서 '하나님의 의'가 선포되었다는 사실입니다.

③ 특히 공관복음서의 '죄용서' context는 매우 중요합니다. 예수의 생애와 죽음, 그리고 부활은 성서의 중심적인 주제로서 '우리의 죄 용서를 위한 것' 입니다(3:24; 4:25; 고전 11:23 이하; 15:3 이하; 고후 5:17 이하).

④ 예수는 그의 생애 처음부터 하나님의 왕권 통치의 사도로서, 가난한 자와 억눌린 자의 해방자 메시야로서 나타납니다. 그리하여 하나님의 의를 구원, 즉 죄인의 구속으로서 계시합니다.

⑤ 또한 예수는 상징적인 비유행위를 통해서 죄 용서를 수행하셨습니다. 세리와 죄인들과의 공동식사(막 2:15 이하)가 그 예입니다.

⑥ 그런데 예수의 메시아적 비유행위는 하나님 나라의 메시지와 연결되고 있습니다(막 2:19 이하; 눅 11:20).

⑦ 예수의 죄 용서는 인간과 인간 사이의 죄 용서로 나아가고 있습니

다(마 6:12; 18:27; 막 11:25; 마 5:24). 오직 하나님의 용서의 은총만을 통해서 존재할 수밖에 없는 인간이 자신의 이웃을 용서하지 못할 때 다시 하나님의 심판대에 선다는 것을 강조합니다. 그러므로 산상수훈의 중심사상은 죄 용서와 사랑의 촉구(원수까지라도 사랑)에 있습니다.

⑧ 그러므로 공관복음서 특히 마태복음에 있어서 하나님의 의는 이웃에 대한 의무나 책임에 관계되어 있고, 죄 용서는 하나님의 사랑과 은총에 관계되어 있습니다.

구원(Salvation)

구원이란 인간의 최대의 불행, 화 받을 죄, 죄의 결과로 생기는 죽음에서 구한다는 뜻이 있습니다. 인간의 죄와 그 현실은 원 인류의 타락 이래로 불가항력적인 세력으로 인간 실존에 드리워져 있습니다. 인간의 근원적인 죄는 네 방면에서 불행을 빚어내게 합니다. 즉 하나님과의 관계, 이웃과의 관계, 자신과의 관계, 자연과의 관계입니다. 그런데 인간 자신에게는 이들의 관계를 개선하기 위한 아무런 능력도 가지고 있지 않습니다. 오직 하나님만 인간을 도우실 수 있고, 죄의 현실에서 건져낼 수 있으며, 인간의 삶이 의미를 가지도록 변화시킬 수 있습니다. 그러므로 하나님으로서 예수 그리스도께서 자신을 버려 인간을 구원함으로써, 인간으로 하여금 영원한 하나님 나라에 참여하게 하셨습니다.

몸

바울에게서 인간의 존재를 특징짓는 가장 포괄적인 개념은 '몸' 개념입니다. 바울은 '몸'을 육체의 형식 또는 단순히 육체만을 표시하지 않고, 전 인간을 생각하였습니다. 그러므로 인간은 '몸'을 가지고 있지 않고, 그 자체가 '몸'입니다. 그리고 '지체들'이란 개념은 인간존재의 개별적 가능성들을 표시하는 바, 이 가능성들이 '몸' 개념에서 전체로서 종합 파악됩니다. 그리고 이 개념은 에테르적 물질로 성립된 육체가 아니라, 하나님의 능력에 의한 '나'의 규정성을 뜻합니다.

바울의 구원사(Paul and the History of Salvation)

다메섹 체험 이후에 바울은 '이방인의 사도'로 자처합니다(갈 1:16; 행 9:15). 예루살렘 교회의 선교정책인 사도행전 1장 8절에 잘 드러나 있습니다(예루살렘 유대 사마리아 땅끝, 즉 유대인 - 이방인). 그러나 바울의 편에서 볼 때, 이미 유대인은 결정적인 실격자입니다. 그들은 그리스도를 죽였기 때문입니다. 그리하여 바울은 새로운 도식, 즉 '이방인 - 유대인'이란 구원사를 제시합니다.

복음

'복음'이란 영어의 'gospel'은 앵글로-색슨어 'god-spell', 즉 '신으로부터 온, 혹은 신에 관한 이야기'의 현대어입니다. 그러나 성서에서는 'Good News'란 단어로 쓰이고 있는데, 일반적으로 '좋은 소식'(사 40:9; 52:7; 눅 2:10) 또는 '기쁜 소식'(롬 10:15) 등의 의미로 이해됩니다. 그러면 진실로 인간에게 기쁜 소식(Good News)은 무엇일까요? 그것은 하나님 소식(God News)밖에 없습니다. 달리 무엇이 더 있겠습니까!

사랑(Love)

구약성서에 있어서 사랑은 관계성, 즉 헌신, 충성, 친밀한 책임들의 특질을 가지고 있는 관계성입니다. 그것은 단순히 하나의 감정이 아니라 관계성이란 총체적 특징이 있습니다. 그러므로 사랑은 인간관계에 구체적으로 나타나는 것을 뜻합니다. 그래서 성적인 사랑, 아주 드물게 낭만적인 사랑, 가족과 친척관계 내에서의 사랑, 우정과 인간적 계약의 사랑들을 생각할 수 있습니다. 이러한 인간관계뿐만 아니라, 신적인 사랑도 구약성서에서의 중요한 주제입니다(호 3:1). 그리고 하나님께 대한 인간의 사랑도 중요한 주제입니다(신 6:5). 신약성서에서 예수 그리스도는 이 사랑을 원수에게까지 그 범위를 확대하셨습니다(마 5:43이하). 하나님의 사랑을 입은 자녀답게, 그 원수까지라도 사랑하는 삶을 살라는 말씀입니다. 그리하여 요한은 '하나님은 사랑이시라'(요일 4:8)고 함으로써, 기독교가 사랑의 종교임을 천명하였습니다.

새로운 피조물

"그런즉 누구든지 그리스도 안에 있으면 새로운 피조물이라 이전 것은 지나갔으니 보라 새것이 되었도다"(고후 5:17)

예수 그리스도의 사역과 더불어 시작된 새 시대는, 전도서 기자의 회의록(전 1:19)과 달리 신생(新生, 거듭남, 重生)의 때입니다.

"예수 그리스도 안에서 지으심을 받은 사람들"(엡 12:10)은 "새로운 피조물"입니다. 십자가의 구속의 역사를 믿음으로 그리스도와 연합하여 새로 난 자들은 '새언약'(예레미야가 예언한 것)을 확증으로 받습니다(히 8:8-12). 이것은 순전히 하나님의 사랑이며 예수 그리스도로 말미암는 전적인 은혜입니다. 그래서 신약 성서는 '새사람','새생명' 등으로도 표현합니다(엡 2:15; 4:24; 골 3:10). 이제 '새로운 피조물'은 변화된 생활을 합니다!

세례(Baptism)

기독교 공동체에 가입하는 상징으로서 물을 사용한 세례의식은 오순절 이후로부터 시행되기 시작하였습니다(행 2:38, 41). 특히 이 세례의식은 죄를 회개하는 일과 성령을 받는 일에 밀접히 연관되어 있었습니다. 세례의 의미에 대한 가장 완벽한 설명은 바울에 의해서 수행되었습니다: 고린도전서 12장 12-13절, 갈라디아서 3장 26-28절, 로마서 6장 1-4절, 골로새서 2장 9-13절, 에베소서 4장 5절, 고린도전서 10장 2절. 이상의 여러 구절들에 나타난 의미는 공동체의 일원이 되는 방편, 성령을 받음, 인간 사이의 구별이 극복됨, 하나님의 아들 됨, 그리스도와의 연합, 죽음과 부활, 죄에 대해 죽음과 도덕적 삶에로의 재기 등입니다.

용서

101회 사용(주로 P문서와 에스겔), 46회 사용(주로 P문서와 시편, 에스겔). 이들 단어들이 구약성서에서 가지는 의미는 죄와 사망의 권세로부터의 해방, 상처와 질병으로부터의 해방, 죽음으로부터 새 생명에로의 창조, 하나님의 공동체의 성화(Heiligung) 등입니다. 죄용서의 '삶의 자리'(Sitz im Leben)는 속죄제의(Sühnekult)입니다. 죄용서는 하나님의 자기계시, 이스라엘과의 계약, 하나님의 거룩성과 자비, 긍휼 등에 기인하고 있습니다. 그리고 죄용서의 방법은 속죄제의를 통해서 대리자를 통한 말씀(모세)을 통해서, 회개의 간구를 통해서 등입니다. 죄용서의 주체는 하나님이시며, 인간은 회개의 기도를 통해서 거기에 수동적으로 참여할 뿐입니다.

원죄(original sin)

기독교 신학은 원죄를 아담과 이브의 타락이 가져온 결과로 규명하여 왔으며, 그 타락으로 인해 인간의 삶 속에 들어온 죄의 현실을 인간의 본래성, 즉 타락하기 전의 상태와 대조시키는 입장에서 묘사하여 왔습니다. 그러나 창세기 3장이 원죄에 대한 교리를 가르치려는 의도에서 편집된 것이 아니라는 사실은 분명합니다. 오히려 원죄교리는 인간에게 현실적인 세력으로 드리워져 있는 죄 된 상태의 실제적 보편성을 설명하려고 할 때, 그 타당성을 갖습니다. 즉 인간은 죄를 안 지을래야 안 지을 수 없는 본성과 한계성을 가지고 있기 때문에, 아담의 범죄(불순종)와 불가결한 관계를 가지게 됩니다. 이것이 관계의 유비(analogia relationis)에 근거한 원죄교리의 해석입니다.

유대적 시간관 - 두 시기(Two age)

유대인들은 시간에 대한 이해를 둘로 구분하여 이해하여 왔습니다. 곧 '이 시기(this age)'와 '오는 시기(the age to come)'입니다. '이 시기'는 하나님께 대한 반역의 때이며 죄의 때입니다. 그러므로 고통과 죽음이 압도합니다. '오는 시기'는 하나님께서 모든 것을 그에게 복종시키는 때이며, 그의 백성을 자유케 하시고 악에게 종말을 고하는 때입니다. 이러한 사상이 바울에게 친밀합니다. 죄와 죽음이 아직 그에게 드리워져 있었습니다. 오는 하나님 나라의 영광은 아직도 미래에 있습니다. 그러나 하나님의 메시야로서 예수는 이미 오셨고, 죽었다가 죽은 자들로부터 부활하셨습니다. 이것은 '옛 시기'가 끝난 것을 의미합니다. 그러므로 예수 그리스도에게서 '새 시기'가 동튼 것입니다.

은총 Gabe(Zuspruch) - 의무 Aufgabe(Anspruch)

예수의 죄 용서는 두 가지 성격을 가지고 있는데, 즉 그것은 은총이며 동시에 의무입니다. 하나님의 용서와 인간의 용서는 불가분의 관계를 가지고 있습니다. 주의 기도에 있어서 네 번째 기도문은 양자의 긴밀한 관련성에 대해서 좋은 예를 주고 있습니다(cf. 마 18:27). 공관복음서에 나타난 예수의 이 같은 사상은 사도 바울에게 결정적인 영향을 주었는데, 곧 'Imperative' 와 'Indicative' 의 문제가 그것입니다.

전적 타락(the total corruption)

아담과 하와의 범죄(불순종. 창 2:17; 3:6)는 그들에게서 그치지 않고, 전 인류에게로 파급되어 인간의 전적 타락을 실감하게 합니다. 그러므로 모든 인류는 똑같이 하나님의 심판 아래 있습니다. 로마서 3장 10-18절은 시편 14편 1-3절과 시편 15편 1-3절에서 인용된 것인 바, 바울은 인간 자신이 스스로의 구원을 위해서 아무 것도 할 수 없는, 전적으로 타락한 존재라고 말합니다. 이것이 바로 깔뱅의 5대 강령 중에서 첫 번째인 인간의 전적타락에 대한 성서적 근거입니다. 그러므로 인간에게 "마른 막대기보다도 못하고, 지푸라기보다도 못하며, 벌레만도 못하다"는 말을 하게 됩니다.

하나님의 이중 예정론

깔뱅(J. Calvin)의 말을 직접 들어봅시다. "성경이 명하시는 바와 같이 하나님은 영원 전에 구원받을 사람들을 일단 결정하셨습니다. 이는 하나님의 영원불변하는 계획에 의한 것입니다. 다른 한편 멸망 받을 사람들도 확정하셨습니다." "유기된 자와 피택자를 판별하는 것은 우리의 일이 아니라 하나님의 일입니다. 오직 우리가 확신해야 할 일은 하나님 아버지의 호의로 성령의 역사로 말미암아 그리스도와의 사귐에 돌입함으로 하나님의 소유가 되었다는 사실과 우리가 하나님의 피택자이기 때문에 이 은혜를 누린다고 하는 사실입니다."

하나님의 진노

바울은 로마서에서 '진노(wrath)'란 말을 여러 차례 제시하고 있습니다(1:18; 2:5, 8). 진노는 분명히 인간의 구원과는 반대되는 하나님의 행위입니다. 그러나 거룩하시고 공의로우신 하나님(하나님의 의)께서는 결코 인류의 죄를 묵과하실 수 없으므로, 하나님의 진노는 불가피하게 뒤따릅니다. 하나님의 진노는 인간의 불의에 대하여 일격을 가하는 것입니다. 그러나 때로는 무관심으로 나타나기도 하고, 심판으로써 종결되기도 합니다. 다만 죄인들은 하나님의 진노가 임하지 않도록 애원하는 일밖에 할 일이 없습니다.

화목제물(expiation)

하나님께서는 인간을 구속하시기 위해서 예수 그리스도를 '화목제물'로 삼으셔서 피를 흘리게 하셨습니다(3:25). '화목제물'이란 뜻의 희랍어는 문자적으로 '달랜다(propitiate)'란 동사의 명사형 'propitiation(달램)'의 의미를 가지고 있습니다. 이 의미는 예수 그리스도께서 스스로 제물이 되셔서 인간에게 내리신 하나님의 진노를 달래 주었다는 것입니다. 그래서 AV역은 'propitiation'으로 번역하기도 합니다. 그러나 그것은 전체의 의미를 표현하지 못하고 있습니다. 오히려 바울은 대속의 의미로 그 단어를 사용하고 있기 때문에, 'expiation(죄 갚음, 보상)'의 뜻으로 파악하는 것이 좋겠습니다. 그러므로 "예수는 우리 범죄함을 위해서 내어줌이 되었습니다"(4:25a). 고린도후서 5장 17-21절을 보십시오.